海の魅力を満喫する

クルマ+ボートの入門ガイド

佐藤正樹 著
[イラスト] もりしま蝗
[写真] ケン・マリーン・ボート、八木牧夫、舵社

カートップボートのAtoZ

カートップボートの種類と各部名称

ひと口ちにカートップボートといっても、そのタイプはいろいろあり、それぞれに特徴を持っています。
これらの特徴を踏まえたうえで、どんなエリアで使うのか、どんな目的で使うのかによって、
購入するボートを選択します。ここでは、釣りに使うことを前提とした、
代表的なカートップボートの種類を挙げてみました。
また、ボートに関する名称などは、普段の生活では聞き慣れないものばかり。
そこで、FRP一体型のマリーンイレブンWFを例に、カートップボートの各部名称を説明します。

■ートップボートの種類と特徴

FPR製一体型ボート

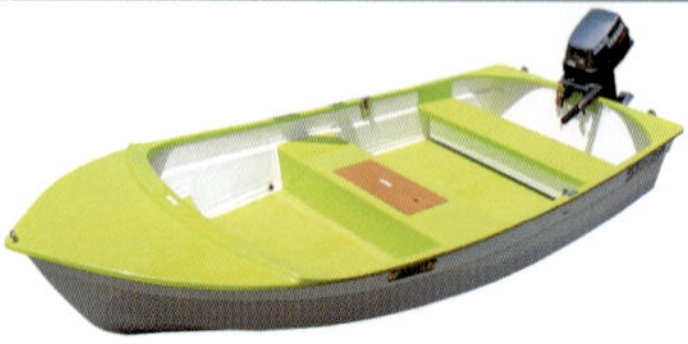

FRP製一体型ボートは、収納場所を取る、車への積み降ろしや運搬時の労力がいるといった面もあるが、メインテナンスが比較的容易で、艤装もしやすく、耐久性や強度の面でも優れているなど、カートップボートとしてもっともバランスが取れている。メーカーや船型によるバリエーションも豊富。

マリーンイレブンWF／W
全長:3.20m　全幅:1.35m　重量:48kg　最大搭載馬力:8馬力　定員:3名　価格:320,250円(11WF)／299,250円(11W)

[問い合わせ先] ケン・マリーン・ボート
TEL:043-250-1200　http://www.ken-marine.gr.jp/

アルミボート

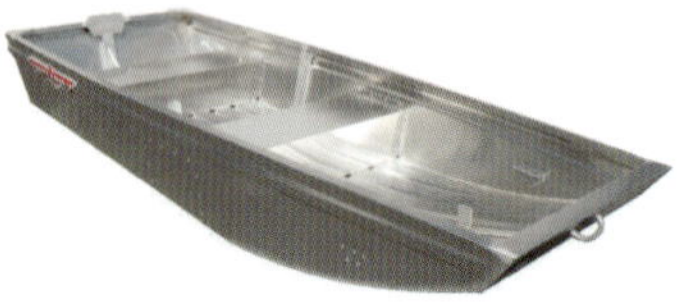

アルミボートは、強度や剛性面での長所を持つが、おもに淡水向けに造られており、特に平底のパントタイプは湖沼などの平水面での使用することが前提。海で使用する場合には、必ずマリングレードアルミを使用したボートを選び、使用後の手入れ念入りにする必要がある。他の素材のボートよりも重めでもある。

ウィザードWP-298L
全長:2.98m　全幅:1.11m　本体重量:28kg(デッキ除く)　最大搭載馬力:2馬力　定員:2名　航行区域:平水　本体価格:151,200円(送料別)

[問い合わせ先] キサカ
TEL:072-233-8888　http://www.kisaka.co.jp/

折り畳み式ボート

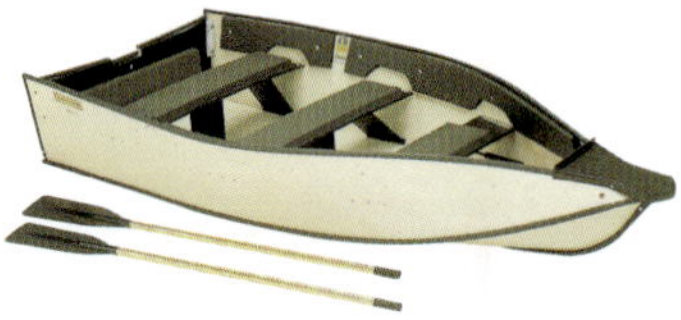

収納時のコンパクトさと軽さを追求したボート。折り畳むとサーフボード程度の大きさになるため、車への積み込みが非常に簡単で、保管時のスペースも取らないが、慣れるまで組み立て、分解の時間がかかる、艤装品が取り付けづらいといった点がある。

ポータボート 8ft／10ft／12fT
全長:2.80m／3.20m／3.65m　全幅:1.45m／1.50m／1.50m　重量:22.2kg／26.7kg／31.2kg　最大搭載馬力:4馬力／5馬力／8馬力　定員:2名／3名／3名　価格:341,250円／359,100円／378,000円

[問い合わせ先] 岡田商事
TEL:03-5473-0371　http://www.okada-corp.com/

樹脂製一体型ボート

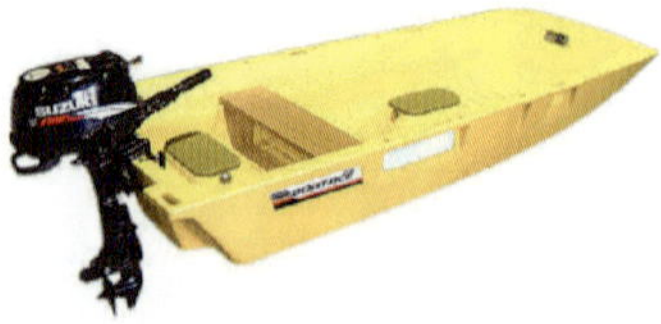

釣具店などでも見かけるポリエチレンなどの樹脂製一体型ボートは、比較的シンプルな構造で重量が軽く、運搬時の労力が軽減される点が特徴。ただし、船底がフラットで波に弱いなど、船型面での弱点があるものもあり、基本的には波が静かで岸からごく近いエリアで使用することを前提としているものが多い。

ボートエースGEB-30Ⅰ
全長:3.08m　全幅:1.13m　重量:約38kg　最大搭載馬力:5馬力　航行区域:平水、限定沿海　定員:2名　価格:168,000円(送料別)

[問い合わせ先] ユニテックプロモート
TEL:048-936-2135　http://www.ryobi-fishing.com/

FRP製分割型ボート

FRP製一体型の長所と、収納時の省スペース化を併せ持つのが分割式ボート。艇体を2〜3のパーツに分解して、重ねて運べるので、車のラゲッジスペースに収納することもできる。ただし、各パーツを隔てる隔壁がある分、重量が増えてしまう点、重ねて収納するために艤装する際の制限が増えるといった面もある。

オーパライト3
全長:3.15m　分解時全長:1.6m　全幅:1.26m　重量:43kg　最大搭載馬力:2馬力　定員:2名　価格:197,400円

[問い合わせ先] オーパ・クラフト
TEL:0562-83-6138　http://www.opacraft.com/

インフレータブルボート

一般に、"ゴムボート"と呼ばれることが多いインフレータブルボート。他のボートの追随を許さない収納時のコンパクトさが最大の特徴だが、想像以上に重量があること、組み立てや使用後のメインテナンスに手が掛かること、艤装する際にはラックなどのベースになる部分を作る必要があることなどを覚えておこう。

アキレスFMI-332
全長:3.32m　全幅1.69m　重量:51.5kg(本体36.0／底板他15.5)　最大搭載馬力:15馬力　定員:5名　価格:367,200円

[問い合わせ先] アキレス　TEL:03-3225-2186
http://www.mmjp.or.jp/achilles-boat/

※ここに挙げた各モデルは、あくまでも各タイプごとの一例です。

カートップボートの各部名称

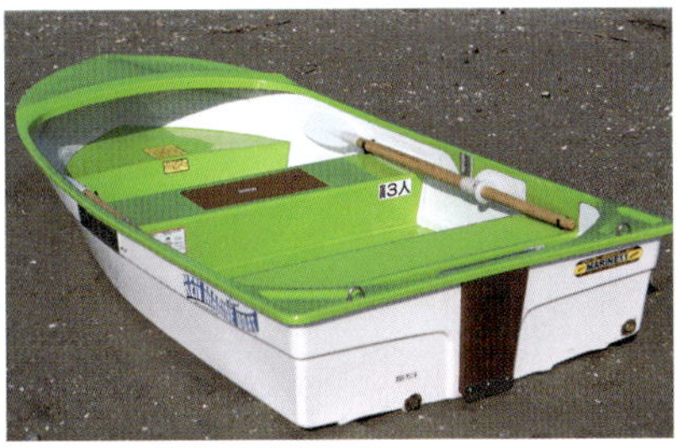

「マリーン・イレブンWF」(二重底、イケス付き)のレイアウト。バウデッキと船尾両サイドのコーナーにある補強用の小さなデッキによってボート全体の剛性が上がっている。コクピットのフロアと船底とで2重になった不沈構造を採用していることで、フロアが平らで作業性も良い

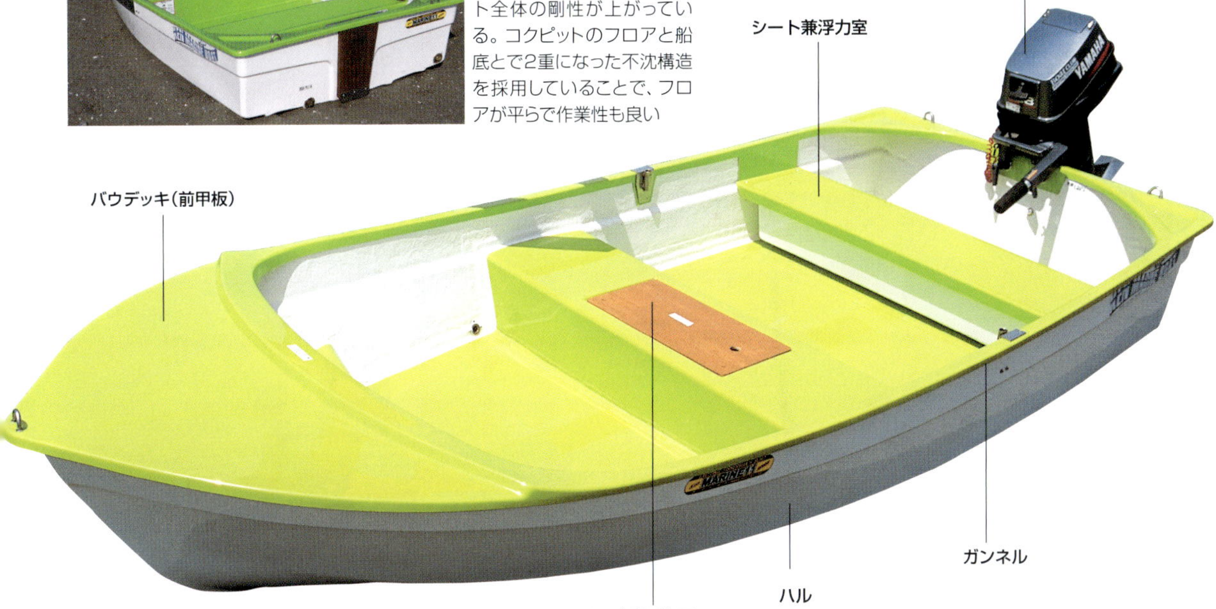

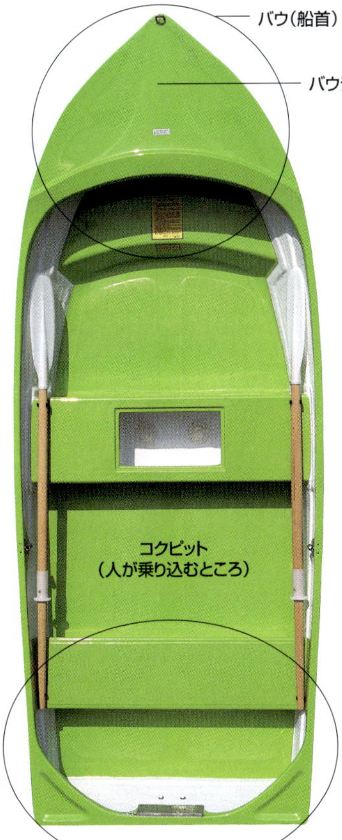

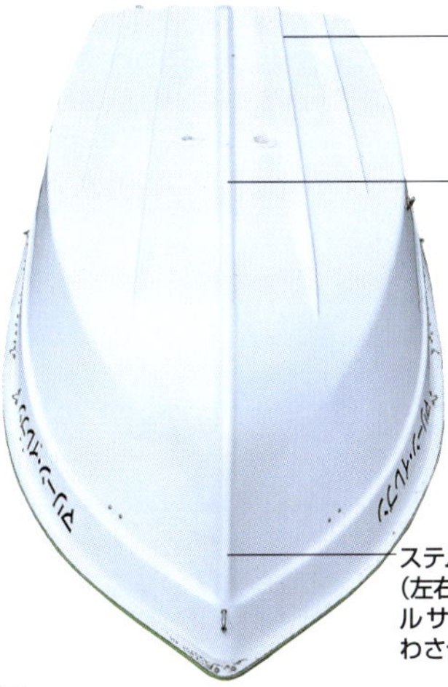

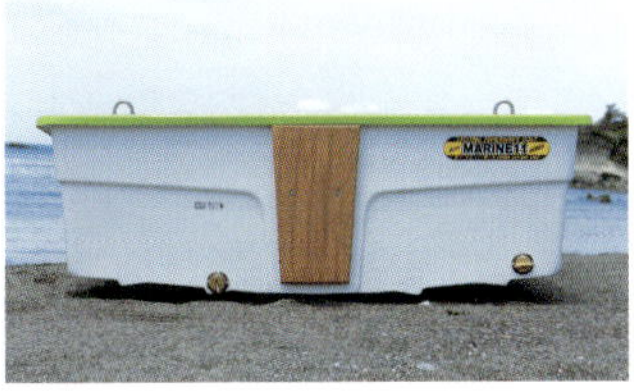

マリーン・イレブンでは、波切り性能を重視してV型の船首側の船底形状を採用している。一方、海上での安定性や浜座り(砂浜などにボートを置いた場合の安定性)を高めるため、船尾船底はかなりフラットになっている

カートップボートの艤装と釣果のあれこれ

カートップボーティングの楽しみのひとつに、
より使いやすくするためのカスタマイズ＝「艤装」があります。
自分なりの知恵を絞って、ボートの積み降ろしや運搬を楽にしたり、
より釣りやすくしたり工夫するのは、マイボートを持つ人ならではの楽しみです。
また、艤装を凝らし、釣りやすくしたボートでは、さまざまな魚が釣れます。
ボートが小さいからといって、釣れる魚も小さいとは限りません。
さまざまなエリアに出かけて、いろいろな魚が釣れるのは、
機動力があるカートップボートならではの魅力のひとつなのです。

スパンカーを立てれば、遊漁船のように風や潮に合わせてボートを流す「流し釣り」も可能だ

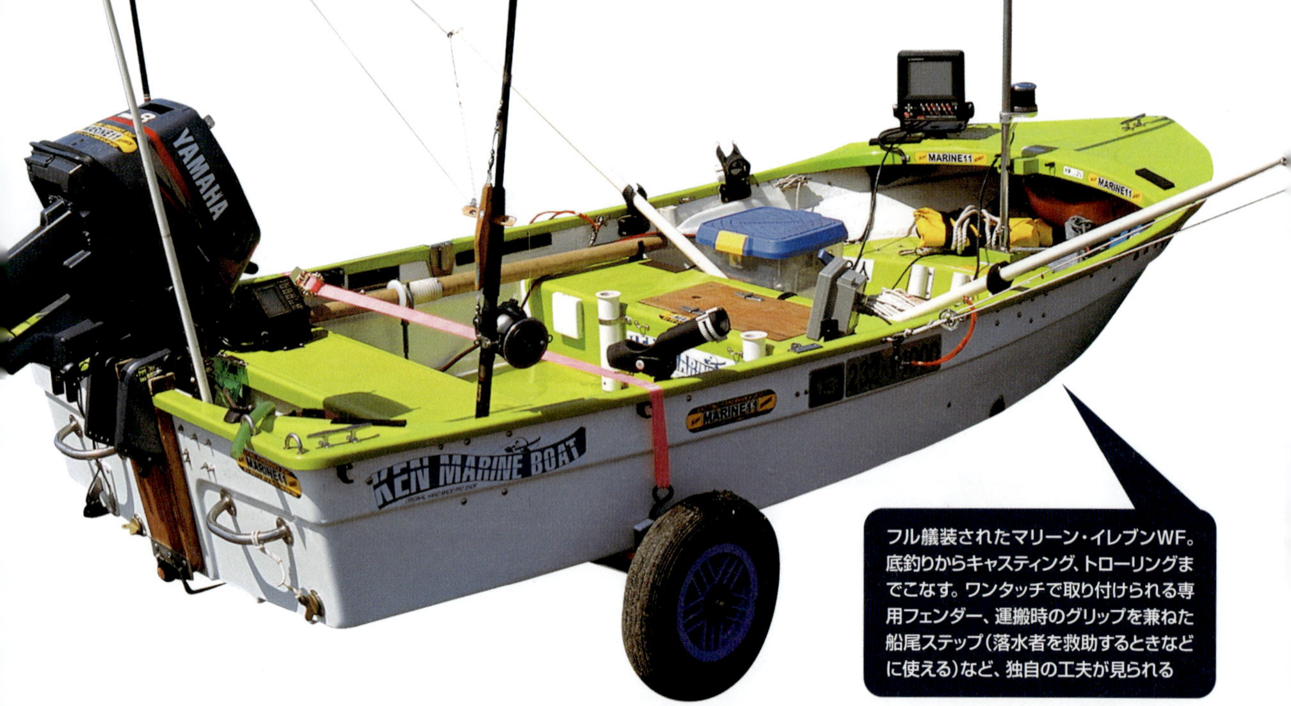

フル艤装されたマリーン・イレブンWF。底釣りからキャスティング、トローリングまでこなす。ワンタッチで取り付けられる専用フェンダー、運搬時のグリップを兼ねた船尾ステップ（落水者を救助するときなどに使える）など、独自の工夫が見られる

■ 筆者のマイボート〈美岬丸〉（マリーン・イレブンWF）に見る艤装例

夜間航行時に必要な航海灯、操船者の快適性を向上させる回転シート、魚群を探すだけでなく水深を知るためにも重要な魚探、置きザオにするためのロッドキーパー、アウトリガーをセットするロッドホルダーなど、さまざまなパーツが取り付けられる

船外機の出力は走行性能に大きく寄与する。出力が大きい船外機にはセルスターター付きのものもあり、そのためのバッテリーをプラスチック容器に収納している

バウは同乗者の釣りスペースとなるほか、アンカリング作業などを行う場所ともなる。ロッドホルダーや航海灯、魚探、クリートなどを装備しているのがわかる

アウトリガーは、曳き釣りやトローリングを行う際に使用する装備。伸縮タイプのものなら、使用しない場合は、ボートの左右両端に収納しておける

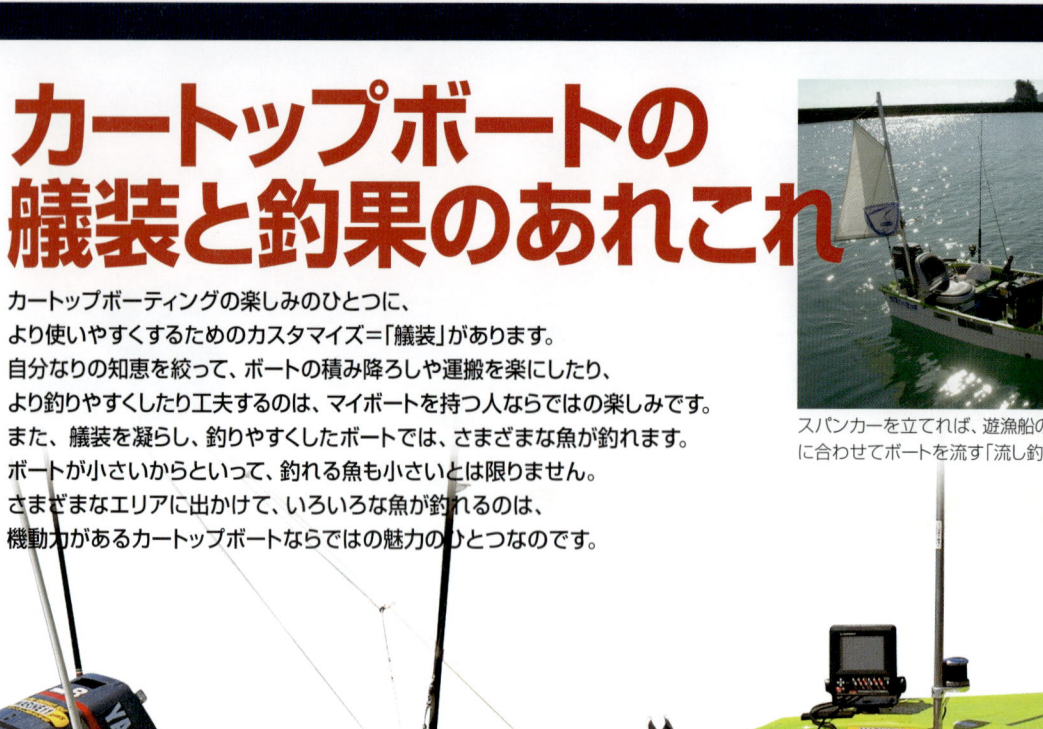

カートップボート
なら
ここまで釣れる!

1.仲間と一緒に、いざ釣行へ。コンディションが良ければ、2〜3でも快適に釣りを楽しむことが可能だ　**2**.沖のポイントには大物がいることも多く、子どもでなくとも大興奮のやりとりが楽しめる　**3&4**.近年流行中のアオリイカやシロギスはボート釣りの定番。カートップボートなら、岸壁からではねらえないポイントも攻められる　**5**.曳き釣りトローリングの釣果。高級青物もなんなくゲット　**6&7**.ボートが小さいからといって、釣果も小さいわけではない。大型ボートに負けないような大物釣果だって釣れるのだ

(左)小回りが利くカートップボートは、ストラクチャーが込み合ったポイントでのシーバス釣りにも威力を発揮する

カートップボートの賢い積み下ろしと運搬方法

カートップボーティングにおいて、クルマへのボートの積み下ろし、
陸上でのボートの運搬をいかに簡単に行うかは、非常に大きなテーマとなります。
また、これらの作業のしやすさが、ボート選びにおけるカギとなりますし、
カートップボーティングという遊びを快適に続けていくための重要なポイントともなるのです。
ここでは、本書内でも解説したボートの積み下ろしについて連続写真で見てみるとともに、
陸上での運搬方法についても見てみましょう。

ワンボックス車＋バーキャリアでのボートの積み下ろし方

1

キャリアの前後間隔が、ボート全長の3分の1以上あることが、安全に積載できる目安

2

キャリアのバーを車体の後端まで延長するキットを使えば、ボートが車体に当たらない

3

バーエンドに脱落防止のストッパーを付けると安全。滑りがよい「スベルレール」もおすすめ

4

クルマとボートはこの程度離しておく。ボートの下にオールを2本入れておくのがミソ

5

キャリアの後端からトランサム両端にアシストロープを張る。長さはやってみて調節する

6

バランスを取りながらバウ側から艇体を持ち上げ、垂直になったらサイドに回り込む

7

後端のバーにボートを立てかける。ここでバーが内側にあると車体に当たってしまう

8

トランサムを持ち上げる。このときにオールが敷かれていると、手が入りやすく安全

9

ボートの重さはアシストロープでバーに掛かっているので、ズリ落ちる心配はない

10

下がる力はアシストロープが支え、支点はバーにあるので、ボートは片手で持ち上がる

11

バーの上を滑らせてボートを押し上げる。車高が高い場合には、低い脚立があると便利

12

滑りやすいレールを使用している場合は、ゴムを挟むなどして、必ずズレ防止対策を施す

13

一方のバーにベルトの端を掛ける。これは滑りにくいクレモナ素材の"船体固定ベルト"

14

ボートの上を通し反対側のバーにしっかりロープを結んで固定する

15

前後左右のバランスを確認し、前後のズレ防止のためのロープを取って完了

陸上でのボートの運搬

マリーンイレブンシリーズには、写真のように船尾中央でボルト留めし、上部にベルトを渡して固定する専用キャリーがオプションとして用意されている、。キャリーを取り付けたままカートップできるのが特徴で、陸上での運搬時に威力を発揮

専用のアイテムを使うと、陸上でのボート運搬が格段にラクになる。写真のように、幅の広いタイヤを使用すると、車輪が潜り込みにくく、砂浜でも移動しやすい

ボート購入前には「必ず友人と一緒に釣行するから、大きくて重いボートでも大丈夫」と思っていても、実際にはそれぞれの都合や天候によって、思うようにならないことも多い。重量が50キロ以下のボートであれば、いざというとき、こうして1人で運ぶことも可能だ

カートップボーティングでは、クルマでの移動中の安全確保が重要。時折クルマを停めて、ボートの固定状況を確認しよう

ごあいさつ

今から30年ほど前、14フィートのトレーラブルボートを所有し、週末にはマイボートで海へ出て釣りを楽しんでいた当店の創業者・加藤賢一は、「もっと手軽に船を出して釣りがしたい。クルマに積んで運べるエンジン付きのボートはないのだろうか」と思いつきました。しかし、当時の小型の船といえばほとんどが手漕ぎのロウボートで、エンジン付きで使えるモデルは限られており、理想的なボートはなかったのです。「理想的なボートがないのなら、自ら造ればいい」。この発想が、現在のマリーンイレブンの原型ともなる当店のオリジナル艇を造るきっかけとなりました。

その後、実際にボートに乗るユーザーの立場で理想のボートを設計した賢一は、出来上がったボートをモニターとして一般の釣りクラブのメンバーに無償で貸し出し、使い勝手や安全性など、いろいろな改良点を指摘してもらいながら、現在のケン・マリーンイレブン・シリーズへと発展させてきました。同時に、自らもそのボートで釣りをしつつ、常にユーザーの立場に立ってボート販売に携わってきたのです。この間、賢一が常に念頭においていたのが、「一人で手軽に車に積んで、いつでもどこへでも気軽にボートを下ろして、安全に釣りがしたい」ということでした。この考え方が、カートップボートの製造・販売を手がける当店の基本理念となっているのです。

創業からおよそ15年後、当店の切り盛りは、父親の賢一とともに幼いころからボートライフに携わり、マリンクラブで大型クルーザーの船長などの経験を積んできた娘、さつき（現・代表）に任されることとなりました。ボート販売店の店頭に立つ店長が女性だということで、当時、当店は異色のイメージを感じさせていましたが、創業者である父の元で育てられた娘は、男勝りのパワーと行動力とで多くのユーザーにカートップボートの魅力を伝えてきました。父親同様さつきも、長年培ってきたボート歴と、ひとりのユーザーとして得た経験を生かし、そこで得たノウハウを多くのユーザーに伝えてきたのです。

さつきが店頭に立ち始めてからおよそ10年。結婚を機に、その伴侶で現・店頭マネージャーである佐藤正樹とともにケン・マリーン・ボートを切り盛りすることとなりました。正樹もまた賢一・さつきの父娘同様、もともとは一人のボートユーザーでした。リョービ・ボートエースやアルミボートをカートップし、内水面をフィールドにバスアングラーとして釣りを楽しんでいたカートッパーだったのです。正樹はケン・マリーン・ボートの店頭に立つのをきっかけにバスアングラーから転身し、そのフィールドを海に移し、今まで同様カートッパーとして日々釣りに出かけ、一人のユーザーとしてボートに携わっています。

ボート販売に携わるスタッフが、誰よりもボートや海のことを知っていなければいけない――。これが当店のこだわりです。このこだわりがあるからこそ、多くのユーザーのみなさんに、安全に楽しく使っていただけるボートが販売できる、そう私たちは考えています。

本書は、月刊『ボート倶楽部』（舵社 刊）で2002年7月から2005年6月までの3年間、36回にわたり連載した「カートップボート・マスターへの道」をもとにまとめた永久保存版です。1975年の創設以来約30年にわたってボート販売に携わり、スタッフそれぞれがユーザーとして経験を蓄積してきた当店が持つノウハウと、多くのユーザーのみなさんとのふれあいから得た経験やアイデアなどがギッシリ詰まっている1冊です。これからカートップボートを楽しもうと思っている方、すでにカートップボーティングを楽しんでいる方、そして、カートップボートってなに？ と思っている方など、カートップボートに興味を持つ方に、この本で、カートップボーティングの魅力を知っていただければ幸いです。

2006年10月
ケン・マリーン・ボート　佐藤正樹

CONTENTS
目次

Step-up to the next part.

はじめに

カートップボーティングの楽しさと魅力

本書を手にとって、初めて“カートップボート”という言葉を知った方なら、
「カートップボートって、どんなもの？ 何ができるの？」と思っていることでしょう。
また、すでにカートップボートというものをご存じで、
これから本格的に初めてみようかなと思っている方にとっては、
ボート選びの基準や具体的な遊び方がもっとも気になるところではないでしょうか。
そこでまずは、カートップボートとはどんなものなのか、
そしてカートップボーティングという遊びのメリットや楽しさについて見てみましょう。

カートップボートの種類と車載について

本書を手にしたみなさんは、カートップボートとはどんなボートなのか、どんなことができるのか、クルマへの積み込み方法は、などなど、さまざまな疑問や興味をお持ちだと思います。そこでまず、改めて“カートップボートとはどんなボートなのか”について考えてみましょう。

カートップボート（cartop boat）とは、読んで字のごとく、クルマに積むフネのこと。ちなみに英語では、クルマに積んで運ぶボートをカートッパー（cartopper）と言いますが、日本でカートッパーというとカートップボート愛好者を指す場合が多いですね。

さて、クルマに積むといっても、クルマのなかに積む場合もあれば、ルーフに積む場合やトラックの荷台に積む場合もあります。この積み方は、カートップするボートによっても変わりますし、積もうとするクルマによっても変わります。

カートップボートとして使われる船の種類としては、

◯FRP製ボート（一体型、分割型）
◯アルミボート
◯ABSなどの樹脂製ボート
◯インフレータブルボート
◯折りたたみ式ボート

などがあります。どのタイプも材質ごとの特徴があり、メインテナンスの仕方や車載方法などもさまざまです。それぞれの材質ごとの特徴を20ページの表にまとめました。

クルマに積めるボートの大きさは、ボートを積もうとするクルマの大きさや形、ルーフの強度、キャリアの形状と取り付け位置、積み込むときの人数やアイテム（道具）などによって、かなり制約が出てきます。よって、クルマとボートとの相性が求められます。

また、実際に水に浮かべて使うときの大きさも考慮しなければなりません。

さらには、保管場所との兼ね合いも考えておく必要があります。

つまり、積むとき、使う（乗る）とき、そして自宅で保管するときと、あらゆる角度から検討して、最適のボートを選ばなければならないのです。

実際の積み込み方や車種別の積み込み方法、キャリアの取り付け方、ちょっとしたコツなど、車載方法に関する項目は、以降のページで紹介していきましょう。

クルマのタイプによって、ボートの積み込み方が異なる。つまり、カートップボート選びの際は、ボートを積み込むクルマとのマッチングを十分に考える必要がある

カートップボートは、使用目的に適したタイプのものを選ぶ必要がある。“釣り”が主な使用目的ならば、サオを出すスペース、艤装のしやすさ、安定性、安全性などを考慮したボート選びをしなければならない

カートップボートで何をするのか？

ひと口にカートップボートといっても、大きさ、重量、艇体形状、エンジン形式などの違いがあり、まさに多種多様です。

その用途もさまざまで、例えば、釣りをする以外にも、係留してある船への行き来に使う「テンダー」として、あるいは「水質調査」や「河川での橋脚工事に関する測量・調査」などの作業艇として使う場合もあります。当然、それら各種の使用状況に応じて、適したボートもそれぞれ違ってきます。

読者のみなさんは釣りのために使われる方がほとんどだと思いますが、この「釣り」という分野のなかでも、使用する場所や釣り方によって、ボートの選び方が変わってくるはずです。

よって、ボートを購入する前に、“自分は何のためにボートを購入するのか、どこでどんな使い方がしたいのか、何人乗るのか”、さらには、“ボートを取り巻く状況や保管場所、カートップする場合のクルマの形状、予算など”をあらかじめ決めておくと、より間違いのないボート選びができます。

また、事前の検討が十分になされていると、実際に使ってみて無理がなく、安全に楽しく使えるボートに出合えると思います。

このような使用目的がきちんと決まっている方には、ボートを売っている私たちもスムースに最適のボートをお勧めでき、大変助かるのです。

ボートが小さいと積み込みは楽だが、水面上では不安定で怖い思いをすることにもなりかねない。逆に、大きく安定性のいいボートは、積み込みに苦労することも。積み込みと水面上での使い勝手、両方のバランスが取れている必要がある

カートップボートのメリットと楽しさ

ここまで大まかに紹介してきたカートップボートですが、そのメリットはどこにあるのでしょう?

その第一は、なんといっても“手軽に楽しめる”ということでしょう。

最近では格安のパッケージボートが増えていて、20フィートクラスのフィッシングボートで100万円ちょっと、小さなキャビン付きのものでも200万円を切るモデルも出ています。このようなボートは非常に魅力的ではありますが、これらを持つと、現在の日本では必ずいくつかの壁にぶつかります。保管場所の問題や高い燃料代などの維持費、すぐに変わる天気、漁業関連の権利問題、そう気軽には立ち寄れないマリーナや漁港……。

そして何より、私を含む日本人に欠けていると思われるのが、“ヒマ(時間的余裕)”と“気の利いた友達(クルーになりうる人材)”です。

「マリーナで陸置きにすると、高い保管料を取られた上に、好きなときに出せないから係留にする」

という人も、いざやってみると、最初のうちこそ休みのたびに友達を連れてボートを出し、手入れもきちんとしますが、そんな時期を過ぎて夏場に2週間も動かさないようになると、たちまち船底にフジツボが付き始めます。

また、マリンレジャーでは天気が最優先されるものですが、日本の天候は変わりやすく、週に1、2回の休みの日が必ず良い天気になるとも限りませんし、天気が良くてもクルーの都合が合わなければ出港できない、ということになりがちです。そうこうしているうちに出港回数が減り、船底にはびっしりとフジツボが付着し……と、大きなボートを維持するには、十分なお金とヒマとクルーが必要になるのです。

カートップボートのメリットは、ここまで述べてきたことの逆の部分になるわけです。そして、あなたの努力と研究心次第で、大型クルーザーにも負けないくらい、海の魅力を満喫できるはずです。

カートップボートの具体的なメリット

カートップボートはその小さな艇体に大きな可能性を秘めていて、大物を釣り上げられたり、その日の天候次第で出航場所を変えられたりと、通常のプレジャーボートとはひと味違った魅力を持っています。

しかも、通常のボートに比べると、購入や維持といった費用面でも、比較的気軽に入手できるという大きな利点があります。

では、より具体的にカートップボートのメリットを見てみましょう。

①オプションをつけてもやっぱり安い！

前述したように、最近では格安のパッケージボートが販売されていて、艇体とエンジンを合わせて100万円ちょっとなんてものもありますが、カートップボートに比べれば、決して安いとはいえません。

さらに大型艇ともなると、オプションのクリート1つをとってみても、メーカーによっては取り付け料込みで15,000円もかかる場合があります。そのほかにも魚探やGPS、ロッドホルダー、etc……と取り付けていくと、オプション装備だけであっという間に100万円なんて越えてしまいます。

その点、カートップクラスのボートであれば、艇体とエンジンを合わせても、高くて50万円台。思い思いのオプション装備すべてを付けても断然安いわけです。オプション装備に20万円もかければ大したもんです。

ところで、遊漁船やレンタルボートを利用し、その回数を重ねると相当な金額になります。例えば、月2回のペースで年間24回、乗合の遊漁船やエンジン付きのレンタルボートに乗る人ならば、年間で約20万円弱の費用がかかっているはず。手漕ぎのレンタルボートならばその半分くらいでしょうか。

そう考えると、2～3年で十分に元が取れるほど、カートップボートは手ごろな価格なのです。

②思い立ったら気軽に出られる！

1人でいつでもどこでも出かけられるという気軽さは、カートップボートならではの、なにより大きなメリットです。

前述したように、レンタルボートや乗合船などを利用する場合、また、陸置きのマリーナなどを利用している場合は、出港・帰港時間が決められています。そのため、朝マヅメの一番良い時間に釣りができないとか、夕方近くに魚が釣れ始め“これからだっ！”というときに帰らなければならないなど、一番良い時間帯にボートが出せない場合が多くあります。釣り人にとって、これは痛い。

さらに、乗合船に至っては、ポイントを変えたいと思っても自分の都合では変えられないし、気分が悪くなったから一時陸に上がって休みたい、なんて思っても帰れません。

その点、カートップボートなら、出艇場所も出航時間も帰航時間も自分次第。好きなときに、好きな場所へ行って、好きな釣りが自由にできるのです。

ただし、すべての責任を自分自身で取らなければならないのは、いうまでもありません。

③スペースがあれば保管料はタダ！

自宅の勝手口脇の壁に立て掛けたり、ガレージの片隅に置いたり天井に吊したり、ベランダに置いたり……と、カートップボートでは、自宅にちょっとしたスペースがあれば、そこがマリーナ！ ユーザーのなかには、“クルマに積みっぱなし”なんて人もいるようですよ。

つまり、保管料はタダ、なのです。

しかも、マイボートが常に身近なところにあると、いつでも艤装やメインテナンスができます。これは、飽きずにボートに乗り続けるための重要なポイントです。

④だんぜん機動力がある！

カートップできないサイズのボートをマリーナなどに保管した場合は、ホームポートから出てすぐの海域が荒れていれば、その

営業時間が決まっている遊漁船やレンタルボートと違い、カートップボートでは、自分の都合の良い時間、魚の活性が最も高い時間をねらってボートを出すことができる

出港場所の決まっているマリーナ保管艇とは異なり、その日の気象・海象に合わせて出航地を変えることができ、稼働率が断然良くなるのもカートップボートならではのメリット

日はもう出港できません。

また、大きなクルーザーで遠くまで出かけ、現地で天候が崩れて帰れなくなり、何日も現地に宿泊するハメになった人は大勢います。なかには、同じような状況となり、仕事があるためにどうしても帰らなければならないとマイボートを現地の港に置き去りにして陸路で帰宅し、翌週ボートを取りに行ったという話も聞きました。当然、係留場所の管理者に怒られて、高額な保管料を請求されたとか。

しかし、カートップボートなら、ボートをクルマに積んで穏やかなポイントを探し、天気や風向に合わせて出艇場所を変えることができるので、稼働率が断然高くなります。また、釣り場の最寄りの場所まで移動してからボートを出すので、沖で釣りをしている最中に天候が急変してもすぐに帰航できるのです。

⑤どこでも下ろせる！

カートップボートなら、海ばかりではなく、ときには趣向を変えて、川や湖に出かけても面白いでしょう。つまり、日本全国どこへでも行けるのです。

同じように、トレーラブルボートだってどこへでもボートを運んで出艇できます。ただし、現在の日本では漁業者の権利が強すぎるため、一般のプレジャーボートが漁港などのスロープを使うのはなかなか難しく、ボートを下ろす場所を確保するのが困難、というのが現状です。また、マリーナなどのスロープを使うとお金がかかってしまいます。

その点、カートップボートの場合は艇が小さいので、漁港やマリーナのスロープを使わなくても、砂浜などからいくらでも下ろすことができるのです。余計な出費やトラブルはさけたいですからね。

しかし、夏場の海水浴客のたくさんいる砂浜は避ける、クルマの乗り入れを禁止している浜へクルマで入ったりしないといった、どこでも下ろせるがゆえに気をつけなければいけないマナーがあることも忘れずに。

⑥小回りが利く!

カートップボートは大型のボートに比べて、遠く沖には行けなくても、浅場へ乗り入れることができるので、より細やかな釣りができます。浅場は魚種も豊富で、大物は意外と浅いところにいたりするのです。

⑦維持費が安い!

大きな船では1回(1日)の釣行でガソリン100リットルなんて簡単に使ってしまいますが、カートップボートならば、1日釣りをしても8馬力の船外機で4リットル使う程度。6リットルも使えば走った方です。つまり、なんといっても燃費が良い。

自宅がマリーナなので保管料もかかりませんから、そのほかにかかる費用といえば、船舶検査(船検)の定期検査と中間検査(3年ごとに交互に行う)にそれぞれ1万円程度かかるのみなのです。

ちなみに、2002年からは小型船舶の登録制度が開始されました。この登録には“印鑑証明や実印が必要だ”などとなにかと厄介で、かなりややこしいものです。しかし、長さ3メートル未満(この“長さ”とは、“登録長＝舵のないボートでは全長×0.9”のことで、11フィート以下の艇がそれにあたります)で、かつ、出力20馬力未満の船舶については、この登録制度の適応外となるので、カートップボートの多くは面倒な手続きや登録費は必要ありません。

ちなみに、近年では都道府県条例により、河川などへの不法係留に対する取り締まりが強まったところもあるようです。やっぱりカートップボートが一番安心で安上がりでしょ!

⑧魚がたくさん釣れる!

陸っぱりの釣りで、「せめて、あと100メートル沖に出られたらなぁ」と思い、カートップボートを手に入れた方も多いことでしょう。

実際、ちょっと沖へ出ただけで釣果はグンと良くなり、釣れる魚種も増えます。魚のいるポイントの真上に行って釣りをするので、釣果が良くなるのは当然なのです。

しかも、沖へ出てしまえば、360度見渡す限りが絶好のポイント! ひとりでオマツ

カートップボートは、「あそこまで行けたら」という願望を叶えるツールでもあるのだ。魚のいるポイントの真上で釣りができるので、釣果が良くなるのも当然

ボートのナリが小さいからといって、小物しか釣れないということはない。"小さなボートで大物を釣る"快感が味わえるのもカートップボートの魅力だ

リしないように注意する必要はありますが、サオだって何本出しても誰にも叱られません。

⑨なんといっても充実感がある!

何日も前から綿密に計画を立ててターゲットを決め、出艇場所をリストアップして天気をチェックし、どこからボートを出すか、仕掛けは何にするか、何時に出艇するのか、潮回りはどうかなど、自分自身が船長となってすべての計画を立てて、いざ出航! ポイントから仕掛けまで、すべて自分自身で決めて、ねらいの大物を釣り上げたときの充実感といったら、それはもうたまりません! すべて自分自身の力だけで釣った魚ですから充実感200%ですね。

遊漁船などで、釣れる場所に連れて行ってもらって釣った大物とは訳が違います。家族や友達にたっぷり自慢しましょう!

小さなカートップボートだから小物釣り? とんでもない、釣れる魚はボートの大きさとは関係ありません! 実際に私たちも11フィートのカートップボートで1メートルを超すカマスサワラやシイラ、4キロを超すワラサやカツオなどを釣ってますしね。小さい船に大きな魚、これはもう快感ですよ〜。

＊

以上のように、カートップボートにはその大きさ以上に、秘められた数限りない可能性と魅力がいっぱい詰め込まれています。そして、あなたの努力と工夫次第でその可能性は無限に膨らみます。

さあ、あなたもカートップボートの世界へ足を踏み入れてみてください!

遊漁船とは異なり、自分でポイントを決め、好きな釣りものを自由にねらえるカートップボートなら、大物が釣れたときのスリリングさや満足感はまた格別だ

カートップボートの材質別特徴

材質などによるボートのタイプ	重量	強度	艤装・加工のしやすさ	修理・補修	帰宅後の手入れ
FRP製ボート	一体型は軽いものが多いが、なかには重いものもある。分割艇は総重量が重くなる	艇体重量と比例する部分もあるが、全般的に強い	もっとも艤装・加工がしやすい。ただし、分割ボートの場合、重ねることを考慮に入れた艤装が必要になる	専用のFRP補修キットなどがあるので、簡単にできる。ちょっとした穴埋め程度なら、ホームセンターで購入できるパテでもOK	基本的にはメインテナンスフリー。こびりついたコマセなどの汚れを軽く水洗いする程度。キズの有無に注意し、必要に応じて補修する
アルミ製ボート	淡水用の軽いものもあるが、海水（ソルトウォーター）仕様のものは肉厚のアルミを使用しているため非常に重い	耐衝撃強度は非常に高いが、海水による腐食に弱い	溶接をともなうものは無理。バスフィッシング用などのデッキ張り加工は可能	特殊溶接が必要なので、素人では無理	海水で使用したあとは特にしっかりと水洗いする必要がある。リベット部からの腐食、漏水がもっとも多いので、特に注意して洗う
樹脂製ボート	比較的軽いものが多い	比較的強い	艇体全体が気室になっているので、ビス止めなどが困難。艤装にはそれなりの工夫が必要	ユーザーによる修理は無理	水洗い程度でOK
インフレータブルボート（ゴムボート）	小さいものは非常に軽いが、11フィートクラス以上になると、決して軽いとはいえない。	グレードによりさまざまだが、鋭利なものでキズをつけないよう注意する	艇体への直接的な加工は不可。専用のゴムブロックを貼り付けてそこに台座を固定したり、パイプを組んだベースを載せるなどして、そこに艤装する。少々面倒だが、艤装のしがいはある	ピンホール程度の破損であれば修理キットで補修可能。裂けてしまった場合の修理は困難	膨らませた状態でしっかり水洗いし、日陰で乾燥させ、パウダーを振りかけたのちに畳んで保管する。折り目のクセが着かないように注意する
折り畳み式ボート	非常に軽い	弱い	折り畳むことを考えると、艇体への艤装は難しい	ユーザーによる大がかりな修理は無理	しっかりと水洗いする。特に、折り目部分はよく洗う

寿命	用途	カートップ	総評
もっとも寿命が長い。腐らないので、適切な補修をしていれば、15年以上は保つ	すべての水域で使用可能	一体型のボートは、ルーフトップにすることが多くなる。艇体のサイズ、重量によって、積みやすくも積みにくくもなるが、特にクルマとの相性（キャリアの位置など）に注意が必要。一体型のボートは、クルマによってはルーフに積めないものもある。最近のクルマはデザイン重視で、ルーフに大きくて重いボートを載せられるような設計になっていない場合が多い。重すぎる一体型ボートはカートップできないクルマがあるので要注意。分割式の場合でも、車内スペースによって入らないものがある。いずれにしても、クルマとのマッチングに注意を払う必要がある	FRPは成型しやすく、加工･修理･補修が容易にでき、耐久年数も長く、ボートを造る上でもっとも理想的な材質。製造者の技術によって重量に差が出るので、一概にすべてが軽いとは言い切れない。ボートの性能や使い勝手などの面でも、もっともカートップボート向きといえる。近年の原油高騰にともない、製造原価が上がり、他の材質にくらべて若干高価なものになるが、金額以上に満足できる
淡水で使用する場合は長く使えるが、海で使う場合、手入れを怠ると2～3年でダメになる場合もある	淡水仕様と海水仕様のものに分けられる		淡水仕様のアルミ艇は、軽く強度もあるので、バスフィッシングなどにはもっとも適している。しかし、アルミは海水での腐食に弱い素材なので、海で使用する場合には肉厚のマリングレードアルミを使用したものを選ぶ必要がある。ただし、肉厚なぶんだけ艇体重量が重くなることは避けられない
比較的長持ちするが、紫外線による劣化がFRPに比べて若干はやい	すべての水域で使用可能	小型のものが多いので、容易にカートップできるものも多い。ワンボックス車の車内に収まるものもある	10フィート以下の小型のものが多く、どちらかというと内湾や湖沼向き。釣具店で購入できるものもあり、安価なものが多い
特に紫外線劣化がはやいので、手入れを怠ると1シーズンでダメになることも。しっかり手入れして使えば10年程度は保つ。直射日光を避けて保管することが絶対条件	すべての水域で使用可能	畳んだ状態で車内に収納するのが一般的。必要スペースが最小なので、乗用車でも運べる。また、膨らませた状態でカートップもできるが、空気抵抗が大きいのでしっかりとロープで固定し、走行時にも特に注意する必要がある	収納スペースがもっとも小さくて済むので、アパート／マンション住まいの人に向いている。車載スペースも最小で済むが、準備や後片づけに手間がかかる。また、艤装が困難。さまざまなサイズがラインナップされているので、自分のスタイルに合ったものを購入するとよい。なお、全周をエアチューブで囲まれているため、安定性は非常に高いが、艇内スペースは意外と狭い
経年変化で開きにくくなるものもある	すべての水域で使用可能	非常に軽く、サーフボードをルーフに積む感覚でカートップできる。ただし、パーツ類が多く、意外と車内スペースをとってしまうのが難点	畳んで小さくなるので、車載も保管スペースも少なくて澄むが、やはり準備と片づけに手間がかかる。また、気温が低い時期には開きが悪くなるものもある

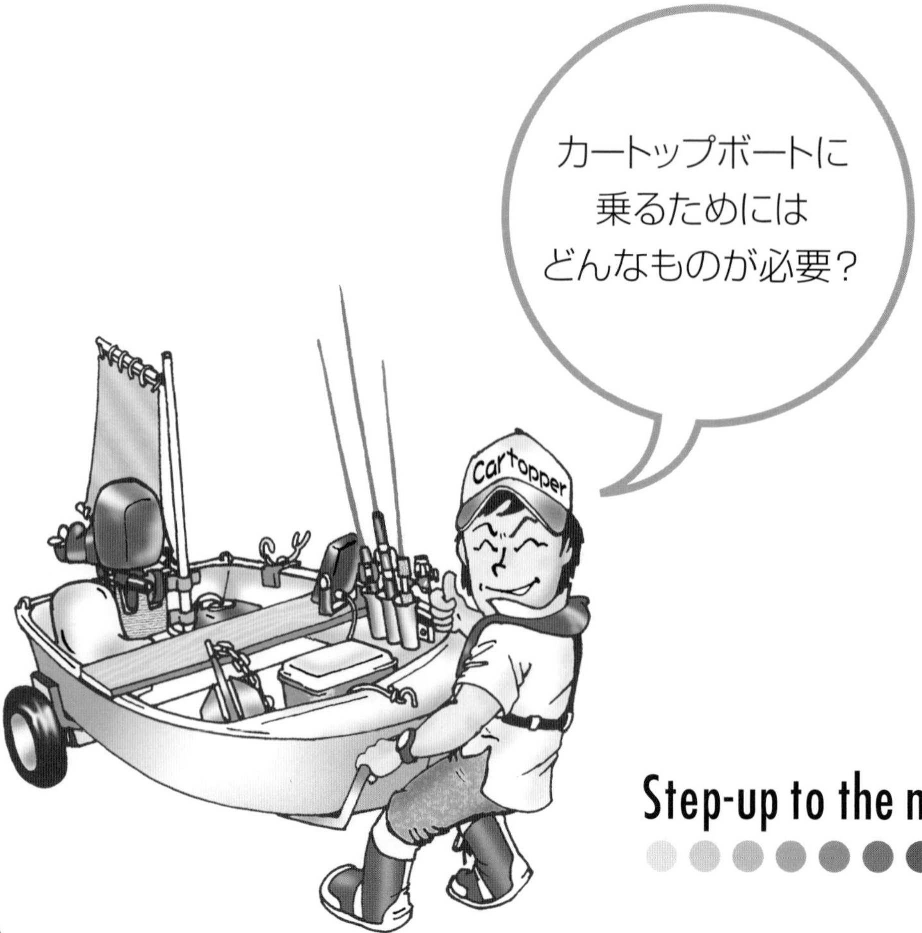

Step-up to the next part.

第1章

カートップボーティングに必要なものを揃えよう

前章で、カートップボートとはどんなものか、
また、カートップボーティングではどんなことが楽しめるか、
大まかな全体像が理解していただけたと思います。
では、実際にカートップボーティング始めるにはどんなものが必要になるのでしょう?
この章では、ボートをクルマに積むためのキャリア、
フィールドでボートを運ぶためのアイテム、ボートの動力源となる船外機、
安全確保のため、そして法的な条件を満たすための備品など、
カートップボートならではのマストアイテムを見てみましょう。

カートップボートの選び方

ボート選びはバランスが大事

およそ30年ほど前、当店がマリーン・イレブン（初期型）を発売した当初は、カートップボートの認知度はまだまだ低く、この手のボートを扱っているメーカーもほとんどありませんでした。しかし最近では、いろいろなメーカーから数多くのカートップボートが販売されるようになっています。

その種類としては、「FRP製一体型／分割型ボート」「ABS樹脂製ボート」「アルミボート」「インフレータブルボート（一般的にはゴムボートと呼ばれる）」「折り畳み式ボート」などがあり、それぞれメーカーごとの船型などにも特徴があります。

こうした多種多様なボートのなかから、あなたの使い道に合わせた最適な1艇を探していきましょう。

さて、おもに釣りを目的とする場合、私たちが考えるカートップボートの基本的な条件としては、「1人で気軽に扱えて、いつでもどこでも、安全に楽しく釣りができる」という点が挙げられます。

この条件を満たした上で、さらに、自分が具体的にどんな使い方をするのか――海で使うのか、淡水で使うのか、沖の磯や堤防への渡し舟として使うのか、フィッシング競技会に出るのか――を考えて、使用目的にあったカートップボートを選ぶのです。

しかし、カートップボート選びの条件は、それだけではまだ不十分です。なぜなら、「これが良い！」と決めたボートが、あなたのクルマには積めないというケースもあるからです。

また、出艇は1人でできても、クルマへの積み下ろしは2人でもできないというケースも考えられます。

つまり、最低限の条件を満たしたボートのなかから、具体的な使用目的、クルマのサイズや家（保管場所）のスペース、ボートを運ぶ体力といった各要素のバランスをよく考えて、最適な1艇を選ぶ必要があるのです。

【積み降ろしに必要な人数】
写真のように数人がかりで積み降ろしをすることも可能だが、必ず毎回人手が確保できないままに大きなボートを手に入れると、「いつでも気軽に」というせっかくのメリットを犠牲にすることになってしまう

【クルマとボートのサイズのマッチングが良い例】
クルマの全長に対して、ボートの全長が長すぎると、前方視界をさえぎることになって大変危険。ボート選びの際には、クルマのサイズも考えなければならないのだ

1人で扱える ボートサイズの 限度とは？

前段で「1人で気軽に扱える」と書きましたが、なぜ1人でなければならないのかと疑問を持った方もいるのではないでしょうか？ というのも、

「僕は仲良しの友人と2人で乗るから、1人で扱えなくても大丈夫。その分、大きめのボートにしたい」

と考えて来店される方が意外と多いのです。

しかし、ここで一言！

2人で釣行できるなら大きめのボートでもラクで安全ですが、友人の都合と自分の都合、そして天気の具合は、なかなか一致しないのが実状です。それで出艇回数が減ったのでは、序章で述べた係留保管のクルーザーと同条件になってしまいます。

また、安全面を考えても、イザ！ というときのために、「1人で気軽に扱える」サイズのボートを選ぶことが重要なのです。

では、「1人で気軽に扱える」ということを条件にしたときに、どんなサイズのボートが当てはまるのかを考えてみましょう。なお、ここでは、ウインチなどを利用した、大がかりなシステムのキャリアを使う場合を除きます。

最近流行の車種、ミニバンやワンボックス（軽自動車も含む）などのルーフにボートを積む場合、クルマの形状によっても多少異なりますが、私たちが実際に体感した上で、一般の人が1人で積めるボートの限度として考えている重量は、50キロ以内です。

ルーフの低いステーションワゴンやセダンタイプの普通乗用車へ積み込む場合は、ボートを支える支点が低くなるので、もう少し重くても1人で積み込むことができます。ただし、最近のクルマはデザイン重視なのか、クルマの上にボートなどの重いものを載せるような強度や形状で設計されていない場合が多いので、そういった面から考えても、積み込むボートの重量は50キロ前後が限度となります。

なお、各車種別のキャリアの取り付け方法や積み込み方、どんなクルマがカートップボーティングに適しているかなどに

最近流行りのミニバンやワンボックス車では、ボートを持ち上げる際の支点（ボートとキャリアの接点）が高く、あまり重すぎると1人では持ち上げられなくなることもある（写真上）。一方、支点の低いステーションワゴンなどでは、比較的持ち上げやすいが、ルーフの形状や強度によって、ボートが積めない場合もある（写真下）

ついては、31ページから詳しく解説します。

一方、長さはどうでしょうか？ ルーフキャリアにボートを載せた際、ボートの前後への出幅が大きくなりすぎると、交差点などで停車したときに、出っ張った船首が視界をさえぎって信号が見えなくなることもあります。よって、これも車種によって多少異なりますが、全長で3メートル前後が限度でしょう。

ボートの幅も、広ければいいというものではありません。ボートの幅が広くなれば、ルーフキャリアのバーはそれ以上に長くする必要があります。ルーフの高いワンボックス車であれば多少出っ張っていても気になりません。しかし、ステーションワゴンなどのルーフが低いクルマで長いキャリアバーを使うと、クルマの横を歩いたときなどに、ちょうど頭の位置にバーが突出することになるのです。また、ドアの上にバーがあると、乗り降りの際に頭をバーエンドにぶつけることもあるでしょう。そう考えると、一般的な乗用車に積めるボートの幅は、1.4メートル以下が理想となります。

なお、キャリアや積載物のサイズ（長さ、幅、高さ）は、クルマのサイズに基づき法律で制限されています。この制限に関しては32ページで解説します。

インフレータブルボートや分割式ボートを車内に入れて運ぼうとした場合も、クルマによっては意外と小さいサイズのものしか積めないケースがあります。マイボートで釣りに行く場合は、当然荷物も多くなり、限られた車内スペースを有効に使う必要があるのです。やはり、クルマでボートを運ぶ際の有効な配分は、一番大きくてかさばる艇体を屋根の上に積んで、車内の限られたスペースにそのほかの荷物を積む、というのが理想でしょう。

クルマに積める限度の大きさ、重さで、かつ、安心して海に出られる最小限度のサイズという各要素をまとめると、「1人で気軽に、いつでもどこでも、安全に楽しく」釣りができるカートップボートとして、もっとも適したサイズは、全長11フィート（約3.3メートル）以下、幅1.4メートル以下、重量50キロ以下だと思います。

これは、あくまでも私たちの経験に基づいた主観ですが、長年ボートを販売し、実際に使い、ユーザーの声を聞いた上で、クルマへの積み降ろしの際、運搬の際、海で使う際、すべての状況を総合的に考えてみると、こうした結果となるのです。

砂浜などから出艇する機会が多いカートップボートでは、クルマから降ろしたボートを波打ち際まで運ぶことも考えておく必要がある。あまりに運びづらいサイズのボートだと、出艇のたびに大変な苦労を味わうことになる

どんな場所で使うのか？ も大切なポイント

カートップボート選びを考えた場合には、「おもにどこで使うのか」が重要になってきます。海でしか釣らない、湖や沼などの淡水でしか使わないというなら、それぞれ適したボートが異なってくるからです。

しかし、カートップボートの最大のメリットは、どこへでも運んで行けるということであり、極端な話、“日本全国がフィールド”となるわけですから、今は淡水でしか釣りをしないと考えている方でも、先のことを考えてマルチにいろいろなフィールドで使うことを考えたボート選びをすることをお勧めします。

どんなフィールドでも使えるということを考えるのであれば、やはり1人でクルマから降ろして水際まで運んで行けるサイズでなければなりません。というのも、ボートを上げ下ろしするのに、毎回、漁港やマリーナなどのスロープのようなエントリーしやすい環境ばかりを使えるとは限らないし、必ず毎回同乗者がいるとも限らないからです。

特に砂浜からエントリーする場合は、砂浜へのクルマの乗り入れが禁止されている場所もありますし、仮に乗り入れ可能であっても、砂の質によっては“街乗り4駆”程度では身動きがとれなくなるケースもかなりあります。つまり、海岸沿いの駐車場やクルマで入れるところまで入っていき、そこから波打ち際まではボートを運んで行かなければならないケースが多いということです。

このようにいろいろな状況下で出艇することを考えると、おのずとボートのサイズの限度が決まってきます。

最近では、手軽な船台や艇体に取り付けて使うドーリーなどが各メーカーから出ていて、比較的楽にエントリーできるようになりました。それに、人それぞれ体力に違いもありますから、1人1人に最適なサイズは多少前後するはずです。

しかし一般的には、やはり前述した全長11フィート、重量50キロ以下が、1人で運搬できる限度のサイズになるでしょう。

“安心して楽しく”乗るには大きさも重要

カートップボートを選ぶ際に挙げた3つの条件の1つに、“安心して楽しく”をというものがあります。この条件を満たすには大きいボートのほうがよいといえるでしょう。艇体が大きければそれなりに安定感や耐波性能が向上し、“安心して楽しく”という条件を満たせるのです。

「自分は常に、湾内や岸近くの常に穏やかなところで釣りをするから、小さくても大丈夫」

と思っても、実際に使用してみると、常にベタ凪の海で釣りをしているわけではなく、近くを行き交う他船の曳き波があったり、砂浜などで出着艇する際に波を越えて行く必要があったりして、海の上で起こるいろいろな状況を想定すると、小さすぎるボートは不安です。保管場所やクルマなど、周辺の環境からどうしても小さい船を選ばざるを得ない場合には、安全のために必ずボートの両舷に強い浮力材をつけるなどして安定性を補うようにしましょう。

ちなみに、私たちがよく行く千葉県・南房の館山湾の海岸付近などでは、暖かいシーズンになるとウェイクボードを楽しみに来る人も多く、なかには釣りをしているボートのすぐ近くを通るマナーの悪い人までいて、せっかく無風のベタナギ状態の中で気分よく釣りをしていても、思いがけない曳き波を食らうこともあるのです。

しかし、すでに説明したように、小さいボートにはクルマに積むときや持ち運ぶときに楽というメリットがあり、カートップボートは無闇に大きければいいというものではありません。

このような点を勘案し、私たちが実際に使ってみて、安定性と耐波性能、そして運搬しやすさのバランスが取れていると実感する全長が、先に挙げた11フィート（約3.3メートル）なのです。つまりこのサイズは、**海に出て安心して釣りができる最小の大きさであり、1人でも運搬できる最大の大きさ**だということです。

船型は走航性能にかかわる大きな要素。購入前には、自分がどういったエリアでボートに乗るのか、どんな使い方をするのか、船型についても十分な検討を行う必要がある

目的とエリア、材質などによる船型との関連性

例えば、湖や沼などでバスフィッシングをする場合などは、水深の浅いポイントへ入って行ける“ジョンボート”などのパントタイプ（平底型）が使いやすいものです。

しかし、このような平底のボートは、船体の大きさのわりに積める船外機が小さく、波に弱いという欠点があるといえるでしょう。よって、海での使用には不安があります。

海で使おうと考えた場合は、波切りの良い船型で、なおかつ安定性の良いボートを選ぶ必要があります。もちろん不沈構造になっていることも安全に使うための重要な要素になります。

カートップボートは、各メーカーによってさまざまな船型をしていますが、ボートには使用する用途やエリアごとに適した船型があるのです。また、ボートの材質やタイプも船型に大きく関係してきます。

そこでもう一度、材質を含めた各タイプのカートップボートについて見てみましょう。

耐波性能、安定性、安全性、使い勝手などの面を総合的に考えると、すべての条件を高次元で満たすのは、やはり一体型ボートでしょう。保管スペースを大きくとってしまうことが欠点とはなりますが、一体型ボートは、“海上（水面上）での使いやすさ”に重点を置いて設計されているので、実際の使用時の使い勝手や安全性についてはもっとも高いレベルにあると思います。

一体型のなかでも、FRP製ボートならば、腐らない、修理・補修が容易にできる、艤装しやすいという点でお勧めです。

アルミ製の場合は、修理や補修が簡単にできない点と、海水で使用するとどうしても腐食しやすいという欠点があり、FRPボートに比べて、使用後の真水での洗艇をよりしっかり行う必要があります。マリングレードのアルミを使用して、海水でも問題なく使えるというものもありますが、このタイプはアルミの板厚が増してしまい、どうしても船体重量が重くなってしまうという欠点があります。よって、アルミボートはおもに淡水での使用に適しているといえるでしょう。

インフレータブルや分割式、折りたたみ式のボートは、設計における重点が、“保管／運搬しやすいことと省スペース化”に置かれているため、使いやすさという点では一体型ボートに比べて劣る部分があります。艤装するにしても、重ねるときや畳むときに邪魔にならない位置に取り付けなければならなかったり、準備／後片付けに手間がかかるものもあります。そのかわり、保管スペースが最小で済むので、アパートやマンションに住んでいる方、ルーフトップできない形状のクルマやハイルーフのワンボックス車に乗っている方に向いているでしょう。

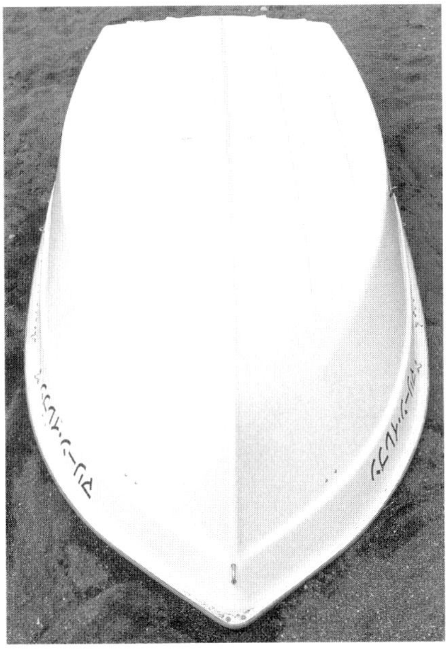

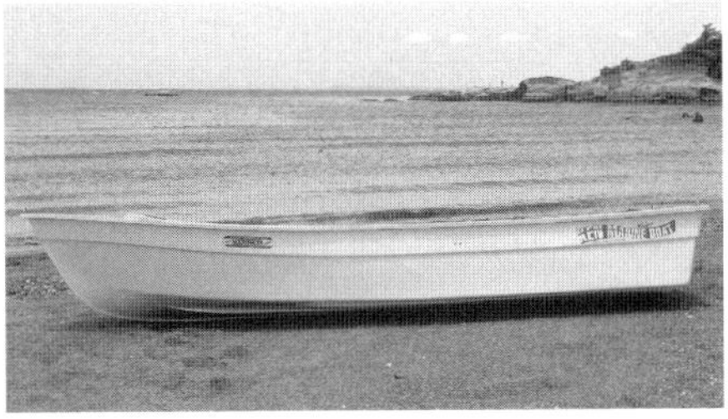

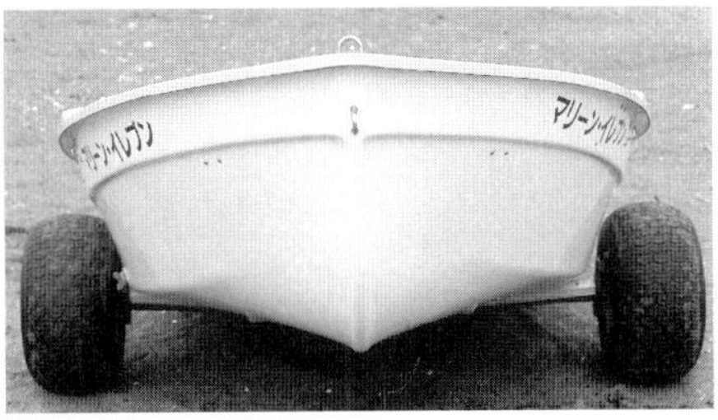

【ボートの船型】
船首形状や全幅、船尾船底のV角度、キールの有無やスプレーストリップなど、船型を決定づける要素は数多い。それぞれの持つ意味を十分に理解し、ボート選びの際の基準にできれば、間違いのない選択が可能となる

インフレータブルボートの長所と短所

インフレータブルボートは浮力が非常に大きいので、チューブに腰掛けても大丈夫なくらい安定性は良好です。また、エアを抜いてコンパクトに畳めるので、保管スペースが最小になるというメリットもあります。

ただし、これからボートを買おうと思っている方のなかで、“インフレータブルボートは軽い”と思っている方がいるかもしれませんが、それはちょっと違うようです。エンジンが付かないタイプの手漕ぎで使うインフレータブルボートは、サイズも小さく、材質自体も薄いものを使っているので確かに軽いのですが、エンジンを積んで使うインフレータブルボートはある程度の強度が必要になるので、全長3メートルの4人乗りのものだと50キロ近くあります。当店のオリジナルFRPボート、マリーン・イレブンWF（二重底タイプ）と同じですね。

また、インフレータブルボートは、準備や後片付け、帰宅後のメインテナンスに手間がかかる点に注意が必要です。さらに、艤装する際には、艇体にビス留めなどができないため、まずは艇体に取り付けられるラックを作り、そこへいろいろな艤装品を取り付けなければなりません。少々苦労しますが、言い換えてみれば、艤装し甲斐があるとも言えますね。

航行する際には、水の上では吃水が非常に浅いため、①風の影響をモロに受けやすい、②重心が高いので波に対して意外と弱く、曳き波や波打ち際で転覆することもある、という点に注意しなければなりません。

ただしこうした問題点は、インフレータブルボートに限らず、出艇回数を重ねていろいろと経験し、操船者の技術でカバーすべき部分といえるでしょう。

どんなボートだって、いくら安全性が高いとはいえ、広い海の上に出てしまえば木の葉ほどの小さな存在です。決して自分の腕や船を過信することなく、天気や地形、周囲の状況や他船の動きに常に注意を払い、安全なボート釣りができるよう十分に心がけましょう。

フィッシングに向いたボートの船型とは？

ではいよいよ、どんな船形がどんな釣りに向いているのかについて見てみましょう。

最近では、カートップできるような小さいボートでも、深場でアンカーを入れずに定位置に留めて釣りをするために、そして、遊漁船と肩を並べて釣りができるようにと、スパンカーを装備する方が非常に増えてきました。このスパンカーの効きを良くするには、センターキールが突き出た船底のボートが良いでしょう。

しかし、このような船型の場合、全体的に船底のVがきついため、立って釣りをしたりすると結構不安定な場合があります。

一方、最近人気のアオリイカ釣りなどで餌木をシャクるエギングをしたり、あるいは、キャスティングやジギングなどで立ってルアーフィッシングをしたい場合には、比較的平底で横安定性が良いボートが絶対条件となるでしょう。このような船型のボートはトローリングにも向いていて、ボートを走らせながら魚とやり取りするのにも安心です。

ただし、パントタイプ、カタマラン、トリマランなど、静止安定性が非常に良い小型船の場合は、船首で波を切るのではなく、波を越えるような船型なので、対波性能が劣り、少し波が出るとかなり不安です。

なお、平底のボートでスパンカーを利かせるためには、船首から“おもて差し舵”（水を受けやすくするためのプレート）を入れる必要があります。

ジギングやキャスティングなど、立って行う釣りをしたい場合、静止安定性が重要なカギを握る。この性能も船型によるところが大きい

いかに積むかが問題だ

クルマに積めなきゃ始まらない

これからボートを購入しようと考えている方で、そのボートに合わせてクルマを購入しようと考えている方は偉い！ “カートッパーの鑑《かがみ》”といってもよいでしょう。

しかしクルマ選びは、ボート選びと同様、十分に注意しなければなりません。

特に最近は、各メーカーから続々と新しいクルマが発売されて、数限りない車種が出回っており、長年にわたってカートップボートを販売してきている私たちにとっても悩みの種のひとつになってしまいました。

なぜなら、近年のアウトドアブームが続くなかで発売されている日本車のほとんど（特に最近新しく作られたモデル）は、デザインを重視しているためか、屋根の上に大きな物や長い物を積むような形、強度で設計されていないことが多く、ボートをカートップするには向かない（カートップできない）クルマが非常に増えているからです。

また、せっかく「これだ！」というボートが決まっても、今あなたが乗っているクルマの上には積むことができない、ということも起こりうるのです。これは裏を返せば、クルマを変えないことを前提とすると、購入するボートが左右されるということでもあります。

そこで、カートップボーティングに向いているのはどんなクルマかについて考えてみましょう。

ボートキャリアの一例（RV-INNO）

縮めた状態

伸ばした状態

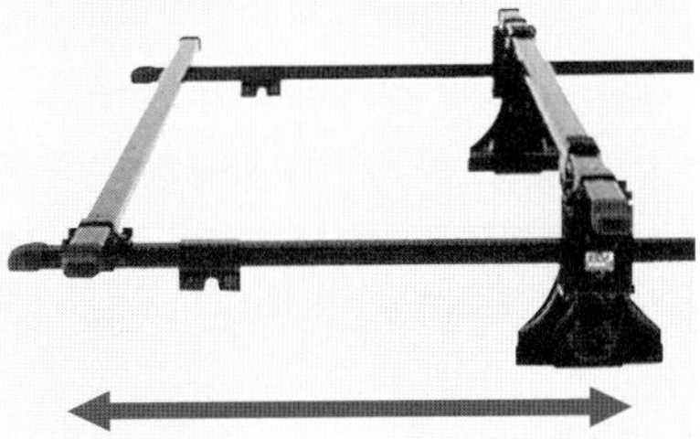

スライド式ボートキャリアは、ボートをサポートするバーが、後部ハッチの接触を防ぐために伸び縮みする

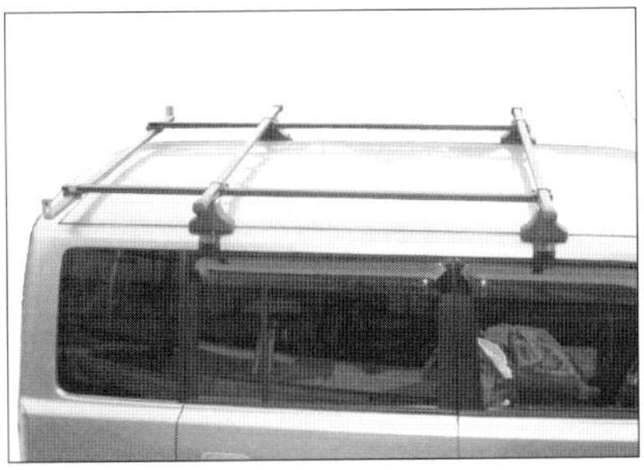

固定式延長サポートバーを取り付けた場合の例。後部ハッチとの干渉が問題にならない場合は、固定式でも構わない

ラゲッジスペースから見たクルマのボディタイプ

カートッパーは欲張りなので、艤装品や釣り具などの荷物が結構多くなるもの。そこで、一番大きくスペースを取る艇体をルーフトップし、その他の道具は車内に収納するというパターンがもっとも理想的な形といえます。

そのように考えると、ラゲッジ（荷室）スペースが広めに取れたほうが絶対便利で、そうした点でカートップにもっとも適したクルマのボディタイプは、必然的に「ワンボックスタイプ」「ステーションワゴンタイプ」「ミニバンタイプ」となるわけです。

これらのボディタイプのクルマは、艇体をカートップするための十分なルーフスペースがあり、なおかつ道具を積むラゲッジスペースも十分に取れ、カートップボーティングに最適といえるでしょう。

キャリアの取り付けが可能で、かつ許容積載重量に余裕があれば、「セダンタイプ」でもカートップボーティングは可能ですが、ラゲッジスペースが少ないという面で、何らかの工夫が必要になります。

基本の積み方と理想的なキャリア位置

では、実際にどのようにしてボートをクルマに積むのかを解説していきましょう。

まずは基本的な積み込み方と理想的なキャリアの取り付け位置について、次ページの連続写真を見てください。クルマへの積み込み方は①→⑦の順で、クルマから降ろすときはこの手順の逆になります。

しかし、どのクルマでもこの積み込み方ができるわけではありません。

では、このような積み込み方ができるのはどんなクルマなのでしょう。

それは、キャリアが取り付けられる位置で決まります。

まず、キャリアがルーフの最後部に取り付けられること。これは、クルマの後ろから③のようにボートを立てかけたときに、後ろのキャリアが最後部に来ていないとクルマに干渉してしまうからです（常に2人以上で積み込みをする、また、クルマに傷がつくのなんてまったく気にしないという場合は別ですけどね）。

しかし、最近のクルマのほとんどが、ル

理想的なキャリアの取り付け位置

キャリアを取り付ける際のバーの前後間隔は、積み込むボートの全長の3分の1を目安にする。これ以上短い場合はキャリア自体や固定方法に工夫を加えなければならない.。なお、法的には、積載物の寸法が、①長さ（自動車の長さの1.1倍以内）、②幅（自動車の幅）、③高さ（自動車と積載物の合計が3.8メートル以内）のいずれかを超える場合は、「制限外積載許可申請書」を提出して出発地を管轄する警察署長の許可を受ける必要がある

ーフ最後部にキャリアが付けられないので、その場合、当店では延長サポートバーを取り付ける加工を行っています。延長サポートバーには固定式と可変（スライド）式があり、後部ハッチの形状やスポイラーの有無によって選びます。

次に、キャリアの取り付け前後間隔が、ボートの長さの3分の1以上あることが必要となります。

これはボートを安全にカートップできる目安となるもので、例えば、マリーン・イレブン（3.3メートル）の場合だと、艇体の1／3の長さ＝1.1メートル以上の間隔が必要となります。

この数値以下の間隔しか取れない場合には、キャリア自体を少々加工するか、車体と艇体をロープで結んでふらつきを抑えるといった対処を施さなければなりません。

基本的なボートの積載方法

1

2

3

4

5

6

7

1 クルマの後ろへボートを置く
2 船首側から艇体を持ち上げる
3 艇を立ててそのままクルマの後ろに立てかける
4 ボートの下へ手を入れて持ち上げる
5 左右バランスをとりながらクルマの上へ押し込む
6 キャリアバーの上を滑らせながらボートを押す
7 最後にベルトで艇体とキャリアを固定して完了

しかし最近のクルマでは、キャリアの取り付け前後間隔が十分に取れない場合が多く、キャリアが取り付けられてもボートなどの大きなものを積めないというクルマが非常に増えています。

なかでも最近流行のステーションワゴンやミニバンには、キャリアの取り付け位置が決まっていて、あらかじめベースが切ってあるためにキャリアの取り付け位置を動かす（バーの間隔を広げる）ことができず、強度があっても積めないという場合もあります。このような構造により、バーの間隔が60センチ程度しか確保できない車種としては、トヨタ・ノア・ボクシーやエスティマ、ニッサン・ステージアなどが挙げられます（以上、2006年現在）。

ルーフレールが装備できるクルマならばキャリアが取り付けられ、船の積載も可能です。ちなみに、ルーフレールには、前後2カ所だけでレールを固定している2本足タイプと、中央にも足がある3本足タイプとがあります。3本足タイプのほうがレール自体が長いので前後間隔を広くとれますし、強度面から見ても理想的です。

ただし、車種によってはルーフレールの強度、または、ルーフ自体の強度が弱く、キャリアが取り付けられても許容積載重量が制限されるということもあり、特に軽バンなどのなかには、ルーフ自体の強度が弱くて許容積載量が20～30キロしかない車種もあるため、事前に十分に調べる必要があります。

クルマに合ったキャリアを選ぶ

なんといっても、クルマにキャリアが取り付けられなければ、カートップボーティングは始められません。つまり、自分のクルマにキャリアが取り付けられるかどうかが問題です。

日本で発売されている主なキャリアのブランドとしては、「INNO（イノー）」「TERZO（テルッツォ）」「THULE（スーリー）」が挙げられます。このほか、各自動車メーカーが、純正のルーフキャリアをオプションで用意している場合もあります。

キャリアの取り付け方としては、「レインガータータイプ」「ルーフレールタイプ」「ルーフオンタイプ」があります。

このなかで、もっとも強度が強く、取り付けも簡単で、許容積載重量も十分取れるのが「レインガータータイプ」です。ところが、商業車や軽バンタイプ以外、現行の自家用車ではこのレインガーター（雨どい）が付いていないものがほとんどのようです。

「ルーフレールタイプ」の場合は、クルマによってルーフレール自体の強度が十分でないものがありますが、ほとんどの車種で積載は可能です。ただし、艇が重すぎると無理な場合もあるので、十分注意しましょう。

現行のクルマでもっとも多いのが「ルーフオンタイプ」です。これは、クルマごとに専用の取り付けキットが必要となり、取り付け方法もさまざまです。

キャリアの取り付けタイプのいろいろ　（メーカー：スーリー）

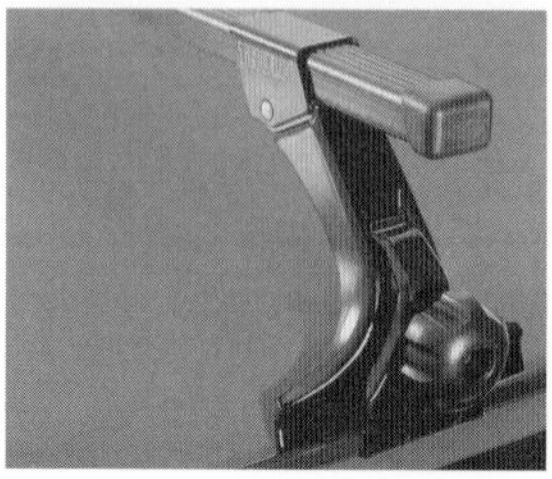

レインガータータイプ

ルーフレールタイプ

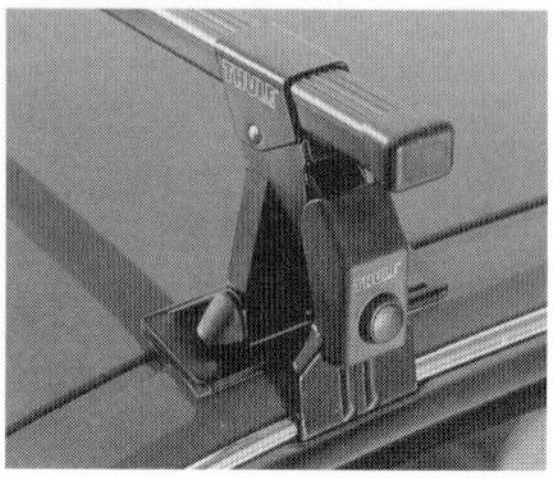

ルーフオンタイプ

キャリアの間隔が狭いときには？

さて、ボートをルーフトップする場合、キャリアの前後間隔は、乗せるボートの長さの3分の1以上を確保する必要があります。

ところが、「キャリアは付けられる。積載強度も十分。しかし、キャリアの取り付け位置に問題が……」という場合が多くあります。実際、キャリアの前後間隔が60センチしか確保できない、というクルマも多いのです。

ここでは、キャリアの取り付け間隔が十分に取れない場合の加工方法をいくつかご紹介しましょう。

まずは、「クロスバーキット」を利用した延長方法です。下のイラストのように、キャリアに専用キットを使って前後に延長バーを取り付けます。

もうひとつの方法は、ルーフオンタイプで前後間隔が取れない場合に行う方法で、延長キットを使って、後方にのみキャリアを伸ばします。

キャリアの前後間隔が十分に取れない場合は、このような方法を用いるとよいでしょう。

ただし、キャリアの延長加工をしても、艇体をクルマの後ろに立てかけたときに、どうしてもクルマとボートが干渉してしまうという場合があります。そのときは、クルマに毛布などを当てて積み込むか、または必ず2人以上で積み込むという方法をとることになるでしょう。

クロスバーキットでキャリアを延長する

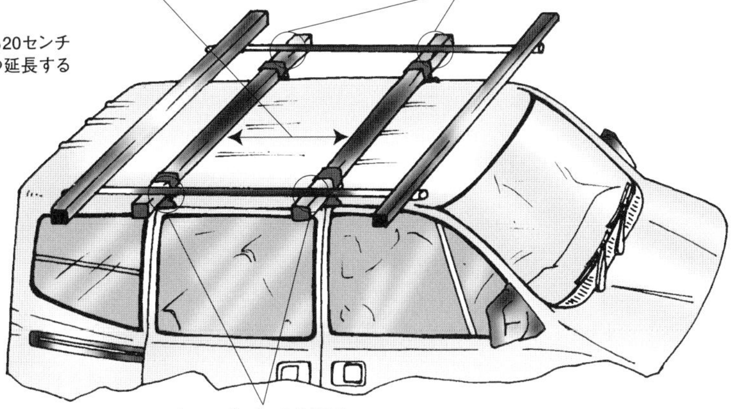

キャリアの取り付け位置によりどうしても前後間隔が狭くなってしまう場合は、延長キットを使用し、クロスバーをつけてキャリアの長さを延長する。なおその場合は、積んだボートの前後をロープで必ず固定する

ボートの積み込み方応用編

33ページで解説したように、いったん、クルマの後ろに艇を立てかけるというのが、基本的なボートの積み込み方です。

ワンボックス車などルーフの高いクルマにカートップする場合、ちょっとしたアイテムを使うことで積み込みの労力がとても楽になります。そのアイテムが「アシストロープ」です（110ページ参照）。このアシストロープを使用すれば、後ろからボートを立てかけて積み込む際、1人でもかなり楽に積み込めます。

どうしてもクルマの後ろからの積み込み

軽トラックでのカートップ例

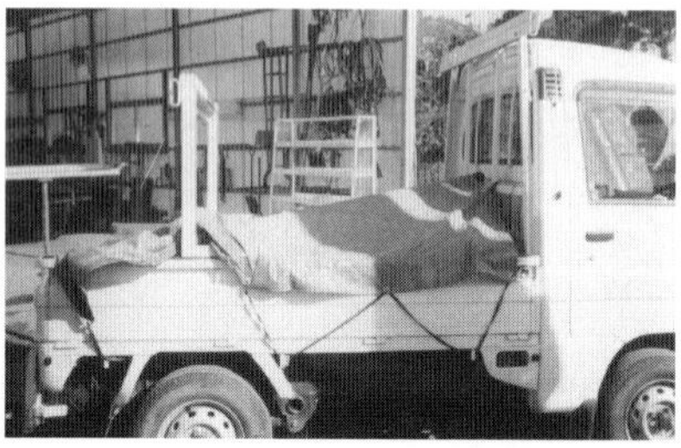

軽トラックにボートを積む場合は、荷台の後部に鳥居型の台をつける。こうすることで積み込みやすく、走行中の安定性も増し、荷台のスペースも確保できる

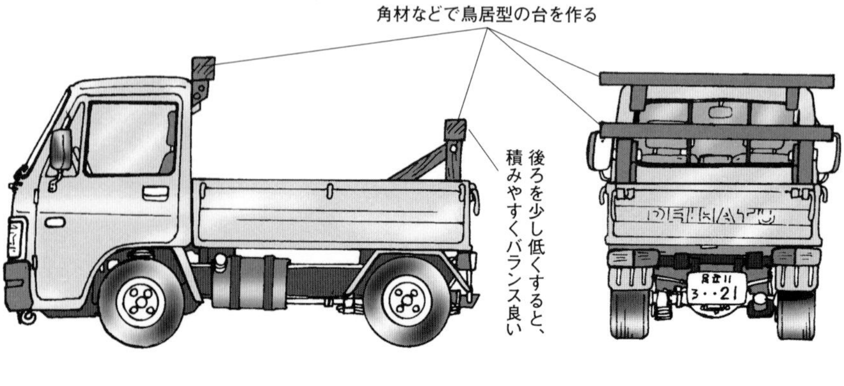

が無理な場合は、クルマのサイドから積み込む、もしくは2人以上で積み込むという方法を取ることになります。そんなときに便利なキャリアアイテムとして市販されているもののなかでは、ファクトリーゼロ（TEL：046-238-9411）製の「オーバースライダー」が有名ですね。「オーバースライダー」は、ベースになるキャリアバーの上に、艇体を載せるためのラック状の枠が乗っており、その枠がクルマの横方向にスライドして下りてくるというもの。セミオーダー形式で、そのクルマに合ったものを作ってくれます。

予算に余裕のある方は、こうしたアイテムを活用することお勧めします。

このように、ボートの積み込み方にはさまざまな方法がありますが、クルマによってはどうやっても1人での積み込みが無理な場合もあり、そうなると分割式ボートやインフレータブルボートを選択することになるでしょう。

分割式ボートを車内積載しようと考えている方は、できれば実際にショップで現物を見て、自分のクルマに入るのか確認することをお勧めします。しかし、分割式ボートを車内積載する場合、どうしてもそのほかの道具（エンジン、備品、釣り道具）を積むスペースが非常に少なくなってしまうというデメリットがあることをお忘れなく。ハイエースなどの荷室の広いクルマであればスペース的にも広く取れるので大丈夫ですが、やはり工夫も必要ですね。

ちなみに、ピックアップタイプのクルマや軽トラックにボートを積みたいという方もいらっしゃると思います。しかし、ただ荷台に載せただけ、あるいはバウを運転席の上に立てかけた状態のままでは、法的にも、走行時の安全面からも問題があります。

そこで、左下のイラストのように、鳥居型の簡単な台を取り付けることをお勧めします。こうすると積み込みやすく、比較的安全で、荷台部分のスペースも有効に活用できるでしょう。

ただしこの場合は、ボートが前後にずれないような対策をしっかりととってください。

船外機の積み方も工夫次第

最後に、4WD車などで実践できる、船外機のちょっと変わった便利な積み込み方をご紹介します。

カートップボーティングでは、通常、船外機は車内に積み込みます。ところが、4WD車などで後ろにスペアタイヤがついている場合は、そのタイヤベースを利用して船外機ブラケットとなる板などを取り付ければ、非常に楽に積み下ろしできます。エンジンを立てた状態で運ぶことは、エンジンにとっても良いのです。

またこの方法の応用として、リアラダーやフロントのバンパーガード、ロールバーなどに船外機ブラケットを取り付けることもできます。ただし、これらの方法をとる場合は、必ず十分過ぎるくらいの強度があることを確認しましょう。

さらに、軽トラックやピックアップトラックなどでは、荷台のアオリの部分に船外機を取り付けるという方法もあります。ただし、これらの方法をとる場合、積載の制限を超えないよう、十分注意してください。

現在、国内では数限りない種類のクルマが出回っており、キャリアの取り付け位置や積み込み方がクルマごとに違うというのが現状です。ここで全車種に対応したキャリアや積み込み方をご紹介することはできませんので、ここで紹介した方法が自分のケースに当てはまらないという方は、ぜひ当店へお問い合わせください。

カートップボートの心臓部
船外機について考える

船外機選びは ボート選びと 同じくらい重要

ここまで、カートップボーティングにおけるボートの選び方、クルマとボートのマッチングやカートップ方法など、あくまでもボートを中心に話を進めてきました。

ここからはカートップボートの心臓部ともいえる船外機について話を進めていきましょう。

本書を読んでいる方のなかには、船外機を使わず、あくまでもオールを使った手漕ぎのスタイルでカートップボーティングを楽しもうという方もいるでしょう。

とはいえ、ほとんどの方は、大小にかかわらず船外機を搭載してカートップボーティングを楽しみたいと考えていることと思いますが、艇体にばかり目が行ってしまい、「たかが船外機。セットになっているものだから、たいして気にしていない」という方もいるかもしれません。

しかし、船外機選びは非常に重要な問題であり、ここで失敗すると、そのあと大変な苦労を強いられることになりますし、最悪の場合には命の危険にさらされることもあるかもしれません。

船外機に限ったことではありませんが、商品には長所があれば短所もあるはずです。短所を知らずに購入すると、あとで痛い目に遭うこともありまので、商品購入に際して決断を下すときには、短所をカバーしてあまりあるメリットが得られる商品を選ぶよう、十分注意する必要があります。

船外機は、いわばカートップボートの心臓部です。この項をよく読んで、ボート選び同様、船外機選びも慎重に行って、間違いのないチョイスをしてください。

船外機選びの ポイントは？

カートップボートに使用する船外機は、基本的に、そのボートに搭載できる最大馬力のものをお勧めします。これは航行上の安全を確保するためのもので、万一荒天に見舞われたときなどに、高出力エンジンを積んでいたほうが安心という理由があるからです。

ただし、ここまでも何度か触れましたが、私たちが考えるカートップボーティングの根本的なコンセプトは、「1人でクルマに積んで、安全、気軽に釣りができる」ということです。その点から見ると、船外機を選ぶ際は、まず、出力の大きさよりも、重量から見なければなりません。

船外機の重量の上限は、使う人の体力などによっても左右されますが、私たちが長年カートップボートを販売し、また実際に各フィールドでクルマや船への積み下ろし、持ち運びなどをした経験を総合して判断すると、カートップボートで使用できる船外機の限度の重量は30キロ以下ということになると思います。「1人で気楽に」と思ったときに、30キロを超える船外機をクルマに積んだり、抱えて砂浜を運んだりするのは、決して手軽とはいえないでしょう。

船外機が重かった場合、朝の出航準備のときはなんとかなっても、帰航してボートを陸に上げ、後片づけをしてクルマに積み込むときにはクタクタになってしまいます。ましてや、釣果が悪かったときには、船外機の重さも倍に感じられるかもしれません。

最近ではいろいろなアイテムが出ているので、砂浜でも使える船外機キャリーなどを使えば運ぶことはできるでしょう。

しかし、カートップボーティングでは、毎回足場のしっかりした港からスロープを使って出港できるとは限りません。よって、砂浜から出航することも多くなりますので、いくらキャリーを使ったとしても、足を取られる砂浜での運搬はやはり苦労すると思います。事実、運搬するだけではなく、艇体への取り付けやクルマへの積み込みは、やはり人力で行わなければならないので、30キロを超える船外機を扱うのは、それなりの労力を要するということです。

さて、カートップボートで使用できる船外機には、大きく分けて以下の3タイプがあります。

●2ストローク船外機(以下、2スト)
●4ストローク船外機(以下、4スト)
●電動船外機(以下、エレキ)

さらに、前述の30キロ以内という条件を当てはめると、2ストは最大で8馬力まで、4ストは最大で5馬力までとなります。

43ページの表では、重量と馬力の点でカートップボートに使用できる船外機のラインナップを挙げてみました(ここでは、当店で扱っているヤマハ、スズキの船外機の、2006年時点でのモデルを紹介します)。

また船外機は、ボートに合わせて選ぶわけですが、艇種によって搭載できる船外機の馬力や重量はそれぞれ異なります。各ボートメーカーの広告や資料などに記載されているのを見たことがあるかと思いますが、“最大搭載馬力○馬力”などと書かれたものがそれにあたります。合わせて、搭載可能な船外機の重量も明記されているはずです。

さらに、ユーザーの体力や使用環境によっても、最適な船外機は異なります。

よって、ボート購入時には、カタログや資料などでのそボートに積める船外機の許容馬力および搭載重量を確認し、その上で、自分の体力で扱える範囲内のものを、慎重に選ぶ必要があるのです。

写真はヤマハの8馬力2スト船外機「8CMH」。こうして持てる船外機の重量は、おおよそ30キロ以下が目安。実際には2スト8馬力クラスが30キロ以内の上限となり、これ以上重くなると、持ち運び時にかなり苦労する

排ガス規制で変わる船外機の流れ

2002年春、月刊『ボート倶楽部』で本書の元となる連載記事がスタートしたころは、2スト船外機を搭載したカートップボートがまだまだたくさんありました。

ところが、わずか4年間の間に状況は大きく変わってきています。というのも、クルマのディーゼル規制と同様、マリンの分野でも2ストエンジンに対する排ガス規制がかけられるようになったのです。

これは、海外での2ストエンジンの排ガス規制に合わせて、国内でも業界自主規制が設けられたことによるもので、当店で扱っている船外機メーカー、スズキ、ヤマハでも、小馬力2スト船外機の製造を中

止して、排気がクリーンで環境に優しく、燃費も良い4スト船外機のラインナップを増やし、その製造・販売に力を入れています。これにあわせ、4スト船外機のメリットが知られるようになり、ユーザーの認知度も高まっています。

この環境問題に対する対応は、地球環境を守るという上でとても大切なことで、私たちもとてもいい傾向だと思っています。

しかし、小型船外機の4スト化の動きは、カートップボーティングという分野にどのように影響してきているのでしょう？

2スト船外機がなくなっても、4スト船外機があるから問題ないのでは、と思う方もいるかもしれませんが、ことはそんなに簡単なものではないのです。

そこで、この項では、小型船外機の4スト化が進んできた背景を踏まえて、あくまでもカートップボーティングにおける船外機の実状をお話してみます。

船外機における4ストと2ストの違い

では、2ストと4スト、それぞれの船外機の特徴を見ていきましょう。

一般的に知られている4スト船外機の特徴としては、排気がクリーンで音も静か、そして故障が少なくて燃費も良く、高回転での伸びが良いという点が挙げられます。一方で、2スト船外機と比べると、瞬発力や中間加速が劣り、重量が重く、価格が高い、また、構造が複雑なためモノによっては壊れた場合の修理に、費用と時間がとてもかかるといえるでしょう。

100馬力を超える大馬力船外機に限って見てみれば、1日釣行して使う燃料が、2スト船外機で100リットルのところ、4スト船外機だと70リットル程度で済むというように、燃料代だけでもかなりの差が出てきます。さらに音も非常に静かで、排気の臭いも気にならないというメリットがあります。

実際に大馬力4スト船外機を搭載したボートに乗ってみると、停船中はエンジンが掛かっていないのでは？ と錯覚するほど静かで、パイロットウォーター（冷却水の一部が排出されたもの）の水の音のほうが大きいようにも感じます。これらのメリッ

電動船外機の一例

トランサムに取り付けて使用する電動船外機の一例。写真は「ヤマハM-15」。本来漁業者用に開発されたモデルなので、耐久性が良い。なお、海水仕様の電動船外機は、基盤を完全防水するなどの対処が施されている

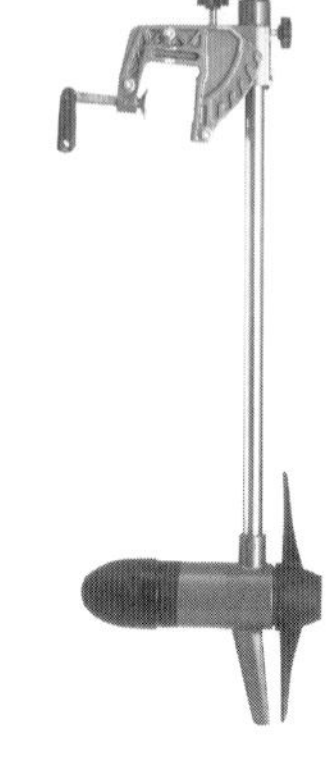

2スト船外機の一例

ここで挙げたのは、「ヤマハ8CMH」（8馬力。トランサムS。写真左）と、「ヤマハ5CSMH」（5馬力。トランサムS）。ともに2スト 2気筒のエンジンだ

モデル	トランサム高 (mm)	質量 (kg)	総排気量 (cm^3)	最大出力 (ps／rpm)
8CMH	436	27	165	8／5000
5CSMH	444	20.5	103	5／5000

トが、重量が重い、価格が高いといったデメリットをはるかに上回るため、船外機載せ替えの際に4ストモデルを勧められるのです。

しかし、カートップボートで使われる小馬力船外機においては、2ストと4ストの間で、燃費、排気ガスの臭いなどに、それほど差が表れないといってよいでしょう。例えば燃費の違いを見た場合、2ストだと5リットル使うところ、4ストだと4リットルになるという程度で、たいして変わりません。音も4ストのほうが静かなような気がする程度です。

それよりも、以下のようなデメリットのほうが大きくなってしまうと私たちは感じています。

第一に、カートップボートではとても重要になってくる重量です。4ストエンジンは、2ストエンジンにはない動弁機構などを持つために、構造が複雑になっています。そのため、2ストと同じ馬力を得るためには排気量を大きくしなければなりません。ヤマハ製の8馬力船外機を例に比較してみると、2ストは排気量が165ccで27キロなのに対し、4ストでは排気量が222ccで38キロになってしまうのです。

10キロの差は運搬時はもちろんのこと、ボートに積んで航行するときにも影響が出てきます。大きなボートに補助船外機として積むのであれば、たかだか10キロくらいは気にしませんが、艇体重量50キロ程度の小さなボートで、トランサムにかかる重量が10キロも増えると、ボートの吃水にも大きな影響が出てきます。

次に、小馬力4スト船外機の特徴として、低回転域での瞬発力のなさが挙げられます。つまり、4ストを2ストと比べてみると、高回転域での最大出力が同じであっても、そこに至るまでの過程に大きな差が出るということです。これは同じ小馬力の船外機として大きなデメリットといえるでしょう。

船外機の4スト化に思うこと

船外機の2ストと4ストによる違いでもっとも重要かつ問題になるのが、実際に使用したときのパワーの違いです。

オートバイでも同じことがいえますが、2ストエンジンは瞬発力と中間加速があってとてもパワフルですが、その反面、燃費が悪く、少々排気が臭いといえます。

一方の4ストエンジンは、排気がクリーンで高速の伸びはありますが、瞬発力は2ストエンジンほどではなく、全体的に加速が弱いといえるでしょう。

このような違いがなにを意味するかというと、沖で釣りをしていて天候が急変し、荒れた海のなかを波に合わせたアクセルワークでなんとか帰ってこなければならなくなったときに、瞬発力のないエンジンでは追い波に追いつかれて操縦不能になり、命にかかわる危険につながりかねないということです。

加えて、追い波の中では、船外機が重いと重心が後ろ寄りになり、吃水が下がってしまうのでより危険です。

小さくて軽い艇体に重い船外機を積んだカートップボートに1人で乗っている場合を想定してみてください。船外機は当然トランサムに取り付けますし、これを操作するため操船者も後部座席に座ります。よって、必然的にトランサム側の吃水が下がります。さらに、こんな状況になったと想像してみましょう。

——沖でのんびり釣りをしていると、徐々に雲行きが怪しくなり、突然、風が吹き始めました。日本ではよくある、前線通過による天候の急変です。

慌てて釣りをやめてサオを片付け、出艇ポイントへ帰ろうと走り始めました。気がつくと、沖から陸へ向かって吹く風がまたたく間に強くなり、大きな追い波のなかを帰らなければならなくなりました。

荒れた海を航行するので、当然、スピードは上げられませんが、海況は悪化していく一方で波がどんどん高くなり、一刻も早く戻らなければならない状況です。

追い波のなか、波に追い越されないようにアクセルワークで波に合わせて乗り切ろうと思っても、瞬発力のないエンジンでは対応しきれません。たちまち波に追い越されるようになりました。すると、バウが上がったハンプの状態で航行することとなり、重心がトランサム側に移動して船尾の吃水が浅くなります。その結果、船尾から浸水し始めてしまいました。

そうこうしているうちに艇内に大量の海水が入ってバランスを崩し、操縦不能になったボートは波にもまれて転覆……。

これはあくまでも可能性の話なので少々大袈裟に書きましたが、こうした状況に陥らないとは限りませんし、十分に考え得ることなのです。

もし、同じ状況に陥ったとき、馬力は一緒でも、軽くて瞬発力のある船外機を積んだボートだったらどうなるでしょう。少なくとも、重い船外機を搭載したボートよりは危険を回避しやすくなると思います。

ここで言いたいのは、カートップボーティングという分野においては、実用性に基づいた規制とメーカーの判断をしていただきたい、ということです。

確かに地球環境の問題も非常に重要なテーマです。また、湖やダムでは、その水を飲料水に使うため、2ストエンジンの使用を全面的に禁止している場所も多くあり、その必要性も十分に理解できます。

しかし、日本特有の行き当たりばったりの対応と、不十分で細部まで目の行き届かない規制のために、カートップボーティングの分野で、前述のような危険をこうむる可能性が出てきたのも事実です。

船外機の4スト化に関しては、いまさらここで私たちがなにを言っても始まらないことかもしれませんし、現時点でこのように変わってきた背景を変えることはできません。

しかし、長年ボートを販売してきた私たちが思うことは、なによりユーザーのみなさんに、安全で楽しくボートを使っていただきたいということです。特に、船外機の特性の違いは命にかかわることでもあるので、私たちは何よりお客様の安全を最重視して2スト船外機をお勧めしているのです。

ちなみに、船外機の4スト化の影響は、カートップボートに乗るユーザーのみなさん以前に、私たちミニボートメーカーにも及んでいます。

船外機の4スト化が進み、小馬力の重い4スト船外機が主流になれば、我々はそれに対応した安全に使えるボートを作らなければいけなくなります。となると、当然、艇体の強化とトランサムの吃水を深くするなどの改良が必要となり、その結果、艇体重量は重くなってしまいます。そして、カートップできる重さに抑えるため、ボートの全長はどんどん短くなるのです。そして、あまりにボートが小さくなると、当然、海上での危険が大きくなります。

つまり、小馬力2スト船外機の廃止は、カートップボートという分野そのものを廃止するものにもなりかねないのです。

ここまでいうと言い過ぎかもしれませんね。実際、現時点で小馬力2スト船外機はほとんどなく、当店でも製造終了前にできるだけ多くストックしておこうと仕入れたものを売り切ってしまったら、4スト船外機を販売するしかありません。そして、現行モデルのボートは4スト5馬力艇とし、重い4スト8馬力に対応できるモデルなど、新しいタイプのボートを設計・製造してくことになります。

また、今後は中古でも2スト船外機が貴重な存在になってくるでしょう。

ただし、悪いことばかりではありません。数年前から4スト化が進んだモトクロスなどのオートバイ業界でも、参入当初の4ストマシンはパワーがまったく追い付きませんでしたが、昨今では格段に技術が向上し、2ストに近いパワーが出せる4ストエンジンを搭載したマシンがレースの上位を占めるまでに至りました。

今後、小馬力船外機の分野でも、このような技術の進歩によって2スト船外機に近いパワーと重量の4スト船外機が作られることを切望しています。

ヤマハおよびスズキの重量30kg以下の船外機ラインナップ（2006年時点。すべてトランサムSの数値）

ヤマハ	2ストローク					4ストローク
モデル名	2BMH	3AMH	4ACMH	4ASMH	5CMH	F2AMH
馬力（ps）	2	3	4	4	5	2
気筒数	1	1	1	1	1	1
排気量（cm^3）	43	70	83	83	103	72
重量（kg）	10	16.5	21	20.5	21	17
燃料タンク（L）	内蔵1.2	内蔵1.4	内蔵2.8	12	内蔵2.8	内蔵0.9
セルスターター	—	—	—	—	—	—
オルタネーター	—	—	—	—	—	—
モデル名	5CSMH	6CWH	6CMH	8CWH	8CMH	F4AMH
馬力（ps）	5	6	6	8	8	4
気筒数	1	2	2	2	2	1
排気量（cm^3）	103	165	165	165	165	112
重量（kg）	20.5	29	27	29	27	22
燃料タンク（L）	12	12	12	12	12	内蔵1.1
セルスターター	—	○	—	○	—	—
オルタネーター	—	○	○	○	○	—

スズキ	2ストローク			4ストローク	
モデル名	DT2.2	DT5Y	DT8	DF2	DF5
馬力（ps）	2.2	5	8	2	5
気筒数	1	1	2	1	1
排気量（cm^3）	55	109	164	68	138
重量（kg）	12	20.5	27	13	26
燃料タンク（L）	内蔵1.2	内蔵2.5	内蔵15	内蔵1	内蔵1.5
セルスターター	—	—	—	—	—
オルタネーター	—	—	—	—	△

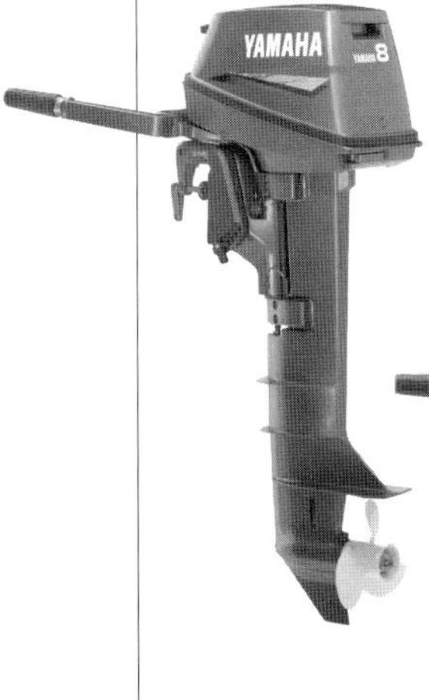

［ヤマハ8CWH］

［スズキDT8］

［ヤマハF4A］

［スズキDF5］

アフターケアも船外機選びの重要なポイント

ボート／船外機の修理やメインテナンスは、基本的に購入したショップで受けることになります。しかし最近では、修理やメインテナンスができる設備を持たない釣具店や量販店などで、ボートや船外機を格安で販売しているケースもあります。

こうしたところで購入した場合、買ったお店に持っていっても修理ができないと断られたり、メーカーに直接修理を依頼することになって非常に時間がかかってしまうといったこともあるようです。事実、そうした理由で、わざわざ遠方から私たちに船外機の修理を依頼される方が非常に多くいます。

私たちの店はヤマハおよびスズキの正規代理店となっているので、これらメーカーの船外機であればアフターケアの体制が整っていて、他店で購入した船外機でも扱うことが可能ですが、ほかのメーカーの船外機に関しては、パーツ供給などの面から取り扱うことができません。

これからカートップボーティングを始めようと思っているなら、ボートだけでなく、ボートの心臓ともいえる船外機についてもよく考慮し、購入しようと思っているショップがどのメーカーの船外機を扱っているのか、また修理やメインテナンスなどのアフターケアの設備／技術は整っているかを、よく見て判断してください。そうすることで、きっとより充実したカートップボートライフを楽しむことができるでしょう。

発電機付き船外機は電装品使用時に有利

最近では、カートップボートでも魚探、GPS、ビルジポンプ、夜間航海灯、電動リールなど、電力を使うことが非常に多くなりました。そのために専用のバッテリーを積むと、毎回毎回バッテリーを充電しなければならなかったり、バッテリー残量を常に気にしなければならなかったりと、何かと面倒です。

そこで、船外機をオルタネーター（発電機）付き仕様にすると何かと重宝します。オルタネーターが付いていると、エンジンがかかっている間は微弱ながらも充電が可能なので、使用状況にもよりますが、バッテリー充電の手間が軽減されます。

また、オルタネーター付き船外機の多くにはセルスターターが付いていて、これだとエンジンを始動するときはボタン1つで楽々始動できます。この場合は、始動用バッテリーと電装品用のバッテリーを共用することもでき、とても便利です。

ヤマハ船外機で見た場合、2スト8馬力セル／オルタネーター付きの8CWHと2スト5馬力内蔵タンク付きの5CMHでは重量は8キロしか違いません。使い勝手や安全性、電装品を装備することなども含めて考えた結果でしょうか、最近は8馬力のセル付き仕様のものが多く出ていて、当店で販売しているマリーン・イレブンでの実績を見ると、約8割のユーザーが2スト8馬力のセル付き仕様船外機を使用しています。

5馬力と6馬力1馬力の違いは大きな違い

エンジンの気筒数が2気筒となる6馬力以上の船外機とは異なり、5馬力以下の船外機のエンジンは単気筒なので、機関室内に余裕が生まれ、標準ではカウル内に燃料タンクを内蔵した“頭上タンク式”というタイプになります。

5馬力以下の船外機は単気筒エンジンなので燃料消費も少ないのですが、燃料タンク容量が2リットル強なので、長時間エンジンを使う可能性があるときは、予備燃料を持っていったほうが良いでしょう。

2スト5馬力船外機の場合、重量が20キロ程度と軽く、ごく短時間の航行ならば燃料タンクを別に積み込む必要がないので船内のスペースが広く使え、持ち運びも非常に楽です。ヤマハ製のものは頭上タンク式と外部タンク式のものと仕様が分かれますが、スズキ製の5馬力船外機の場合、頭上タンク式でも外部タンクが使えるよう、あらかじめ外部タンク用ソケットが装備されているので、「今日はベタ凪で1日天気も安定しているから結構走りそうだ」というときなどは、外部タンクを接続して使えるというメリットがあります。

エレキは海水用か淡水用かで選ぶ

読んで字のごとく、電気（バッテリー）で動く船外機が電動船外機です。通常の船外機よりも推進力が弱いのですが、音が非常に静かで、ブラックバスやシーバス、シイラなどのルアーフィッシングのときに小刻みに場所を移動したり、定位置にボートを止めておくといった使い方をするには、とても重宝するアイテムのひとつです。また、湖などで船外機の使用が禁止されているところでは、このエレキが大活躍します。

このエレキには、淡水用と海水用があります。何も知らずに淡水用のものを購入し、海で使っていたらあっという間に動かなくなった！ ということのないように注意してください。

ただし、エレキの欠点としては、少々価格が高いことが挙げられます。

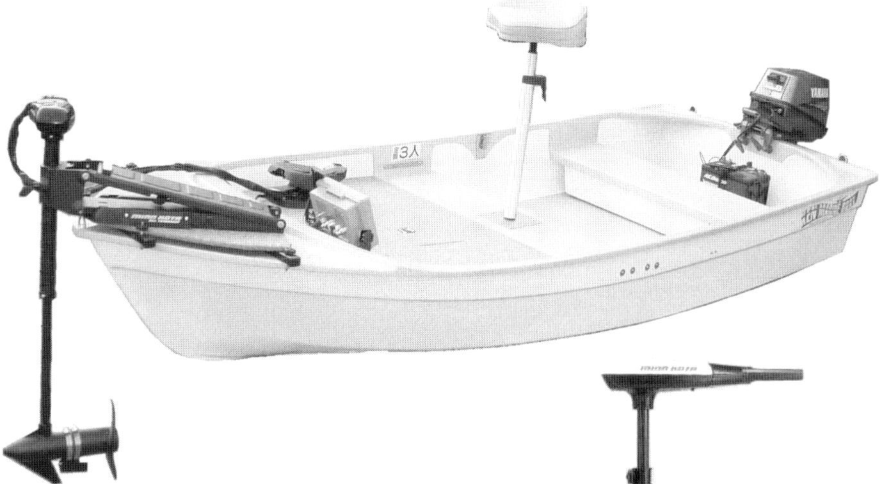

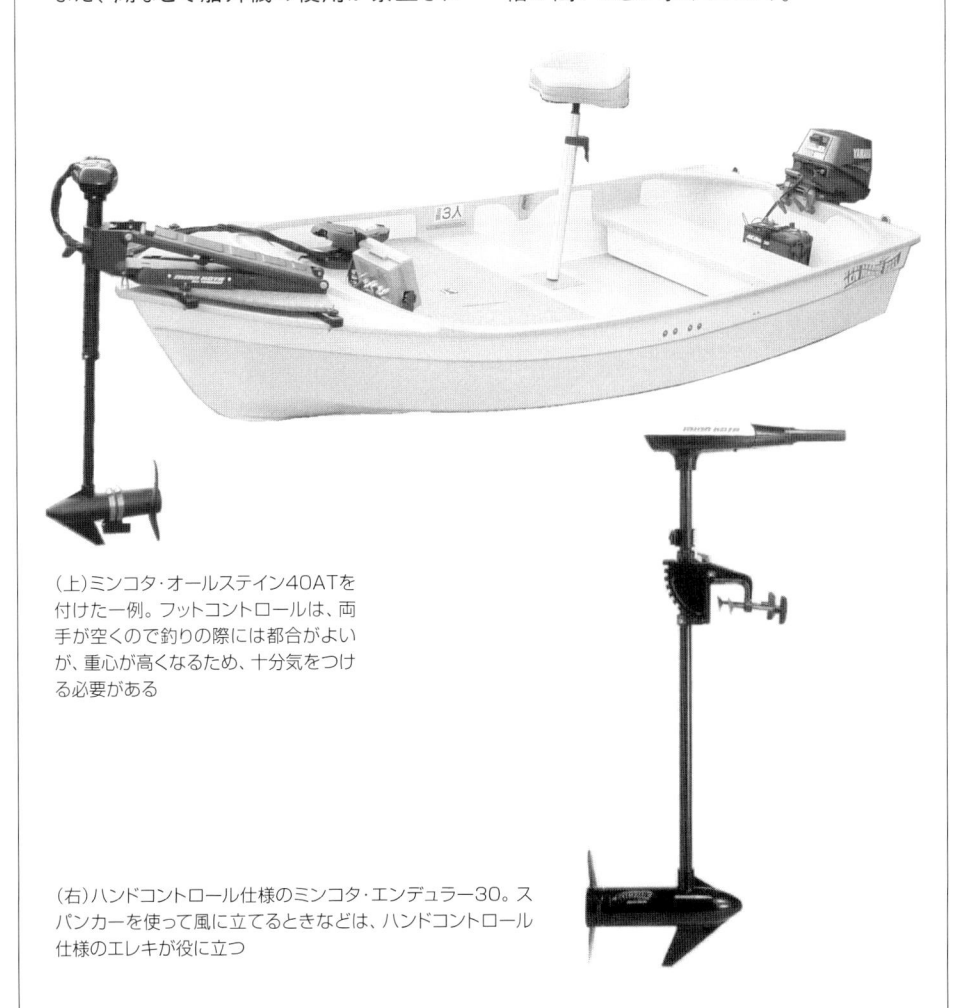

（上）ミンコタ・オールステイン40ATを付けた一例。フットコントロールは、両手が空くので釣りの際には都合がよいが、重心が高くなるため、十分気をつける必要がある

（右）ハンドコントロール仕様のミンコタ・エンデュラー30。スパンカーを使って風に立てるときなどは、ハンドコントロール仕様のエレキが役に立つ

ハンド、フット、オート、エレキの種類いろいろ

湖やダム湖などではエンジンの使用が禁止されているところも多く、ニジマス釣りやワカサギ釣り、バス釣りなどのときにエレキモーターが活躍するケースも多々あります。

また、海でシーバスやシイラなどのルアーゲームをするときには、エレキなら静かにポイントに近づくことができるというメリットもあります。

このエレキには、操作方法の違いにより、ハンドコントロールタイプ、フットコントロールタイプ、オートパイロットタイプがあり、この違いによって、価格や使い勝手に大きな差が出ます。

例えば、ルアーフィッシングの場合は、常にキャストとリーリングを繰り返すため、手がふさがってしまいます。その際は、ハンドコントロールタイプのエレキだと、ボートの位置やルアーのコントロールがおろそかになってしまうので、フットコントロールタイプが便利です。

ただし、フットコントロールタイプの場合、ボート上に立った状態でコントロールするのが、一番安定していて操作もしやすくなります。淡水でのバスフィッシングなど、海に比べて水面が穏やかな状況の場合、デッキにペデスタルシート（キャスティングの際に体を安定させる小型のイス）を装備し、常に立った状態で操船できますが、海の場合はいくら凪いでいるとはいっても、ある程度は波があることが多いので、ボート上で立った状態で釣りをすると、どうしても重心が高くなって不安定になります。こうした使い方が可能かどうかはボートの静止安定性に左右されますが、いずれにせよ十分に注意しなければなりません。

最近では、カートップボートクラスの小さなボートでも、スパンカーを装備して流し釣りをする方が増えてきました。そんなときには、ハンドコントロールタイプのエレキを補機として装備する方法もあります。

オートパイロットタイプのエレキは、フットコントロールタイプのようにバウに取り付けるもので、20フィートオーバーのやや大きなボートに対応したモデルしか発売されていませんが、方位センサーとコンピューター、操舵用モーターを内蔵しており、自動的に船首を一定の方角に保つので、ボートを風に立てながら流し釣りをする際にはとても便利です。

シーンごとの上手な船外機の使い分け

最近のユーザーに増えてきているのが、通常は8馬力船外機を搭載して海で釣りをしているものの、2馬力の船外機やエレキをサブとして用意しておいて使い分ける、というスタイルです。

2馬力船外機は、馬力が小さいぶん、持ち運びや取り扱いが楽なので、「今日は湖でワカサギ釣りをしよう」とか、「浅場でちょこっとだけキス釣りをしよう」などというときには最適です。

2馬力といえども、船外機があるのとないのでは雲泥の差です。万が一、風が吹き始めてしまったときでも、手漕ぎに比べて余裕を持って帰ってこられる上、近くを行き交う大型船の曳き波をかわすときなどにも、船外機があったほうが危険な目に遭う可能性が少なくなります。

その日の釣り方や場所に応じて、上手に船外機を使い分けられるのも、カートップボートならではですね。

このように、船外機ひとつとってみても、使用する状況や海域によって選び方が変わってきますし、使い勝手もかなり違います。

これからボートを買おうとしている方や、船外機を買い替えようと考えている方は、もう一度このようなことを考慮した上で、購入するボートと船外機を決めるとよいでしょう。

カートップボートに必要な法定安全備品

ボートの船舶検査と登録

クルマに車検が必要なように、エンジン付きのボートにも「船舶検査」(以下、船検)が必要で、この検査を受けて合格する必要があります。また、2002年4月からは、ボートの所有者を特定するための「小型船舶の登録制度」(以下、登録)がスタートしました。

カートップクラスのボートは、検査と登録によって、次の3種類に大別できます。

①船検不要のボート

長さ3メートル未満で、搭載する船外機の出力が2馬力以下の場合

②船検のみ必要なボート

長さ3メートル未満でも、搭載する船外機の出力が2馬力よりも大きい場合

③船検と登録が必要なボート

長さ3メートル以上で、船外機を搭載する場合

なお、ここでいう“船の長さ”とは、舵がない船の場合、“全長×0.9”がその値となります。よって「長さ3メートル未満」のボートとは、全長約3.33メートル未満のボートということになります。

2003年6月の法改正で制定された①のボート(免許・船検不要クラス)と、長さ5メートル未満のボートに5馬力以下の船外機を搭載し、流出河川のない湖やダム湖など特定の水域でのみ使用することなど、いくつかの条件をクリアして検査を免除されるケースを除き、すべてのエンジン付きボートで船検が必要となります。

一方の登録は、“船の長さ”が3メートル以上のボートを入手した場合に必要となり、船検と同時にその手続きを行います。この手続きの際には、実印と印鑑証明が必要になり、共同所有の場合などは非常に面倒になってしまいました。

しかし、26ページでも述べたとおり、当店で考えるカートップボートの大きさの限度は全長11フィート(3.3メートル)未満です。よって、当店で販売している「マリーン・イレブン」など、多くのカートップボートは長さ3メートル未満となり、面倒な登録書類の作成や実印、印鑑証明などは必要ないでしょう。

以下では、船検が必要なボートに搭載が義務づけられている法定備品について解説していきます。

揃えるべき法定安全備品のいろいろ

船検の際に必要になる法定安全備品について、ひとつずつ詳しく見ていきましょう。

○救命胴衣(ライフジャケット)

定員分の数をそろえる必要がある救命胴衣は、当然ながら、3人乗りのボートの場合は3着、2人乗りのボートの場合には2着必要になります。

しかし、予備検査では定員3人となっているボートを、検査上、定員2人とすることもできます。つまり、実際に2人しか乗らない場合は、定員2名とすることが可能です。

ボートに乗るときは、安全上、必ず乗艇人数分の救命胴衣を用意し着用するようにしたいところですが、通常の法定安全備品セットについてくるスタンダードな救命胴衣(レンタルボート店などでも使っているオ

レンジまたは黄色のもの）だと、とてもかさばり、なかなか着用する人が少ないというのが実状です。しかし、近年の規制緩和により、JCI（日本小型船舶検査機構）認定品の救命胴衣にもいろいろなタイプが出そろってきました。ここでは、船検で使用できる救命胴衣をいくつかご紹介します。

当店で扱っている救命胴衣には、ワイズギア（TEL：053-443-2185）の膨張式救命胴衣があります。右の写真のように、通常の装着時はコンパクトにたたまれていて、首からタオルをかけるような感覚で着用し、落水したときに膨らむものです。この膨張式救命胴衣には、自動膨張式と手動膨張式があり、どちらもJCI認定品です。

実際の使用にあたっては、自動膨張式のほうがよいでしょう。なぜなら、手動膨張式は、落水してから自分でヒモを引っ張って膨張させる必要があるのです。落水してパニックになっている状況を想像すれば、どちらを選ぶか迷う余地は少ないでしょう。ましてや、冬の水温が低いときなどに落水し、心臓麻痺などで気を失ってしまったときにはヒモを引けないですからね。金額的には4,000円ほど差がありますが、命には代えられませんから、当店ではやはり自動膨張式をお勧めしています。

また、自動膨張式救命胴衣には、ウエストポーチ型のものもあります。写真のようにウエストポーチのように腰に巻きつけて着用します。落水時は自動で救命胴衣が膨張し、目の前に救命胴衣が飛び出し、それを首に通して着用するので、決して本体が後ろに来るような着用の仕方をしないようにしてください。

どのような方式のものであれ、救命胴衣は自分の命を守る大事なものですから、ボートに乗るときは必ず着用しましょう。

○救命浮環

落水したときに、この浮き輪を投げて救助します。ただし、海水浴で使用するように、空気で膨らませて体を通して使用する

膨張式救命胴衣

手動膨張式

自動膨張式

カートップボーティングでは、かさばらず、体の動きも邪魔されない膨張式救命胴衣がお勧め。なかでも自動膨張タイプは、落水すると自動的に膨らんで浮力を確保する。手動膨張タイプは、膨らませるときは自分でヒモを引かなければならない

ウエストポーチタイプの救命胴衣

ウエストポーチタイプのライフジャケット。右のように膨らんで飛び出してきた馬蹄形の部分を首にかけて使用する。小型なので着用時に邪魔になることはないが、もし、落水した際に意識を失うと、首にかけることができず、本来の役割を果たさなくなる点に注意

ようなものではありません。硬質発泡スチロール製のもので、落水者はこの浮き輪につかまるような形になります。

これも直接人命にかかわる装備ですので、しっかりしたものを選びたいものです。ところが、付属しているロープは、とてもマリン用とはいえないような、結び目がほどけやすい材質のものですから、結び目を接着剤で固定しておくか、思い切ってロープごと取り替えておくかするべきでしょう。

◯アンカー&アンカーロープ

カートップクラスのボートの場合、通常はダンフォース型3.5キロのアンカーをセットしていれば十分でしょう。

アンカーにはこのほかに、「マッシュルーム型」「バーフッカー（ロックアンカー）型」など、いろいろな形があります。

船検上、アンカーの型は決められていませんが、しっかりとボートを留められなければなりません。また、アンカーロープの長さも、船検上の指定はありませんが、最低でも30メートル程度は必要でしょう。

◯係船ロープ

艇体を桟橋や堤防などに係留するために必要なロープです。1本はアンカーロープで代用できますから、係船用ロープとしては、10メートル程度の長さのものを1本用意しましょう。

アンカー

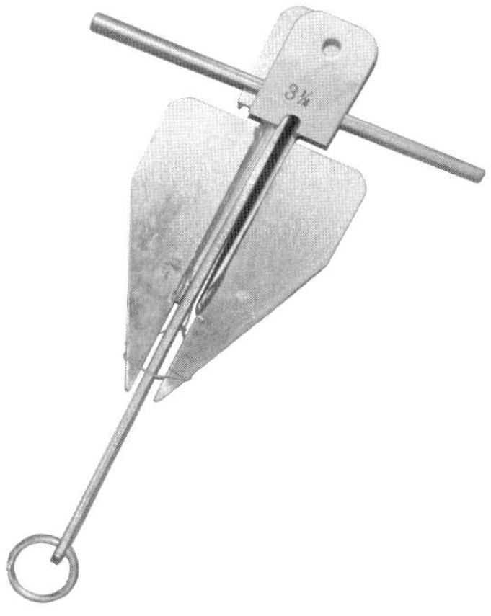

一般的に使用されるダンフォース型アンカー。カートップボートでは3.5キロ程度のものでよいだろう。このほかにも、マッシュルーム型、ロックアンカー型など、いろいろなタイプがある。なお、30メートル程度のアンカーロープも必要だ

◯消火用バケツ

大型船の場合は消火器を積まなければなりませんが、カートップボートの場合は、消火用のバケツを備えればOKです。このバケツは、JCI認定品でなくても大丈夫です。

◯笛

警笛代わりの笛です。救命胴衣にも笛が付いていますが、それはあくまで救命胴衣用の装備なので、ボート用に装備すべき笛として兼用することはできません。よって、別に笛を1個用意しましょう。エアホーン（缶入りの圧さく空気で鳴らすホーン）などでも構いません。

◯信号紅煙

通常、信号紅煙は2本で1対になっています。この信号紅煙には3年という使用期限があるので、3年ごとの中間検査／定期検査のたびに新しいものに買い替える必要があります。

現在では、この信号紅煙の代用として携帯電話が認められるようになりました。よって、中間検査・定期検査の際に、検査員に携帯電話を見せればOKです。ただし、電波の届かない海域を航行する場合や、水没／落水して使用不可となった場合の対策を考えておく必要があります。

◯簡易工具

簡易工具は、船外機を買った際に付属される工具でもOKですが、よりしっかりしたものを備えることをお勧めします。

さて、船検に必要なこれらの法定安全備品のうち、救命胴衣、救命浮環、信号紅煙は、JCIの型式承認番号がついたものでなくてはいけません。

例えば、釣具屋さんなどで売っている釣り用の救命胴衣には内側などにタグがはってあり、「船舶安全法で定められた救命胴衣ではありません」などと書いてあり、ほとんどが使用できませんので注意してくだ

さい。JCIで認められたものには「国土交通省　型式承認番号／第○○○○号」と記載されています。

そして、ボートに乗るときは、必ずこれら法定安全備品一式をボートに積んで出艇してください。

ただし、救命胴衣に関しては、そのときの乗艇人数分あればOKです。定員3人で登録していた場合、検査のときには3着必要ですが、実際の使用時に1人で行くなら、1着持っていればよいということです。

なお、航行中や釣りをしているときに、海上保安庁の立ち入り検査にあう場合があります。このとき、法定安全備品一式に不足（不備、積み忘れ）があると、莫大な罰金を科せられますので気をつけてください。ちなみに、当店のお客様で、法定安全備品の不備のために3日も海上保安部に出頭し、30万円近い罰金を支払った方もいらっしゃいます。

手軽な受検方法 船検の代行

法定安全備品は、通常、ボートを購入する際にセットで購入することをお勧めします。また、初回の船検、登録までをショップで代行してもらうとよいでしょう。手間もかからず、すぐに使えるので便利ですよ。

なお、信号紅炎は最初から携帯電話で代用せず、これら2つを併用し、自分が航行する全海域で携帯電話が使えることを確認してから、次の中間検査などに合わせて携帯電話のみにするとよいでしょう。

さらに、携帯電話のみにしたあとも、万一、携帯電話が使えなくなった場合に備えて、期限切れの信号紅炎を積んでおくことをお勧めします。期限切れとなっても、信号紅炎は結構長持ちするものなのです。

3年後の中間検査のときは、JCIから中間検査受検のお知らせが郵送されてきますので、平日時間が取れる方であれば自分で検査を受けるとよいでしょう。

ただし、検査は平日しか行っていないので、土日しか休みが取れないという方の場合は、ショップにボートと法定安全備品一式を持ち込み、代行で検査してもらうことも可能です。その際、ついでに船外機の定期点検整備もしてもらうと、その後また安心して釣行にいけるのでお勧めです。

＊

ここまで、ボート購入に当たってのいろいろな注意事項やノウハウを解説してきましたが、これらがみなさんのマイボート購入のご参考になれば幸いです。

さて、ここまでも何度か書きましたが、“ボート選びはショップ選び”です。特に初めてマイボートを購入される方は、いろいろとわからないことも多く、不安に思っている方も多いことでしょう。

釣具店や通販などで格安で販売しているボートも確かに魅力的です。

しかし、間違いのないボート選びをするためには、実際にショップへ足を運び、実物を見て、ショップの販売体制や修理といったアフターサービスの体制をよく確認するなど、慎重を期す必要があるのです。

カートップボートで必要となる法定安全備品一式

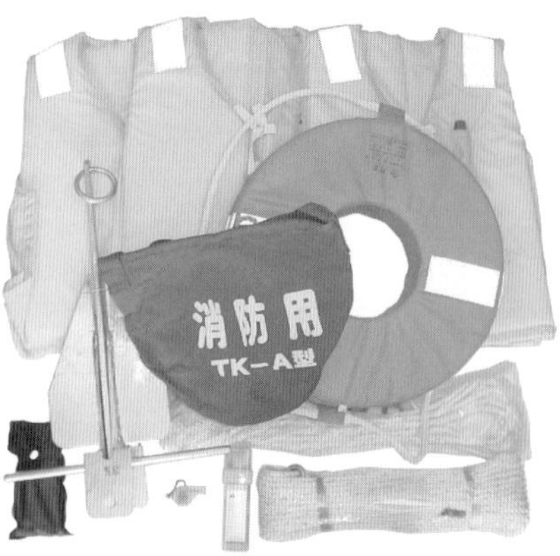

救命胴衣（定員分）／救命浮環（1個）／消火用赤バケツ（1個）／アンカー（1個）／アンカーロープ（1本）／係船ロープ（1本）／信号紅炎（2本）／笛（1個）／簡易工具（一式）　（カッコ内は必要数）

船検済み艇に2馬力船外機をセットしたら？

ボート雑誌や釣り新聞の記事や広告、またボートショーなどで目にした方も多いと思いますが、2003年6月から長さ3メートル未満（全長3.33メートル以下）のボートに、最大出力1.5キロワット未満（2馬力以下）の船外機を搭載する場合、免許も船検も必要なくなり、とても手軽にエンジン付きボートを楽しめるようになりました。

こうした背景のなか、次のような問い合わせがありました。

Q. 現在所有しているマリーン・イレブンは8馬力船外機を搭載して船検を取っているのですが、友人から2馬力船外機をもらったので、両方使いたいと思っています。8馬力船外機を搭載したときには、当然、法定安全備品一式を積んでいますが、2馬力船外機を搭載したときには船検不要となり、法定安全備品を積まなくてもよいのでしょうか？

A. 結論からいうと、答えは「ノー」です。2馬力船外機を搭載する際にも、法定安全備品は必ず積んでおいてください。

というのも、一度船検に通って艇体に船検済証が貼ってあるボートでは、そのボートの搭載許容範囲内の船外機を搭載した場合は常に検査済みのボートとして扱われるため、たとえ2馬力船外機を搭載していても法定安全備品を積んでおくことが義務づけられるのです。

ただし、免許は別の扱いとなるため、2馬力船外機を搭載した場合には、無免許でも操船可能となります。

ちなみに、自分が所有している船検済みのボートを、2馬力船外機だけを所有している無免許の友人に貸した場合、法定安全備品は積まなければならないものの、無免許でも乗れるということになります。かなりややこしいですね。

なお、船検に通ったボートに2馬力船外機を搭載して免許・船検不要艇として扱いたい場合には、廃船手続きをとって、船検証、船検手帳、各種ステッカーを返納し、船検を通していない状態にする必要があります。

マリーン・イレブンSFに2馬力船外機を搭載した際の走航シーン。船検をすでに取得しているボートの場合は、2馬力船外機を搭載しても、法定備品を搭載しなければならない

海に出る前に
知らなきゃいけない
ことってなんだろう？
Cartopper

Step-up to the next part.

第2章

海に出る前に覚えておきたい基礎知識

自分のスタイルに合わせたボート選びは万全。
念願のマイ・カートップボートを手に入れ、クルマへの積み込みもバッチリ。
さまざまなアイテムも揃い、いざ出陣！
と、思っても、どこに行ったらいいかわからない……、
どこからボートを出そうか……と、
わからないことや不安な点がたくさんあるでしょう。
そこでこの章では、ボートを手に入れたあと、
実際に出船するまでの準備と釣行する際の注意点や、
出艇場所でのマナーについてお話を進めていきます。

燃料の準備と船外機メンテの基礎

カートップボートで使用する船外機の燃料

釣行前に準備しなければいけないものの筆頭は、なんといっても船外機に使用する燃料です。

海上では、船外機のトラブルは命に関わります。その命に関わるエンジントラブルを避けるためには、しっかりした船外機の使用方法とメインテナンスが重要なのですが、エンジントラブルの原因でもっとも多いのが、この燃料に関わる故障です。

これからボートを購入しようとしている方はもちろん、すでにカートップボートに乗っている方も、もう一度おさらいのつもりで、船外機の使用方法とメインテナンスの仕方などを再確認してください。

さて、燃料に関してもっとも注意しなければならないのが、4スト船外機と2スト船外機では使用する燃料が違うということです。ちなみに、以前は2スト船外機が全盛でしたが、船外機の排出ガス規制対策として、2006年に向けて全メーカーが、小馬力モデルを含む船外機の4スト化に力を入れるようになりました。2スト、4ストそれぞれの特徴は40ページの通りですが、ここでは軽量で瞬発力が特長の2スト船外機用燃料を中心に見ていきましょう。

4スト船外機の場合はレギュラーガソリンをそのまま使いますが、2スト船外機の場合はガソリンに専用オイルを混ぜた“混合燃料”を使用します。ここまではみなさんご存じだと思いますが、問題は2スト船外機における混合燃料の作り方と混合比です。

他店で購入した船外機を修理などで持ち込んできたユーザーに話を聞いてみると、購入時にきちんとした説明を受けておらず、取扱説明書も流し読みしていて、「大体こんなもんだろう。オイルはとりあえず入ってればいいだろう」と、いい加減な混合比の混合燃料を作って使用していたというケースがほとんどで、なかには、「えっ、オイルってガソリンに混ぜるんですか？」という、思わずツッコミを入れたくなるような方もいます。

そんな方のエンジントラブルでもっとも多いのが、プラグかぶりやキャブレター詰まりによる始動不良や回転不良のトラブルです。2スト船外機は構造が簡単なので、修理やメインテナンスが容易ではあるものの、燃料の作り方と使用後のメインテナンス次第では、このようなトラブルがときどき起こります。

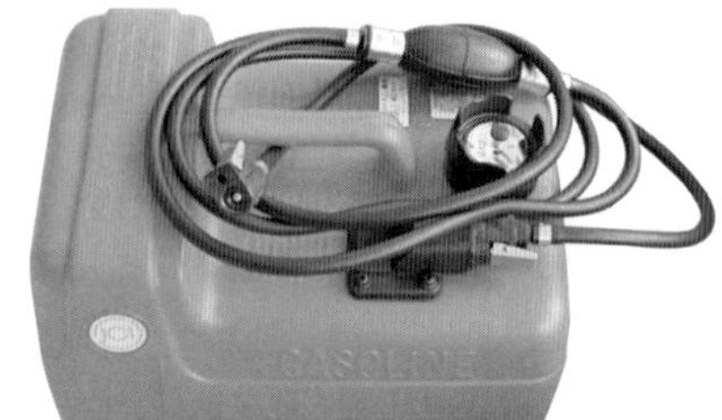

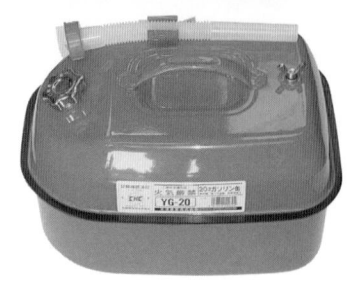

ヤマハ純正フューエルタンクと混合&保管に便利なサブタンク

写真上のヤマハ純正タンクは容量が12リットルなので、正しい混合比の燃料を簡単確実に作るためには純正オイルを1缶（0.4リットル）使い切れず、不便。写真下の容量20リットルのサブタンクなら、純正オイル1缶をすべて入れ、その上でガソリンを20リットル入れるだけで、正しい混合比の燃料を作ることができ、保管も安全そういったトラブルを避けるためには、きちんとした混合比の燃料作りとメインテナンスが必要になります。

このように書くと、「2スト船外機はめんどくさいなぁ」と思われるかもしれませんが、混合燃料の作り方もメインテナンスの方法もいたって簡単。パターン化して決まったことをすればよいだけなのです。それに、2スト船外機には、カートッパーに最適な長所がたくさんありますからね。

2スト船外機用混合燃料の作り方

2スト船外機を購入すると燃料タンク（メインタンク）がついてきますが、このほかに20リットルの燃料タンク（サブタンク）を購入し、混合燃料はこのサブタンクで作るようにします。これは、純正オイル1缶（0.4リットル）を使い切りながら正確な混合比の燃料を作るための準備です。

ガソリン対オイルの混合比は、ヤマハ製船外機の場合は50対1、スズキ製船外機の場合は40対1の割合にします。このガソリンとオイルの混合比は必ず守ってください。オイルが少ないとエンジンが焼き付きを起こしますし、オイルが濃いとプラグがかぶって始動不良などの不調につながります。

また、万が一オイルを入れ忘れたりすると、一発でエンジンが焼き付いてオシャカになってしまうので要注意。そうなれば、もちろん保証対象外です！

混合燃料の作り方はいたって簡単です。

ヤマハの場合は純正船外機オイル400ミリリットル缶1本、スズキの場合は純正船外機オイル500ミリリットル缶1本を、先に20リットルのサブタンクに入れて、そこにレギュラーガソリンを20リットル入れるだけです。

5馬力以下の船外機の場合、消費する燃料が少ないため小分けに燃料を作りたいところですが、この場合も決して目分量で混合するのではなく、必ず専用のミックスタンクを使用して、正確な混合比の燃料を作ってください。

こうして作った混合燃料は、メインタンクに移して使います。

混合に使うオイルは、各メーカーから発売されている船外機用の純正オイルが望ましいでしょう。

よく、カーショップでスクーター用のオイルや2ストのレース用高級オイルなどを購入して使用する方がいますが、同じ2ストエンジンでも、オートバイと船外機では使用する回転域がだいぶ違います。

バイクではモデルによっては16,000回転／分くらい回るのに対し、船外機はせいぜい5,000回転／分くらいしか回りません。しかも、カートップボートの船外機では、浅瀬走行やアイドリングでの流し釣りのときなど、600回転／分くらいでずっと回していることさえあります。

このように低回転域を常用する船外機にバイク用の高回転用オイルを使うと、かえってプラグがかぶってしまうことがあるのです。

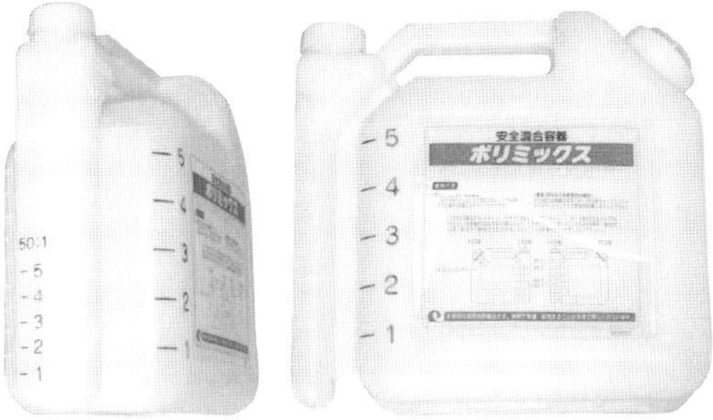

少量混合に便利なミックスタンク

混合比50：1の混合燃料を作りやすいように、オイル量とガソリン量の目盛りが入ったミックスタンク。混合燃料を少量ずつ作る際には、こうしたミックスタンクが便利

混合燃料の取り扱いについて

カートップボート用の船外機は、毎日使用するわけではないし、2ストの場合は混合するという燃料タンクの外で行う作業が加わるため、その燃料の取り扱いにいくつかの注意点があります。

そこで、以下の3点を注意してください。

①燃料はいつもきれいに!

混合燃料を作る際、またサブタンク(あるいはミックスタンク)からメインタンクに燃料を移す際に、燃料の中にホコリ、ごみ、水分などの異物が混入しないように注意してください。

異物が入った燃料を使用するとキャブレターが詰まり、回転不良などの故障の原因となります。当店に持ち込まれる船外機の修理内容では、この異物混入によるキャブレター詰まりがもっとも多くなっています。

また保管時も、異物が入らないように燃料タンクのキャップをしっかり閉め、通気性の良い冷暗所で、エアバルブは開けて雨ざらしにせずに保管してください。

なお、当然ですが、ガソリンを扱うときは火気厳禁です!

②混合燃料は腐る! その1

古くなった混合燃料は、決して使用しないでください。長期間使わずにいた混合燃料は、ガソリンだけが揮発してオイルの濃度が濃くなり、腐って(変質して)独特の臭いを放ちます。特に夏場は気温も高く、ガソリンが腐りやすいので要注意!

5馬力以下の船外機は燃料の消費量が少ないので、20リットルのサブタンクで混合燃料を作ると使い切るのが大変。よって、ミックスタンクで少量ずつ作って使用したほうがよいでしょう。

③混合燃料は腐る! その2

タンク内の燃料も腐りますが、それよりも数倍腐りやすいのがエンジンのキャブレター内に残った燃料です。

漁師さんのように毎日エンジンを回す場合は常に新しい燃料が供給されるため、キャブレター内に残った燃料を気にする必要はありません。しかし、私たちカートッパーのエンジンは休みの日に使用するだけで、オフシーズンや自分の都合により長期間使わないことがあります。

よって、船外機を使用したあとは、エンジンをかけたまま燃料タンクからつながっている燃料ホースを外してガス欠状態にするか、キャブレターのドレンを緩めるかして、必ずキャブレターのなかに燃料を残さないように注意してください。

ちなみに7〜9月は魔の3カ月です。気温が高く、燃料が腐るスピードも速いのです。3週間も使わないままにしていると、完全に燃料が腐ってしまい、キャブレター内は糊状になったオイルのようなものがべったりと付着し、始動不良や回転不良などの故障の原因となります。

純正オイルは何が違う?

混合燃料に使用するオイルはメーカー純正の船外機用のものを使用することをお勧めしましたが、以前、とあるユーザーから、「メーカーに2輪用と船外機用のオイルはどこが異なるのか問い合わせたところ、どちらのオイルでも使用できる旨の回答をもらった」と聞きました。

では、純正と非純正の違いはどこにあるのでしょう?

確かに、2輪用のオイルを使用することも可能ですが、仮にエンジントラブルでメーカーへ修理に出したとき、指定している純正オイル以外のものを使用していたりすると、それが原因で故障したとみなされることがあり、保証期間中でも有償修理になる可能性があります。

また、きちんとした混合比率とするためにも、内容量が一定の船外機用オイルを使用したほうが楽というメリットもあります。

よって、当店では、メーカー純正の船外機用オイルを使用するようにお勧めしています。

ちなみに、カートップボートで使用するエンジンは、漁船などで職業として使用しているエンジンよりも使用回数が少なく、常に自宅で管理できるので、使用方法と保管状況やメインテナンスの仕方によっては、15年くらいは問題なく使えるもの。正しい使い方で、安全に長く使いましょう。

ヤマハ（左）とスズキ（右）の船外機用純正オイル。それぞれ、20リットルのガソリンに対して1缶全部を入れると正しい混合比となる量が入っている。また純正オイルは、低回転で使用することが多い船外機に合わせた特性を持つ

これは御法度！船外機使用時の注意事項

船外機を使用する際には、以下のことだけは必ず守ってください。これらをやってしまったら、エンジンは確実にオシャカです。修理できないことはないのですが、新品のエンジンが買えるくらいの修理代がかかるので気をつけてください。

まず第一に水没させないこと。

ボートに船外機を取り付ける際に、取り付けクランプの締め付けが甘く、使用中の振動でクランプが緩み、走行中に船外機が突然外れて海に落としてしまうケースがあります。締め付けが甘くなる原因には、ボートを砂浜にじかに置いたままエンジンを取り付けたことによるものもあるようです。よって、取り付け後には、エンジンとトランサムとが密着していることを確認しましょう。このほかにも、離着岸の際にボートを波に対して横向きにしてしまったために転覆して、ボートごと船外機が水没したというケースもあります。どちらも注意していれば避けられることです。

次にオーバーヒートさせないこと。

燃料に混合したオイルは、エンジン内部の潤滑のほかに、冷却の役割も果たしています。そのため、燃料にオイルを入れ忘れると一発でオーバーヒートし、シリンダーが焼き付いてしまいます。

また、船外機では海水を吸い上げてエンジンを冷却しているので、エンジン稼働時には検水口からしっかりと水（パイロットウォーター）が出ていることを確認してください。冷却水が取り込めなければ当然オーバーヒートを起こし、これも焼き付きの原因となります。

よって、水のないところでは絶対にエンジンをかけないでください。陸上で試運転やフラッシング（冷却水経路の水洗い）を行う場合は、大きなバケツに水を入れ、そのなかにプロペラ上部までしっかり浸けた状態でエンジンをかけるか、専用の水洗プラグを使って始動させてください。このフラッシングについては、129ページで詳しく解説します。

加えて、4スト船外機では、クルマ同様、オイルの質と量のチェック、定期的なオイル交換が必要なので、これも忘れずに。

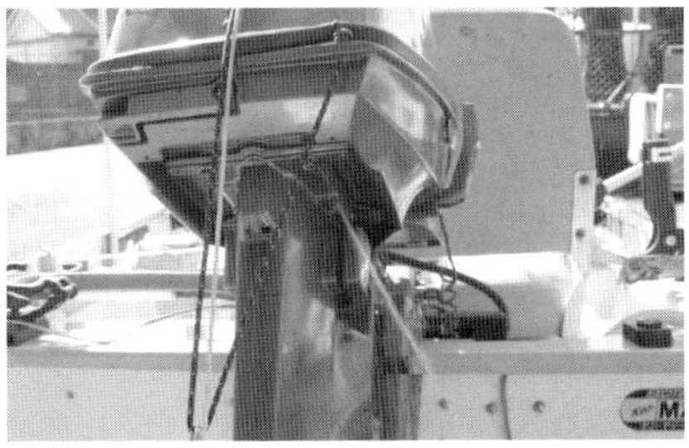
冷却水が取り込まれていることを確認するため、取り込んだ冷却水の一部を船外機後方に放出する検水口。船外機が動いているときは、常にここから水（パイロットウォーター）が出ていることを確認する

ボートに積むべきものと天候の把握

忘れないで！出艇時に持って行くもの

ここでは、カートップボートで釣行するときに持っていかなくてはならないものについて見てみましょう。

船外機付きのボートに乗るには、海技免状が必要になるのはもちろんですが、その他に船舶検査証書、船舶検査手帳、47ページで解説した法定安全備品を必ず艇内に積んでいかなければなりません。

法定安全備品のなかでも、特に“救命胴衣／救命浮環／信号紅煙”は通称“色物”と呼ばれ、海上ではこれらが揃っていないと非常に高い罰金を支払うハメになってしまいます。

また、ライフジャケットは艇内に積むだけでなく、常時着用しましょう。救命胴衣の着用は法律で義務付けられているから必要なのではなく、万が一の際に身を守るためにとても重要なことなのです。

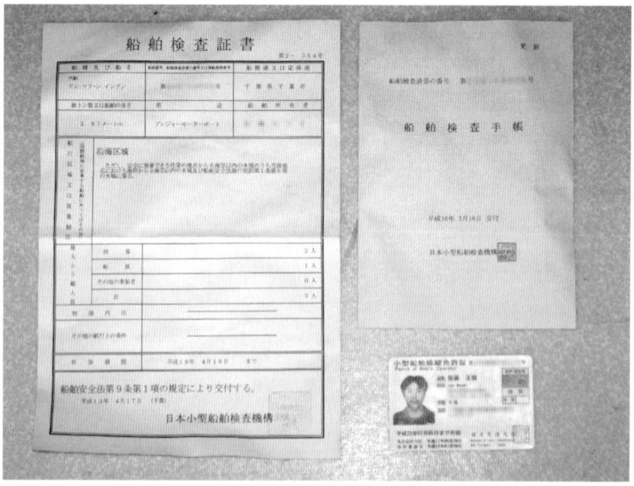

船舶検査証書（左）、船舶検査手帳（右上）は、ボートを運航する際に必ず携行しなければならないもの。もちろん、海技免状も忘れてはならない。これらはひとまとめにして、防水バッグなどにまとめておくと便利

安全のために使う魚探

安全上の装備としてぜひ備えておきたいのが魚探です。魚探は魚を探すという以前に、水深を知るためのとても大事なアイテムになります。離着岸のときはもちろん、航行中の水深の変化や危険な浅瀬を知るために大変役に立つものです。

ある程度波があるときや潮が動いているときであれば、海底の凹凸が激しいところは、ほかよりも波が立ちやすく、目で見ても暗岩や洗岩の存在がわかります。

しかし、まったくの無風でベタ凪状態の

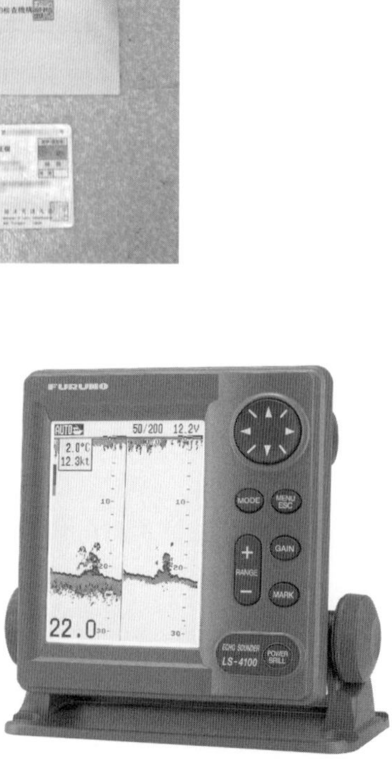

魚を探すためだけでなく、自艇が航行しているところの水深を見る安全航行用の備品としても、魚探は非常に役立つアイテムだ

ときは、そういった浅瀬を視認することは非常に難しく、またとても危険です。

現在では魚探の液晶画面もかなり良くなって小型で見やすいものも多く販売されており、設定した水深でアラームがなる機能もあって安心です。

価格も手ごろになってきましたが、あまりに安価なカラー魚探はお勧めできません。

ボーティングでもっとも重要な気象情報の入手

カートップボートだけに限ったことではありませんが、ボート釣りでもっとも注意しなくてはならないのが天候です。

カートップボートは、フィールド(釣り場)の近くまでクルマでボートを運んで出艇するので、釣りをしている最中に天候が荒れてもすぐに戻りやすい、あるいは、多少風が強い日でも風の陰(風裏)になるエリアからボートを下ろして釣りができるというメリットがあります。

しかし、当日の天気を読み間違えると、やはり出艇できなくなったり、沖で釣りをしているときに天気が変わって、荒れた海のなかを走るというような危険な目に遭うこともあります。

日本には四季があり、その季節ごとにさまざまな釣りものが楽しめます。しかし、四季がはっきりしているからこそ、世界的に見ても天気の移り変わりが激しく、都合のいいように安定した天気がなかなか続かない珍しい国なのです。

我々はそうした刻々と移り変わる天気をうまく読んで出艇しなければなりません。天候を読むというテクニックは、海上で安全に釣りをするために、とても重要なものです。

しかし、天気図などを見て天気の傾向を判断するのはなかなか難しく、これから覚えるのも大変です。確かに、ある程度の気象に関する知識を身につける必要はありますが、現在は比較的ピンポイントの気象情報を、いろいろな形でわりと簡単に入手できるようになりました。

私たちの場合を例にとって見てみましょう。

まず、毎日1回天気予報を見て、天気の移り変わりを常に気にしています。釣行予定の3日前からはインターネットで各地域の細かい天気予報を見て予定を立て始めます。釣行前日には、これに加えて朝夕のNHKの天気予報をチェックし、さらには釣行当日の朝にもインターネットと電話(177)で予報を聞いて出発。釣り場についてからも、携帯電話のiモードで天気予報をチェックしてから出艇します。

このように、少なくとも釣行予定の3日前くらいからは普段以上に天気予報を気にして、これに基づいて出艇場所や釣りものなど当日の釣行計画を立てるようにしています。

つまり、クルマにボートを積んで行くカー

お勧め天気予報

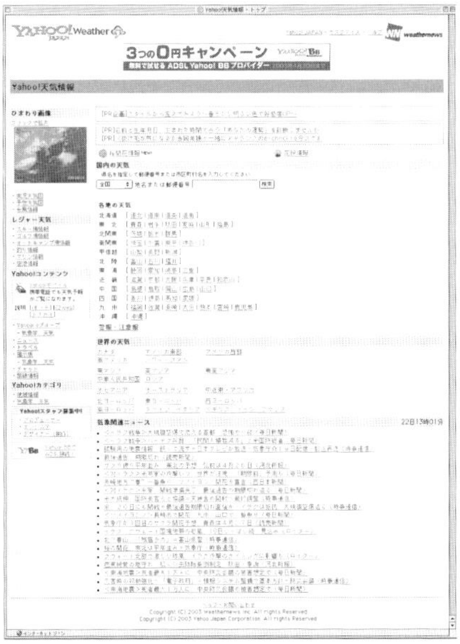

●インターネットホームページ
「Yahoo!天気情報」
http://weather.yahoo.co.jp/weather/

●携帯電話 iモード
メニューリスト「天気/ニュース/情報」

●テレビ・NHK総合
「ニュース・気象情報」
毎日20:45ごろ(ニュースの枠内で放映)

トップボートの釣りでは、その時期に釣れている魚を求めていろいろなところから出艇するというだけでなく、当日の天気によって出艇場所を先に決めてから釣りものを決めるという、ほかの釣りとはまったく逆のパターンの釣行が可能だということなのです。

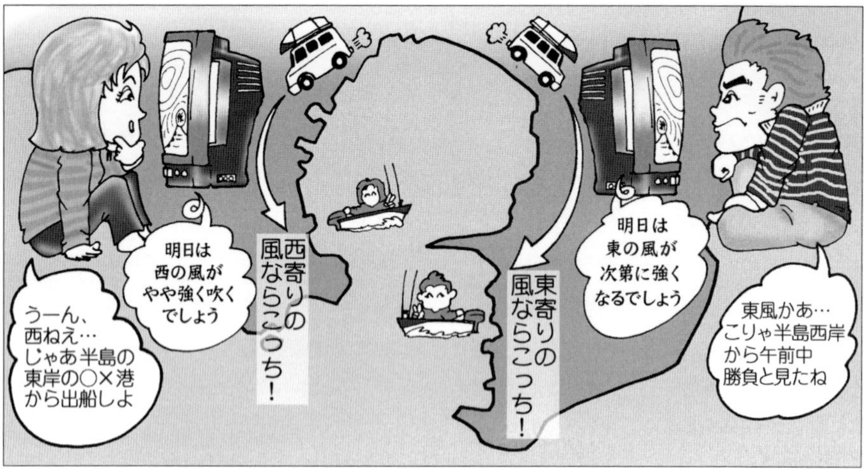

カートップボーティングに限らず、ボート釣りでは天気を読むことがとても重要。まずは、気象情報を十分にチェックする。天候に合わせた出艇場所の選択が可能となるのが、カートップボートならではのメリットだ

準備が整ったらボートを出す練習をしよう

いろいろな準備も整った。天気も申し分なし。あとは、早く釣り場へ行って釣りがしたい! どこへ行こうかな～? 何を釣ろうかな～? そんなふうに気がはやるのはわかりますが、ちょっと待ってください。

ボートを購入してから1～2回しかカートップしていないのに、「いきなり腰を痛めた」とか「辛い」などと言われる方がたまにいらっしゃいます。

失礼ながらこれは、工夫が足りないというのも原因の1つかもしれません。あるいは、カートップしにくい(積み下ろし作業がやりにくい)デザインのクルマなのかもしれません。はたまた、釣りをしてみたものの釣果が思わしくなくなくて気が重く、ボートも重く感じられ、積み込み作業が辛かった、ということもあるのかもしれません。

こうした悩みの対策として、当店では購入いただいたボートを納艇する際、店頭でクルマへの積み下ろし、水槽を使った船外機の使用方法やメインテナンス方法までを、お客様と一緒になって行います。これにより、初めて1人で出航するときの疑問がかなり軽減され、苦労も少なくなるようです。

このほかにも、いきなり海へボートを出す前に、何度かクルマへの積み下ろしを練習してみましょう。

また、穏やかな天気の日に、湖などの波のないフィールドへ行き、クルマからボートを下ろして水際まで運んだり、ボートを湖面へ浮かべて、まずはオールを使って手漕ぎの練習をしたりするのもよいでしょう。

さらに、エンジンの始動/停止から、旋回を含む簡単な試走、船外機のチルトアップやアンカーの上げ下ろしなど、走航に関することをひと通りテストし、その後、また陸上でカートップしてみましょう。

できれば最初の数回は、できるだけ友人などと2人で釣行するようにして、まずはコツをつかんでください。

いずれにせよ、カートップボーティングは半ばスポーツです。やってみることが何より重要です。そして早くコツをつかんで慣れることが、大漁と安全航行につながるのです。

出艇場所での ボート運搬用アイテム

ボートを水際まで運ぶもの

カートップボーティングでは、その日の出艇場所に着いたら、運搬の手間を少なくできるよう、クルマからボートを降ろしたその場で船外機をセットし、すべての釣り道具を積んで準備万端の状態で水際へボートを運んでいきたいところです。

しかし、2人で釣行する場合は人手があるので、ランチャーやキャリー、ドーリーといった、ボート運搬用のアイテムがなくても何とかなりますが、とかくカートッパーは1人で気軽に釣りへ行きたいと思うもの。私たちも1人で釣行することが多いので、いろいろなアイテムを駆使して、運搬や各作業が少しでも楽にできるように工夫しています。

ところが、着岸してボートを引き上げるときは必ず上り勾配になっていて、運搬用のアイテムがあっても、人力でボートを運ぶのは辛いもの。地面の状態や勾配の度合いによってかなりの差がありますが、釣り具などが満載の状態になっていれば、その大変さはなおさらです。

よって、ボートを引き上げるときは、積んである道具類を先にクルマへ運び、ボートと船外機だけの状態にしておきましょう。

運搬用アイテムは大きく分けて3タイプ

現在発売されている運搬用アイテム(キャリーやドーリー)には、ファクトリーゼロのような、専門の会社が製作／販売しているものから、各ボートメーカーがオリジナルでそのボート専用に開発したタイプのものまでさまざまあります。それらは、大きく分けると以下の3タイプになります。

①ハンドトレーラータイプ
(ボートランチャー)
②跳ね上げ式トランサムドーリー
③船体取り付け型脱着式キャリー
(専用キャリー／ドーリー)

ユーザーの方からは、この3つのなかで、「どれが一番楽に運搬できるのか」ということを聞かれるのですが、それぞれ使い方や形が違い、一長一短がありますので、どれが一番良いとは言い切れません。タイプごとの特徴をよく把握した上で、自分のボートのタイプやスタイルに合ったものを選んでみてください。

では、それぞれの特徴を解説していきましょう。

① ハンドトレーラータイプ (ボートランチャー)

一番ベーシックな形の運搬用アイテムといえるのが、トレーラーのような形状ながら、人力で引っ張って運べるように小型軽量化した船台状のハンドトレーラーです。

このタイプの長所としては、しっかりとした車軸と骨組みがあり、船首部までしっかりと伸びたハンドルがあるため、取り回しが非常に楽であるということ。そして、水際でのボートの積み下ろしが非常に楽な点も挙げられます。

さらに、車輪の軸がトランサムよりも少し前にあるので、エンジンをつけた状態だと全体の重心が後方へ移るため、ボート内に釣り具などを積んでいてもバウ側が軽く持ち上がり、比較的楽に運ぶことができます。

しかし、波打ち際で船尾側を沖に向けて積み下ろし作業をするので、波打ち際の波が高いときなどは、船尾に波が当たって艇内に水が入り込んでしまうことがあるので注意しましょう。

また、本体自体が比較的大きいので、分割して車内に積む際に少々スペースを取ってしまうことがあり、セダンなど荷室の小さいクルマでは、車内に積めないということもあります。こんな場合、クルマの上に積んだボートの上に、さらにランチャーを積んで、ロープで固定している方もいらっしゃいます。

総合すると、一体型のボートランチャーは、運搬や水際での作業は非常に楽ですが、多少収納スペースを取ってしまうということになります。

② 跳ね上げ式トランサムドーリー

跳ね上げ式トランサムドーリーの最大の特長は、艇体に直接車輪を取り付けて使用するので、脱着の手間が掛からないということです。

水上へボートを浮かべたあとにタイヤ部分を上へ跳ね上げてそのまま航行でき、また帰港した際にはタイヤを下ろしてそのままボートを引き上げることができます。

また、ボートをクルマに積む際も、タイヤを艇体につけたままなので収納スペースを取りません。

しかし、タイヤ取り付け部が艇体の最後尾(トランサム)なので、艇全体の重心が船首寄りになるため、釣り道具やクーラーボックスなどを積んだ状態では船首が重くなり、フロントドーリー(前輪)などをつけなければ重くて運べない、といった状

① ハンドトレーラータイプ　(ボートランチャー)

運搬用アイテムのなかでも、もっとも一般的なのが、ハンドトレーラータイプのランチャー。操作性の良さが特徴だが、分割できないタイプだと収納に困るケースもある。写真はファクトリーゼロのフィッシングランチャーF620A。収納時には工具なしで分解もできる

② 跳ね上げ式トランサムドーリー

跳ね上げ式トランサムドーリーは、艇体に直接取り付けるので、エントリー後に船台だけをクルマに置きに行く手間がかからない。ただし、重量バランスにより、バウ側が重くなりがちなので、フロントドーリーが必要になることも。写真はファクトリーゼロのトランサムドーリー

態になることもあります。

また、船首を持って運ぶことになるので、船首部に手をかけにくい形状で持ちづらいボートの場合は、少々運びにくくなってしまうことがあります。

ボートを水際にエントリーさせたらそのまま海に出たい、いちいちタイヤを外してクルマに置きに行くのは面倒臭い、という方がいらっしゃいます。

確かに、トランサムドーリーだと、クルマまで置きに行く手間は省けるのですが、それだけでは船外機や釣り道具を積んだ状態での運搬がしづらくなり、結局、ボートと釣り道具を別々に運ぶハメになって手間は同じ、ということにもなりかねません。

よって、トランサムドーリーを装備するのであれば、できれば一緒にフロントドーリーもセットすることを考えたほうが良いでしょう。

③ 船体取り付け型脱着式キャリー（専用キャリー／ドーリー）

専用キャリーとは、例えば、当店で販売しているものなどがそれに当たり、各ボートメーカーから、ボートのモデルごとに専用品が発売されています。

詳しく分類すると、この専用キャリーのなかにもいくつかタイプがありますが、まずは、マリーン・イレブン専用キャリーの特徴を解説しましょう。

このキャリーの特徴は、ランチャーとドーリーを足して2で割ったようなものだと思ってください。運搬時は車軸がトランサムより前にあるので重心が後ろへ移り、船首部を軽く持ち上げることができます。また、車載時にも艇体に取り付けたままカートップできます。

しかし、艇体を水上に浮かせた状態での脱着ならば簡単なのですが、水際や陸上で船外機をつけた状態での作業では、

③ 船体取り付け型脱着式キャリー（専用キャリー／ドーリー）

各メーカーが専用に開発した、船体取り付け型脱着式キャリー。脱着時のコツを覚える必要があるが、ボートの運搬は楽。キャリーそのものの運搬は、クルマに積んだボートの上にひっくり返して乗せる方法もある。写真はケン・マリーンボートのマリーン・イレブン専用キャリー

脱着に少々のコツを要します。慣れてしまえば簡単です。

このほかの専用キャリーとして、艇体に穴が開いていてシャフトとタイヤを差し込んで使うものがあります。この場合も、車載時や水際での作業のときには楽なのですが、車軸にあたる部分の位置によっては、トランサムドーリーと同様、フロントドーリーを必要とする場合があります。また、吃水線より下の部分に加工することになるため、構造上の問題や劣化による水の侵入に対策が必要になるかもしれません。

前でも使える「マルチドーリー」

運搬用アイテムとして最後に紹介するのは、前段でも出てきたフロントドーリーです。

各カートップボートメーカーからも専用のフロントドーリーが発売されていますが、ここではファクトリーゼロの「マルチドーリー」という優れたアイテムをご紹介します。

従来の船外機ホルダーは車輪が小さく、あくまで自宅での保管を前提としたもので、砂浜では使用できませんでした。

このマルチドーリーは、基本的には船外機ホルダーの形をしていますが、タイヤを大きくし、砂浜でも船外機の運搬ができるように設計されたものです。

そして、下の写真のように、ボートを運ぶ際にはフロントドーリーとして、また、ハンドルの向きを変えると、荷物を運ぶためのキャリーとしても使用できる3WAYドーリーなのです。

このアイテムは私たちも使用していますが、とても重宝しているのでお勧めです。

3通りの使用方法が可能な、ファクトリーゼロのマルチドーリー。エンジン、荷物、ボートと、運ぶものにあわせて、使用する向きなどを変える。トランサムドーリーなどを使用した際のフロントドーリーとしても使用可能
(問)ファクトリーゼロ TEL:046-238-9411

砂浜での離着岸時のポイント

出艇場所の選び方と注意点

カートップボーティングでは、釣りをする海域の近くまでクルマに積んでボートを運び、現地でボートを下ろして出艇します。

よって、出艇場所は当日の天気やそのときの釣りものに合わせて選ぶことができます。

しかし、その現地に着いたあと、どこからでもボートを出せるというわけではありません。

以下では、出艇場所として想定されるフィールド（砂浜と漁港）での注意点などをまとめてみました。

① 砂浜を利用する場合

カートップボートを出せる砂浜の多くは、夏場に海水浴場となるところがほとんどです。海水浴場を利用して出艇する場合、特に海水浴シーズン中は、できるだけ砂浜の端のほうの、人が少ないエリアを選びましょう。

また、遊泳区域内では絶対にエンジンを使わず、オールで漕いで沖へ出て、人のいない水域まで出たところで船外機をチルトダウンして航行しましょう。

なお、当然ですが、一概に“砂浜”といっても、その状況などはすべて同じではありません。波打ち際が急勾配でドン深になっているところや、遠浅で波立つエリアの幅が広いところなど、その環境は場所によって大きく異なります。

また、浜の砂質もさまざまで、ぎゅっと詰まっていて波打ち際までクルマで入れるようなところもあれば、4WD車でもタイヤをとられてしまうようなゆるいところもあるので、無闇にクルマで海岸へ入り込んで抜け出せなくならないように気をつけてください。

② 漁港などのスロープを利用する場合

漁港内のスロープや修羅（横木、枕木）の敷いてある船引き場（修羅場）から出港する際にも、いくつかの注意事項があります。

基本的に、日本では漁業者の権利が非常に強く、海では漁業者が最優先となっています。港によっては、使用料金を支払

写真はボートキャリーを使ってスロープから出港するところ。出港時は下り勾配となっているので、ボート運搬用アイテムが使えれば、比較的楽に出艇することができる

って利用できるところもありますが、レジャーボート全般が持ち込み禁止になっているところも多く、漁協の事務所に問い合わせをして許可をもらっても、現場に居合わせた漁師さんに「出しちゃだめだ！」と言われることもあるようです。

海に囲まれたこの日本で、漁業権やあらゆる規制に縛られ、気軽にボートを出してマリンレジャーを楽しむことができない理由のひとつに、納得しにくい法律や利権関係の問題があることも確かです。

しかしもう一方で、スロープなどを使う人たちのマナーの悪さによって、「スロープにクルマを置きっぱなしにして邪魔でしょうがない！」と言われたり、無謀な出港の末に事故を起こしてしまい、「小さいボートは事故が多くて危ないから出させない！」と言われたりして、結果的に『レジャーボート全般使用禁止！』という看板を立てられてしまうということも多いのです。

私たちが漁業者からよく聞くのが、漁網のボンデン（ブイ）をパイロンに見立てて蛇行して遊んだり、遊漁船の周りを物凄い勢いで走り回ったりというPWC（水上バイク）の話です。しかし、一概にPWCだけが悪いわけではありません。

カートッパーのなかにも、荒天であるにもかかわらず、「遠方からわざわざ来たので」と無理を押して出港してしまう人がいて、案の定、沖で転覆して漁業者に助けられたという話をよく耳にします。このような自分勝手な行動は、周りの人に迷惑をかけ、ひいては、活動の場所を失うという、自分たちの首を絞めてしまう結果につながります。

海のレジャーではよく聞く言葉ですが、荒れた海を航行する勇気よりも、荒れた海へボートを出さない“やめる勇気”が必要なのです。

気持ちよく漁港などのスロープを利用するためには、まず漁業者とコミュニケーションを上手にとり、良好な人間関係を築き、迷惑をかけないような行動をとることこそが重要でしょう。

なお、漁港によっては目印の旗を揚げないと出港させてもらえないところも多いようですので、安全のためにも、旗を用意しておくことをお勧めします。

状況によって異なる出艇時のコツ

ひと口に、砂浜から、あるいはスロープから出艇するといっても、実際は全国各地にさまざまな地形の海岸やスロープがあります。また天候や風向き、潮位によっても、出艇時の条件はさまざまに異なります。

ここでは、基本となる離着岸の方法から解説していきましょう。

① 砂浜からの出艇

まず、ボートを出そうとする砂浜に到着したら、波の穏やかな場所を探してください。同じように見える砂浜のなかにも、必ず波の穏やかなところがあります。たとえば、沖に消波ブロックが入れてあるところなどが理想的です。

波静かな砂浜を見つけたら、クルマを入れられるところまで進んで、ボートを下ろして水際へ運びます。

出艇時は必ず下り勾配になるので、ドーリーなどのボート運搬用アイテムがあれば、人数や積荷によっても異なるものの、すべての道具を積んだ状態で水際まで運ぶことができます。

運搬用アイテムを持っていない、あるいは使えないような場所では、水際とクルマとのあいだを数回往復することになるでしょう。

波打ち際で船外機を取り付け、すぐ漕げるようにオールをセットするなど、の準備が終わったら、いよいよボートを水上へエントリーさせて出艇します。

遠浅の砂浜で、波が立っていない場合

は、ボートが浮くか浮かないかという水深のところまで運搬用アイテムに乗せたままボートを運び、ボートが水に浮かんだら運搬用アイテムを外します。

ドン深の波打ち際の場合は、波が届くか届かないかという位置で、船尾を沖に向けてボートをスタンバイさせます。離岸するときは、船首を持ち上げて沖に向け、まず船首部を水上に乗せ、打ち寄せた波が引いていくのに合わせてボートを押し出します。

どちらの場合も、波打ち際では素早い行動が要求されます。素早くボートに乗り込んだらすぐにオールを握り、沖に向かってまっすぐ迅速に漕ぎ出し、波立つエリアを越えて穏やかな水面に来たところで船外機をチルトダウンし、エンジンを始動します。

船外機付きのボートでも、まず基本になるのがオールを使った“手漕ぎ”です。この手漕ぎがしっかりできていないと、波打ち際で船が横向きになり、横から波を受けてあっという間に転覆！　ということにもなりかねません。

よって、初めてボートで出艇する前には、沼や湖などの水面が穏やかなエリアで、しっかりと“手漕ぎ”の練習をしておくとよいでしょう。

② スロープからの出港

漁港内の修羅場やスロープの場合は、水面が非常に穏やかなので、船尾から海面へエントリーしてボートを浮かべたあと、船首に取っておいたロープで一度ボートを引き上げ、船尾を沖に向けた状態でスタンバイします。

すぐドン深になっているスロープや修羅場では、押し出したボートが完全に浮かんだと同時に船外機をチルトダウンして、エンジンを使って出港できます。

ただし、漁港内やマリーナのなかは、必ずデッドスローで徐行してください。

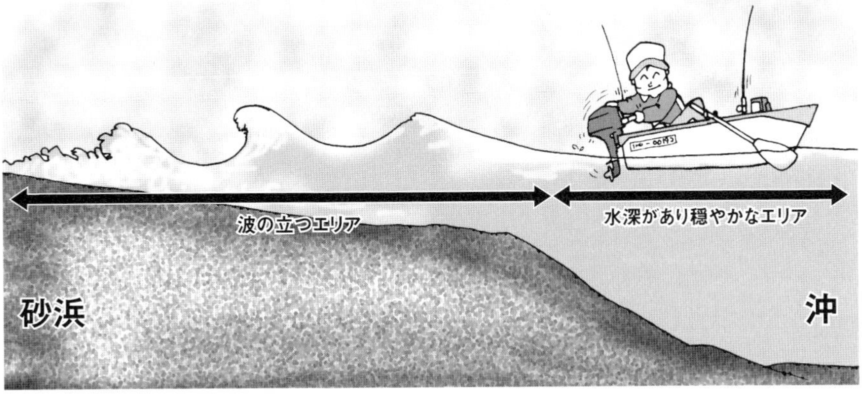

特に遠浅の砂浜から出艇する場合は、まず手漕ぎで波立つエリアを越え、十分な水深が確保できたところで船外機をチルトダウンし、エンジンを始動させる。こうすることで、冷却水と一緒に砂を吸い込んでしまうといったトラブルも避けられる。出着艇時には、手漕ぎのテクニックも要求されるのだ

ボートを上げるときに陥りやすいワナ

釣り終えて出艇場所へ戻ってきたら砂浜が100メートルも延びていた！　また、出艇したときはベタ凪だったのに、帰ってきたら大波が立っている！　ということは、カートッパーにとって、比較的よくある出来事のようです。

私たちがよく行く南房総のある海岸は、遠浅ながらも満潮時の波打ち際は急勾配で、水深も1.5メートルあり、非常にボートを出しやすいのですが、春秋の大潮の干潮時間になると、波打ち際が100メートル以上も沖になってしまいます。

また同じように、干潮時に洗岩や干出岩（149ページ参照）が出て、とても着岸できなくなってしまうようなエリアもあります。このような場所は事前に海図などで調べておくか、潮周りを見て干潮時を避け、満潮時に帰航するようにしましょう。

一方、帰航したときに出艇場所の海域が荒れていて波が高いときは、迷わず着岸地点を変更し、穏やかな場所を見つけて着岸しましょう。

もし、どうしても波の高い場所に着岸しなければならないような場合は、次のような手段を用います。

まず、波打ち際近くまでなんとか船外機が使える水深がありそうな場合は、エンジンをかけたままボートを砂浜に対して直角に保ち、波に合わせて着岸します。その後、エンジンを止めたら速やかにボートから下りて、岸へ素早く引き揚げます。この着岸方法では、素早く行動しないと、船尾から波が入り込み、艇内が水浸しになったり、ひいては転覆してしまう場合もあります。

また、とても船外機が使えないような浅瀬の場合は、船首を岸に向けるのではなく、船首を沖（波が来る方向）に向け、手漕ぎで船尾側から岸に寄っていくとよいでしょう。

なお、波が高いところへの着岸では、波に対してボートを横に向けたり、船尾を向けたりしてはいけません。

これと同じような状況といえるのが、沖で釣りをしているときに他船の曳き波を食らった場合です。このときも、決して曳き波に対してボートを横や後ろに向けないように注意してください。

なお、曳き波のかわし方のコツについては、別項で改めて解説します。

波立ったところに着艇する場合、船尾を沖に向けた状態で砂浜へ接近すると、船尾から波が打ち込む場合がある。ときには、それが原因となって転覆することも……

多少漕ぎにくくとも、船首を沖に向けた状態で砂浜に接近すれば、波の打ち込みを避けやすくなる

出艇場所や海上での マナーとルール

漁港利用時の注意とマナー

海に囲まれた日本。

本来、このような国において、マリンレジャーとはもっと一般の方々にとって身近で親しみやすいものでなければいけないものだと、私たちは常日ごろから思っています。

しかし、各種の規制や漁業権の影響も少なからずあり、ボートで遊ぶにはお金や手間がかかり、なかなか手軽にというわけにはいかないのが現実です。

行政が定めている規制に関しては、私たちの意見だけですぐに内容を改められるものではありませんが、漁業者との付き合い方については、私たち一人ひとりの心がけ次第で、もっとオープンな環境に変えていくこともできると思います。

乗合船や仕立船での釣りと違い、カートップボートは全国どこへでも運んで、どこでも釣りができるのですが、その半面、すべての面における責任を自分自身でとらなければなりません。漁業者といかにつきあうかも、自分の責任となるのです。

さて、漁港のスロープは砂浜とは違い、波も立たずに足場もしっかりしているので、小型ボートや水上オートバイの出着艇にはとてもありがたい施設ですね。ところが、最近、全国各地の漁港で、「レジャーボートの乗り入れ禁止」といった内容の立て札が立てられ、漁港内のスロープが閉鎖されているところが増えてきたようです。このような立て札が立てられるようになったきっかけとしては、やはり、我々一般レジャーボートでこれらの施設を利用する人たちの、マナーの悪さや事故などのトラブルが原因になったパターンが多いようです。

例えば、港内のスロープを利用したあとで、クルマを漁業者の邪魔になるようなと

水際までクルマを入れられ、エントリーしやすい穏やかな水面からボートを出せる漁港内のスロープは、カートッパーにとって理想的な場所。しかし、一般の人（漁業者以外）の利用を禁止しているところも多い。こうした施設は、ちょっとした気遣いやマナーで、開放されることもあれば、閉鎖されることもある

きれいな海岸からボートを出すのは心地よいもの。海岸でボートを上げ下ろしするときは、「来たときよりも美しく！」を心がけ、ちょっとしたゴミは拾って持ち帰るくらいの心の余裕がほしい。これは当然、漁港でも同様だ。そういう行動を見ていて、カートッパーに良い印象を持っている地元の方や漁業者が意外といるもの。逆に、彼らは悪い行動も見ているのだ

ころに放置したまま出港してしまったり、駐車用の場所に移動してもほかの人のことを考えないような停め方をしたり、出入港のときにエンジン全開で港内を航走したり、荒天下に無理やり出港して事故を起こし、沖の刺し網を引っかけ、挙げ句の果てに漁船に救助要請を出す羽目になったり。

このようなことがおもな原因となり、レジャーボートの乗り入れが禁止されたケースが大多数なのではないでしょうか？

これらに加えて大きな原因となっているのが、ゴミの問題でしょう。当然、食べ物や釣り具などのゴミは、必ず持ち帰らなければなりません。これらは、釣り人として以前に人間としてのマナーです。

よい環境で釣りがしたいと思うのであれば、一人ひとりがマナーを守り、特に、出艇場所の周辺に住む人たちや漁業関係者には気を使って、良好な人間関係を築くことが必要だと思います。

私たちも、現地に着いて漁港などの施設のスロープや船揚げ場などを利用してボートを出す場合があります。なかには、利用料金を支払えば使わせてくれるという港もありますが、基本的には、一度、漁協に挨拶に出向き、スロープの利用許可をもらってからボートを下ろすようにしています。

また、漁業関係者には特にきちんと挨拶をして、カートッパーの印象を悪くしないようにも心がけています。

しかし、そのようにいつも心がけてはいても、ボートを下ろそうとしたら、漁師の方がやってきて、

「ここで下ろしちゃダメだ！」

と言われてしまうこともあります。

こんなとき、私たちは、「漁協組合で許可をもらったからいいじゃないか！」と意地を張らずに、なんとかこの人と良好な関係を築き、「“いいよ”と言わせてみよう！」と思います。例えば、すかさずクーラーボックスからビールの1本でも取り出して、

「すいません、邪魔にならないようにすぐ出て行きますから、お願いしますよ～」

という感じでしょうか。

相手も人間ですから、腰を低くして話してみると、結構なんとかなるものですよ。

当店のユーザーさんのなかにも、
「沖にいいポイントがあるし、ボートの上げ下ろしも楽だし、どうしてもこの港からボートを出したい」
と思い、漁業者のところを訪ねて許可をもらおうと努力した方がいます。

その港では、漁師の方が頑固でなかなかOKしてくれなかったそうですが、手土産を持参してその漁港に何度も通い、漁師さんと仲良くなった結果、今では、なにも文句を言われず、帰港したときには漁師さんと釣果やポイントの話までできるようになったそうです。

これは良好な人間関係を築く努力をした好例といえるでしょう。

日本は漁業者の権利が強いこともあり、“漁師さんたちが怖いから漁港には近づかないようにする”という風潮があるのですが、ちょっとした努力と工夫によって、もっとボートの上げ下ろしがしやすい漁港を利用することができるようになるのです。

とにかく、良好な人間関係を作ることが大切です。その上で、マナーを守って気配りをして、使わせてもらっているということを忘れずに、港はいつも気持ちよく利用できるようにしたいですね。

砂浜出艇では地元のルールを知ろう

砂浜などの海岸からボートを下ろす場合は、漁業者とのトラブルこそありませんが、場所によってはクルマの乗り入れが禁止されているというケースがあります。

また、地元ならではの決まりごと、いわゆる“ローカルルール”があります。

私たちがよく行く千葉県・南房の砂浜も、一昨年まではクルマで砂浜に入れるとてもボートを下ろしやすい浜だったのですが、昨年、杭や車止めを設置されて浜へ入れなくなったところが数カ所あります。

これも、やはり原因は私たちカートッパーを含むレジャーボートのユーザーたちと、地元の方々とのトラブルが原因だったのかもしれません。

砂浜などの海岸の場合でも、漁港と同じように、たくさんの人たちが出入りすることを考えて、ボートを下ろしたあとのクルマを停めておく場所などに注意する必要があります。

また、クルマで乗り入れできるボートを出しやすい砂浜は、夏に海水浴場となるところが多いので、海水浴シーズン中は特に気を使わなければなりません。みなさんも十分理解しているでしょうから、改めて言うまでもないとは思いますが、海水浴客がいるのに海岸へクルマで乗り入れたり、離着岸時に人の多いところからエントリーしたりするのは極めて危険です。もちろん、そんなことをすればライフセーバーに叱られるでしょう。

前述のとおり、海水浴客のいるエリアでは船外機を使わず、沖の人気のないエリアまでオールで漕いで行ってからエンジンを始動させましょう。

出艇後の海上で気をつけるべきいくつかのこと

出艇後、沖へ出てから気をつけなければならないルールもあります。

まずは、港の出入り口や航路付近で釣りをしないということです。毎年、手漕ぎを含むカートップクラスのボートが、漁船と衝突して死傷者が出る事故が、全国で数十件起きています。このうち、漁港の出入り口付近で釣りをしていたミニボートが漁船と衝突するというケースが多いようです。

港の出入り口付近に留まっていたのでは、他船の進路を妨げることになり、なにより大切な自分の命をも危険にさらしてしまいます。よって、くれぐれも漁港出入り口付近や航路内で釣りをしないようにしましょう。

次に、沖では職業漁船にあまり近づかないようにしましょう。そのほうが、無用なトラブルを避けられると思います。やはり漁師の方は職業として魚を獲っているので、遊びで釣りをしているレジャーボートが近づくと、あまりいい顔をしません。

遊漁船の場合も近づかないほうが無難ですが、もし、船団の中に入って釣りをするときは、必ず潮上にボートをつけるようにしましょう。仮に、いきなり潮下にボートをつけると、船団が撒いたコマセで釣るようになり、船団から、

「俺たちが撒いたコマセで釣るな!!」

と、怒鳴られても仕方ありません。これもちょっとしたマナーといえるでしょう。

このほかにも、全国各地の漁協ごとにいろいろな決まりがあって、同じような内容でも、それらは微妙に違っていたりするものです。

禁止されている釣り方や、禁漁となる魚種や期間、リリースすべきサイズなども決められています。ルールで決まっていなくても、小さいサイズの魚は、大きくなってからまた釣れてくれることを期待して、やさしくリリースするようにしましょう。

それから、釣り過ぎにも注意したいですね。たしかに、大漁のときはもっともっとと欲が出て、たくさん釣って帰りたくなる気持ちもわかりますが、自分たちが食べられる量を釣ったらそれで十分じゃないですか?確かに大漁自慢をしたい気持ちもわからないではありませんが、それはあくまで釣り人の自己満足の世界ですからね。

＊

このように、細かく挙げ始めると、ルールやマナーに関してはいくつもの具体例が出てきてしまいます。

しかし、何度も言うようですが、基本は「漁業者や地元の方々、ほかのカートッパーたちのことを考えて、常識外の行為や迷惑になる行為を絶対にしないこと」です。

自分さえよければいいという考えは捨てて決まりを守れば、みなさん一人ひとりの心がけ次第で、快適に釣りができる環境が作られるということを忘れないでください。

ボートを停めて釣りをする場合は、航路の周辺や漁港の出入り口近辺は避けよう。航路内でアンカリングしたり、イケスやブイなどにボートを固定するのはもってのほか。また、相手船が自艇を見つけやすくするため、視認性を高める工夫も施したい

始動から操船まで船外機の操作方法

教習艇とは違うエンジンの取扱方法

小型船舶操縦士免許を取得し、夢のマイボートも手に入れ、さぁいざ出艇！

と思っても、カートップボートは、免許取得の際に乗った教習艇とは異なり、操船はステアリングホイールではなくティラーハンドルですし、エンジンのかけ方も、キーを差し込んで回せば簡単に始動するのとは大違いで、手で紐を引っ張るという原始的な方法……。

初めてカートップボートに乗る方にとっては、未知の経験だらけで戸惑うことも多いのではないでしょうか？

ここでは、今や世界中で使われている日本製の小型船外機を例に、カートップボーティングにおける船外機の基本的な使用方法と、タイプごとの注意事項や取り扱い方法、また、エンジン始動のコツなどについて解説していきましょう。

まずは次のページで、始動方法の基本的な流れだけを順を追って見てください。形式を問わず、小型船外機を始動するには、この一連の作業が必要となります。

2ストと4ストの始動方法の違い

船外機には、2ストと4ストという2つのエンジン形式があります。性質の違うエンジンですから、当然、始動時にもちょっとした違い、つまり、それぞれの“かけ方のコツ”があります。そのもっとも大きな違いは「チョーク」の扱い方です。この扱い方次第で始動性に大きな差が出てくるのです。

そもそも、チョークを引いてエンジンを始動させるということは、キャブレターの空気の取り入れ口をふさいで空気を入りにくくし、シリンダー内に送られるガソリンと空気の混合気のガソリン濃度を濃くして発火しやすい状態を作るということです。

54ページでも触れたとおり、2ストと4ストでは使用する燃料が異なるため、このチョークの操作に違いが出るのです。

2スト船外機の場合

2スト船外機の場合は燃料にオイルを混ぜた混合ガソリンを使用し、キャブレターからシリンダー内へは、さらに空気と混合させたガスを送ります。

基本的に、シリンダー内に入った混合気は燃えてしまうのですが、チョークを使ってエンジンをかけると、ガソリンは燃焼するものの、燃焼しきらなかったオイル分がプラグに付着してプラグかぶり（プラグがオイルで濡れて発火しなくなり、エンジンが停止する現象）を起こします。

よって、2スト船外機の場合は、エンジンが始動したらすぐにチョークを戻すと同時に、数回空吹かしして白煙を出す（プラグに付着したオイル分を燃やし飛ばす）という一連の操作を、素早く行う必要があります。チョークの戻し忘れや、引いたままの空吹かしは厳禁です。

チョークを使ってエンジンをかけたものの、かかりそうでかからなかった（一度ブーンと回って止まったなど）という場合は、一度チョークを戻してスロットルを若干開き気味にして、再度リコイルロープを引いてみるとか

基本的な船外機の始動手順

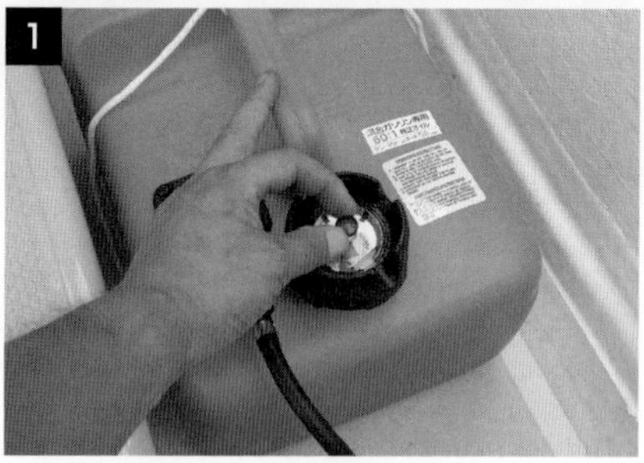

燃料タンクのエアバルブを緩め、タンク内に空気が入るようにする。ヤマハ製の昔のスチールタンクにはこのようなエアバルブがないが、ホースを差し込むと自動的に空気を吸排気する

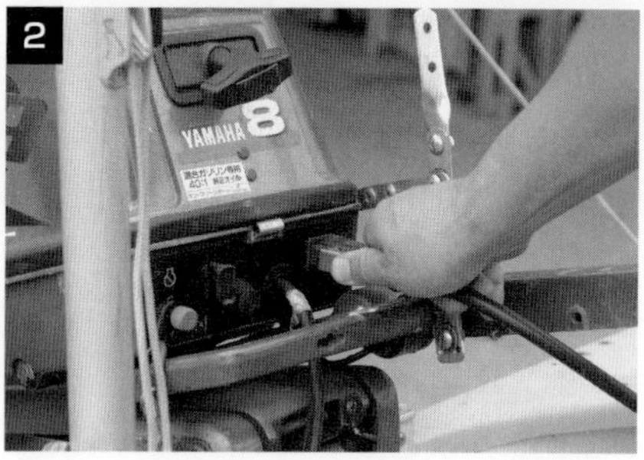

燃料ホースがしっかりと接続されているのを確認し、プライマリーポンプ(ラグビーボール状のゴム製ポンプ)を、少し硬くなるまで何度も強く握り、燃料をキャブレター内に送る。タンク内蔵式の船外機の場合は、船外機を立てた状態(チルトダウン)にして燃料コックをON(送る)側にし、燃料を送る

シフトレバーがN(ニュートラル)になっているのを確認する。ギアが入っているとストッパーが利いてエンジンはかからない。年式の古い旧型船外機はこの装置がついていないので、ギアが入ったままエンジンを始動すると急発進してとても危険

エマージェンシーストップキー(緊急停止装置のキー)がちゃんと差し込まれていることを確認する

チョークを引いてスロットルレバーをスタート位置の目印まで開く(グリップのところに矢印などの目印がある)

リコイルロープ(始動時に引くロープ)を遊びの分まで軽く引き、止まったところから力いっぱい、できるだけ長いストロークで一気に引いてエンジンをかける

かることが多いです。

2スト船外機では、チョークの使い過ぎがプラグかぶりを引き起こす原因となります。基本的にチョークを使わないでエンジンをかけてみて、かからなかったときに初めてチョークを使ってエンジンをかける、くらいでちょうどいいでしょう。

4スト船外機の場合

一方の4スト船外機では、チョークの使い方が2スト船外機とまったく逆になります。

4スト船外機では、エンジンがかかってすぐにチョークを戻してしまうと、エンジンが暖まっていないので、低回転が安定せずにエンジンが停止してしまいます。よっ

て、エンジンがかかったらチョークを引いたままにして、若干スロットルを空けた状態で回転を安定させます。そのまましばらく暖気運転をしているとエンジンが徐々に温まり、勝手に回転が上がり始めます。これが暖気完了の合図ですので、アクセル操作でエンジンをあおりながらチョークを戻し、スロットルを戻して、エンジンの低回転が安定して回るようになったら準備OKです。

4スト船外機では、エンジンが温まらないとチョークを戻してもエンジンが停止してしまうことが多いようです。これは同じ4ストエンジンを搭載するクルマやバイクと同じですね。

ただし、クルマなどの場合は、通常「オートチョーク」が付いていて、エンジン始動時に自動でチョークが閉まり、エンジンが温まると自動でチョークが戻って回転を安定させるというシステムになっています。大きな船外機も同様です。

しかし、小型の船外機の場合は、とにかくシンプルにできているので、そのチョークの操作も当然自分でやらなければなりません。一見面倒でも、コレが一番確実なのです。

＊

暖機運転が終わったあとは、2スト、4ストともに、スロットルを戻し、シフトレバーを進行方向に倒してギアを入れ、発進します。

頭上タンク式船外機の取り扱い方法

基本の始動方法とチョークの取り扱いの違いを踏まえたうえで、エンジンのタイプごとの違いを見てみましょう。

カートップボートで使用されるエンジンには、前述した2ストと4ストという違いのほかに、馬力と気筒数の違いがあります。この違いによって基本的なエンジンの構造や操作方法に違いが出てきます。

まずはエアバルブについて。5馬力未満の船外機で単気筒の船外機は、その多くが頭上タンク式（タンク内蔵式）となり、船外機本体内部に燃料タンクがついています。このエアバルブの操作いかんによって、どのようなことが起こるのでしょうか。

カートップボーティングでは、船外機は寝かしたり立てたりと、いろいろな取り扱いをします。例えば、出艇する際は砂浜やスロープなどからボートを出すことが多くなりますので、エントリーするときは必然的に船外機をチルトアップした状態にして、オールでボートを漕いで離岸します。

まず、ここで注意が必要です。

頭上タンク式の船外機で、タンク内に燃料が満タンになっていた場合、エアバルブを開けたままチルトアップすると、バルブから燃料が漏れてしまいます。咥えタバコ

頭上タンク式船外機のエアバルブと燃料コック

頭上タンク式の船外機では、チルトアップするときや運搬時には、エアバルブをきちんと閉めておかないと、ここからガソリンが漏れるので要注意

運搬時やチルトアップ時に燃料が漏れないよう、頭上タンク式の船外機には、燃料タンクからの燃料の流れを切り替える燃料コックが付いている

でボートに乗っていて、漏れて気化した燃料に引火したら……なんてことも考えられますね。

よって、頭上タンク式の船外機におけるスタンバイは、2度にわたる操作が必要となります。

まず、陸上で一度船外機をチルトダウンした状態でエアバルブを開け、燃料コックをONにして燃料を送っておき、出艇する際には一度エアバルブを閉めてからチルトアップします。

離岸後に沖へ出たら、船外機をチルトダウンしたのちに再びエアバルブを開け、エンジンを始動させてください。

頭上タンク式船外機の始動時の注意点

頭上タンク式船外機では、エアバルブを開けたままチルトアップすると、燃料が漏れてしまうので要注意

そのほかの船外機始動時の注意点

○エアバルブの開け忘れ

どのタイプの燃料タンクでも、エアバルブが閉めっぱなしになっていると、エンジンが稼動して燃料が吸い上げられるのに、タンクに空気が入らないため燃料が送られなくなり、走航中にエンジンが停止してしまいます。この操作は基本中の基本なのですが、意外とこの原因によるエンジン停止で、慌てて当店に電話をいただく方が多いようです。

○燃料ホースの接続不良

同じような燃料系統のトラブルとして、タンクと船外機を繋ぐ燃料ホースがしっかりと接続されていないためにホース内に空気が入ってしまい、しっかりと燃料が送られず、同じようにエンジン停止となる場合があります。燃料ホースのコネクターは、船外機側、タンク側の両方ともしっかり差し込まれているか、毎回チェックしてから出艇しましょう。

○シフトレバーの操作不良

年式が新しい船外機では、ギアが入っているとストッパーが利いてエンジンはかかりません。

年式の古い船外機はこの装置がついていないので、ギアが入ったままエンジンを始動すると急発進してとても危険です。また、このような古い船外機では、ギアをニュートラルにしてエンジンを始動したつもりが、エンジンが回った振動でギアが前進に入ってしまうということもあります。これは、ギアを操作した回数が多くなった年式の古いものに多い現象です。シフトレバーに変なガタつきがないか、レバーの動きが軽すぎないか、日ごろからチェックしておきましょう。

さらに、2馬力船外機は、メーカーによってはシフトレバーとギアがついておらず、エンジンが始動すると同時にプロペラが回り始める機種もあります。ですから、エンジン始動時にスロットルが開きすぎていると、エンジン始動と同時に急発進してしまう恐れがあるので、スロットルの位置が始動位置にあることをしっかり確認してからエンジンをかけてください。

◯エマージェンシーストップ装置

エマージェンシーストップ装置（緊急停止装置）は、最近の船外機なら必ず装備されています。船外機のストップボタンの根元に差し込むプラスチックのU字型のキーに、赤いリールコードがついているものがそれです（マーキュリー製の船外機のみ、やや異なる形状をしています）。通常はこのコードの末端を、手首など操船者の体の一部に接続した状態で操船します。

これは、走航中になにかのはずみで操船者が落水してしまったときに、このキーが外れることでエンジンが止まるようにする仕組みです。エンジンがかかったままだと、ボートだけがどこまででも走って行ってしまうことになりますからね。このようなことを防止するための緊急停止装置なのです。

ですからこのエマージェンシーストップキーが抜けていると、エンジンは絶対かかりません。これが抜けているのに気づかず、何度リコイルを引いてもエンジンがかからない！ と慌てふためくケースも意外と多いようです。あとでこのことに気づいたときの脱力感といったら、オデコで帰港したときのような惨めさです。かく言う筆者自身も、この気分を味わったことがありますが……。

＊

以上が、エンジン始動に関する操作方法です。ここで解説した基本的なことは、本来、メーカーが船外機に添付する取扱説明書に書いてしかるべきことなのですが、船外機の形式や馬力ごとの細かい特徴やコツは詳しく書かれていません。

ここで解説したことを参考に、船外機を上手に使いこなしてください。

燃料タンクのエアバルブ

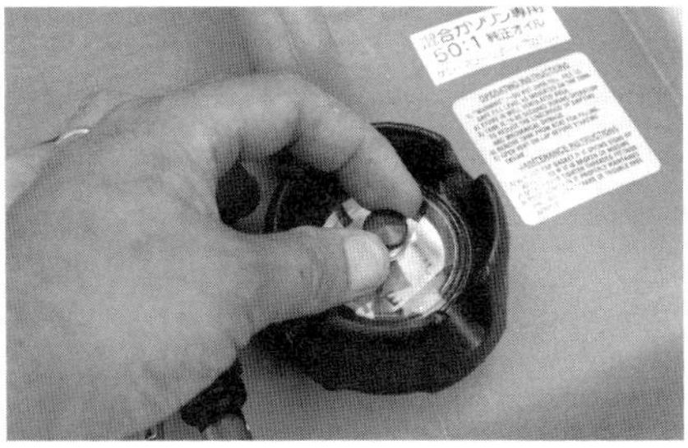

急なエンジンストップなどの原因でもっとも多いのが、エアバルブの開け忘れ。こうしたケアレスミスがないよう、十分注意したい

燃料ホースの接続部

燃料を漏らさず、かつ、スムースにエンジンに送るためのコネクター部分。タンク側、船外機側とも、砂などが付かないように気をつけよう

シフトレバー

アイドリング時に突然プロペラが回るなどの危険を防ぐため、シフトレバーの不調（ガタつきなど）がないか、こまめにチェックすること

エマージェンシーストップ装置

エマージェンシーストップ装置のキーが差し込まれていないと、エンジンは始動しない。なお、リールコードは必ず体のどこかにつなげておこう

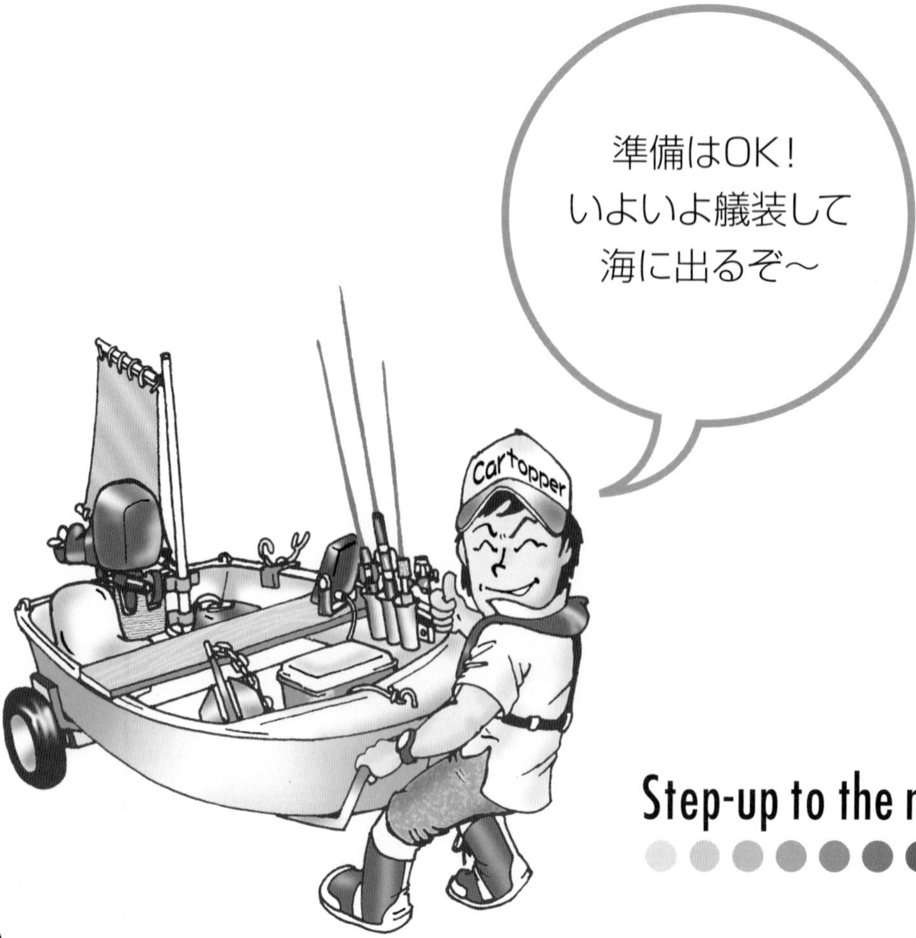
準備はOK！
いよいよ艤装して
海に出るぞ〜
Cartopper

Step-up to the next part.

第3章

カートップボーティングの魅力を味わい尽くす

マイボートを手に入れ、必要なアイテムを揃え、事前の準備も万全となれば、いよいよ出航です。
とはいえ、カートップボートの楽しみは、海の上に浮かぶことばかりではありません。
常に身近なところに保管できるカートップボートなら、
自分のボートをより自分らしく、そしてより使いやすくする、“艤装《ぎそう》”の楽しみもあるのです。
あれこれ工夫を凝らし、世界で唯一のボートを作り上げみてはいかがでしょう?
もちろん、大物だってねらえる釣りの楽しさも格別です。
ただし、ボートを操船しながら釣るにはちょっとしたコツが必要です。
ここでは、カートップボートならではの艤装と釣りのノウハウについて見てみましょう。

カートップボートの艤装について

カートッパーならではの艤装の楽しみ

カートップボーティングでは、いろいろな場所へマイボートを持って行き、いろいろな釣りができるという点が最大の楽しみですが、もう1つ、忘れてはならない特徴的な楽しみ方として、“艤装”が挙げられるのではないでしょうか。

多くのカートッパーの方々が、思い思いの艤装を凝らして自分流のカートップボーティングを楽しんでいて、そのアイデアがホームページで紹介されていたり、ボート雑誌などの特集でも取り上げられているのはみなさんもご存じのとおりです。

いま現在自分のボートをお持ちの方も、これからボートを購入しようと考えている方も、艤装についてはいろいろと考えていることでしょう。

カートップボートは自宅が保管場所となるので、マリーナ保管のボートや係留保管艇と違い、常に身近なところにマイボートがあるというメリットを活かして、いつでも艤装ができる環境を整えやすいのです。

また、小さいボートならではの艤装テクニックや、限られたスペースを有効活用して使いやすくレイアウトすることなど、釣り方や使い方に応じた、人それぞれの艤装スタイルがあります。

ただし、ボートの種類によって、艤装しやすいタイプと艤装しにくいタイプとがありますので、ボートのタイプによって、艤装の仕方は大きく変わってくるでしょう。

インフレータブルボートや折り畳みボート、そして分割式のボートは、収納時（折り畳んだときや重ねたとき）に艤装品が邪魔にならないよう、すべてを着脱式にするなどの工夫を施す必要があり、多少の制限が出てしまいます。

一体型ボートでは、このような制限がないぶん、比較的自由に艤装品が取り付けられるといってもよいのですが、思いつく限りの艤装品を取り外しできない状態で取り付けてしまうと、ボート全体の重量が重くなり、持ち運びやクルマへの積み込みに苦労したり、艤装品が引っかかって邪魔になったりすることがありますので、その点に注意しなければなりません。

また、艤装品を取り付けるときにもっとも注意しなければならないのが、艇体に設けられた空気室など、浮力体部分への取り付けです。万が一、転覆したり波をかぶって艇内に大量の海水が入り込ん

ロッドキーパーとロッドホルダー

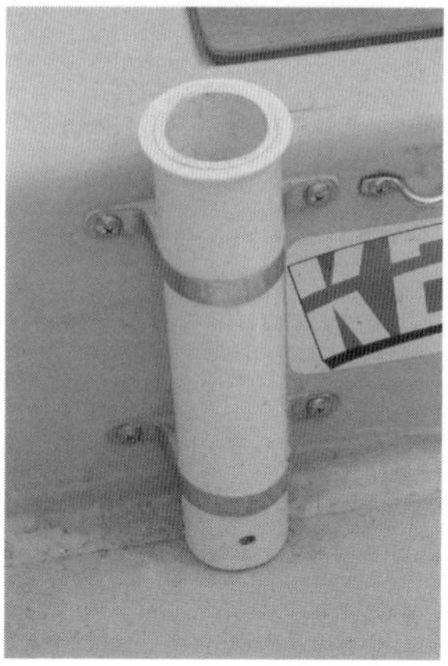

カートップボートの代表的な艤装アイテムがロッドキーパー／ホルダーだ。上の写真は「首振り自在式置き竿用ロッドキーパー」、左の写真はトローリング用のロッドが使えるLサイズのサオ立て「竿立て用ロッドホルダーL」

でしまったときに、空気室などの浮力体部分に水が入ってしまうと、十分な浮力が保てず、沈没する恐れも生じてしまうのです。よって、浮力体部分に艤装品を取り付けるときには、シーリング剤や接着剤などを使用して、しっかりと止水処理をするようにしましょう。

また、当然ですが、取り付けに使用するボルトやビス、ナット、ワッシャーなどは、ステンレス製のものを使用してください。

なお、船体の吃水線より下の部分（常に水につかっている部分）に穴を開けたり、部品を取り付けたりするのは、極力控えましょう。

艤装品にはなにがある？

ひと口に艤装といっても、目的や用途によってなにを取り付けるのかが異なりますが、ここでは、「カートップボートで釣りを楽しむこと」に目的を絞って、解説を進めていきます。

まず、艤装品にはどんなものがあるのか、当店のオプションリストからいくつか代表的なものを拾ってご紹介していきましょう。

① 各種ホルダー類

○ロッドホルダー

ロッドホルダーは、カートップボートを艤装する上でもっとも中心となるアイテムの1つでしょう。

ロッドホルダーにも大きく分けて2通りあり、サオを立てておくだけのサオ立て用のロッドホルダーと、仕掛けを下ろして置きザオにするためのロッドキーパーとがあります。

私たちもそうですが、マイボートで釣りをする際は、1人で出航する場合でも、何通りかの釣りをする準備をして、数本のサオを積み込んで出艇することが多くあります。

そんなとき、使っていないサオを船内に寝かせておくと、ちょっとした拍子に踏みつけて折ってしまうことがあるので、サオを立てておくためのロッドホルダーをやや多めに取り付けておくと、なにかと便利です。このタイプのロッドホルダーは、エサの付け替えのときにちょっと立てておいたりするのにも重宝しますよ。

一方、置きザオ用のロッドキーパーには、クランプで艇体に固定するタイプのものと、取り付けベースを艇体にビス止めして本体部分を着脱するものがあります。

クランプ式のものは、艇体の舷縁の形状によってはそのまま取り付けられるもの

アンカーホルダー（ダンフォース型用）

波立つ海面を走行中は、バタつくアンカーが危険な存在となる。写真はダンフォース型アンカーをアンカーホルダーにセットしたところ。これでスペースを有効活用でき、危険も減る

と、加工しなければ取り付けられないものがありますので、ボートの形状によって使い勝手がずいぶんと変わってくるようです。

○オールホルダー

カートップボートでは、離着岸時などの船外機が使えないくらい浅い海域を航行する際に、手漕ぎ用のオールが必ず必要になります。しかしオールは、船外機での航行中や釣りをしているときに船内に転がしておくととても邪魔になってしまうもの。このオールを船内にすっきりと納めておくためのホルダーも、限られた船内のスペースを上手に使うためのアイテムです。

○ アンカーホルダー（ダンフォース型用）

アンカーは、使わないときに艇内に放置しておくと、航行時にバタついて艇体に傷をつけたり、誤って踏みつけてケガをすることがあります。

そこで、船首側のちょっとしたスペースを利用してすっきりと艇内に収まるようにできる便利なアイテムがアンカーホルダーです。

これと一緒に、アンカーロープをすっきりと収めるためのロープ用ハンガー（Jフックなど）も取り付けておくとよいでしょう。なお、ロープを収納する方法としては、バケツにまとめておく方法も簡単でお勧めです。

② クリート

アンカリングするとき、手早くアンカーロープを固定するためには、クリートが必要になります。

また、車載時に前後へのボートのズレを防ぐため、キャリアバーへロープを取るときにも、艇体の前後にクリートが取り付けてあると便利です。

③ 魚探

58ページでも触れたとおり、釣りをするのに魚探があるのとないのとでは、大きく差が出てきます。

魚探はメーカーも機種も豊富で、使用する海域や釣りものによっても選び方が多少変わってくるものですが、購入する際には、本体の金額を目安にするとおおよその性能がわかると思います。

もう1つ注意したいのが、送信出力と消費電力です。魚探を電源によって分類すると、手軽な乾電池式のポータブルタイプと12ボルト電源（バッテリー）を使用するタイプの2つに分かれますが、いずれにせよ、カートップボートの場合は搭載できるバッテリーの大きさや数が限られるので、欲張りすぎて高出力で電力消費の多いものを選んでしまうと、バッテリー容量が足りなくなりますからね。

オールホルダー

エンジンでの航行中、長いオールは意外と邪魔で、収納もやっかいなもの。写真のようなオールホルダーがあれば、ボートの挙動でオールが暴れることもなく、すっきり収納できる

クリート

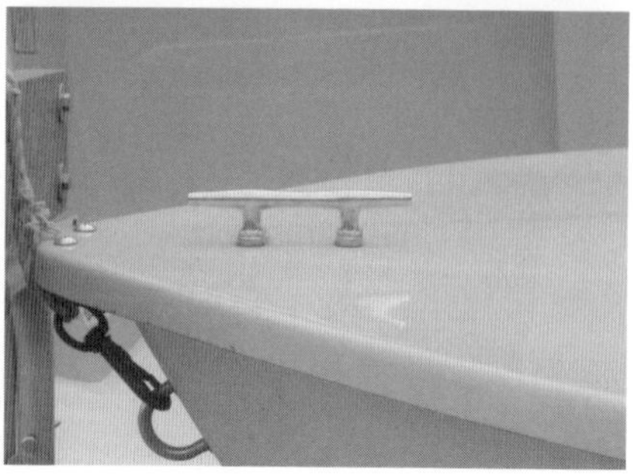

アンカリング時、車載時のキャリアへの固定など、クリートの出番は多い。大きな力が掛かるパーツなので、取り付け部の裏側にはバックプレート（補強板）を入れるなどして、しっかり取り付けたい

魚探 & GPS

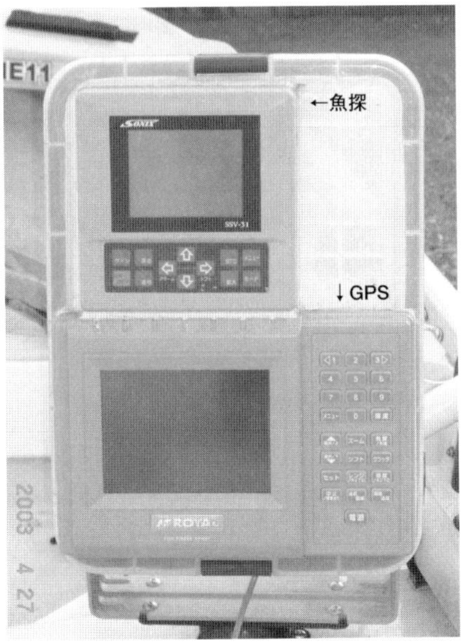

釣りをするなら欠かせない装備が魚探だ。積み込めるバッテリーのことも考えて機種を選びたい。カバーや架台を自作するなど、艤装しがいのあるアイテムでもある

回転イス

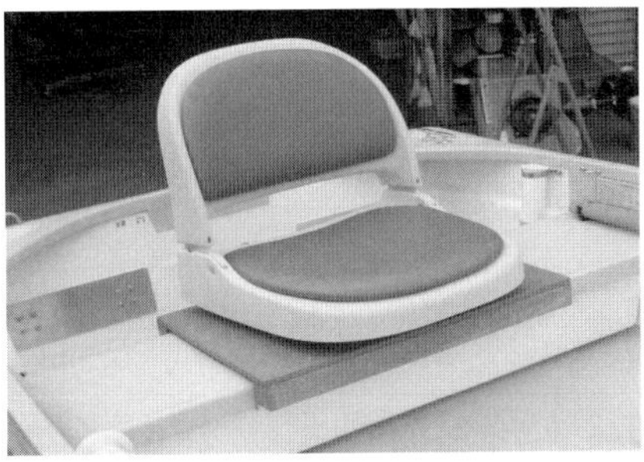

カートップボートのシートは、実際に座るには低すぎることが多い。長時間釣りをする場合などにも快適なように、折り畳み式回転イスを付けるのが最近のカートップボートのトレンドだ

④ ドーリー

61ページで紹介した、ボートの運搬用アイテム（ランチャー／キャリー／ドーリー）があるのとないのとでは、労力に大きな差が出ます。

少しでも楽にカートップボーティングを楽しみたいと思うのであれば、運搬用アイテムは必需品のひとつとなるでしょう。

そのうち、艇体に取り付けるタイプのものがドーリーです。

ただし、前述のとおり、ドーリーなどの強い負荷がかかる艤装品を吃水線よりも下にボルト止めなどで取り付けると、取り付け時にはしっかりと止水処理をしていても、長い間使い続けることによって徐々にゆがみが生じ、水が漏れてしまうことがあります。よって、取り付けの際には十分に注意してください。

⑤ 回転イス

背もたれがあり、ゆったりと座って釣りが楽しめる折り畳み式の回転イスは、最近、カートッパーの必須アイテムのひとつになってきました。

とかく小さなボートでは、安定性と安全性を高めるために艇体の重心を低く保とうとした結果、座る位置が低く設計されており、長時間の釣行だと腰が疲れてしまうこともしばしばです。

そこで、写真のようなイスをオプションで追加して、座る位置を少しでも高くすると、腰も疲れず楽に釣りができるのです。

しかし、ここで気をつけなければならないのが、あまりにイスの位置を高くしすぎると、高重心になって艇の安定性が悪くなるということです。そうなると、横波を受けたときなどにバランスを崩して落水してしまうこともありますので注意してください。

以上、当店のオプションリストのなかから代表的なものをいくつか取り上げましたが、艤装品はほかにもまだまだあります。

前述したように、使い手によって、あるいは釣り方などによって、必要となる艤装品はさまざまに異なってくるのです。

ぜひみなさんも、頭をひねりながら、カートップボートならではの、自分ならではの、オリジナリティーあふれる艤装に、いろいろとチャレンジしてみてください。

カートップボートならではの操船方法

免許があれば大丈夫？

小さなカートップボートであっても、一部を除き、その操船には小型船舶操縦士免許（以下、ボート免許）が必要なのはご存じの通り。本書の読者のみなさんのなかには、すでにボート免許を取得し、カートップボーティングを楽しんでいる、あるいは、これからボートを購入しようとしている方も多くいらっしゃることでしょう。

しかし、ボート免許取得時には、カートップボートより大きく、なおかつ、ステアリング仕様でエンジン形式も異なるボートで練習／試験を行うので、実際のカートップボーティングとはかなり縁遠い知識を得ることになります。

ですから、カートップボーティングを楽しむには、カートップボートを操船するための独特な知識が必要になるのです。

ここでは、ボート免許取得時には習わなかったカートップボートならではの操船方法について解説していきます。安全航行のためには必要不可欠な知識ですので、しっかりと読んでください。

基本的な操船方法

私たちが釣りをしていると、ときどき、アンバランスな姿勢で誤った操船をしている方を見かけます。

というのも、ボート免許を取得しても、「船外機艇の操船は初めての体験」という方が多いので、ティラーハンドルの船外機艇の操船方法自体がわからないまま乗っている場合が意外と多いということなのです。

確かに、船外機の取り扱い説明書には、だいだいの使い方は書いてあるのですが、それを読んだだけでは不十分。おそらく、購入したショップなどで十分な説明を受けていない場合が多いのでしょう。

カートップボートでは、まずオールを使って手漕ぎで穏やかな水面まで出たら船外機をチルトダウンし、右利きの場合、右手でリコイルスターターを引っ張ってエンジンを始動して走り始めます。

後ろを向いた状態の始動直後には、右手でティラーを持つ場合も多いのですが、通常の船外機はティラーが左舷側、つまり艇体の真ん中よりも左側に付いているので、操船者は船首側に向き直ったら、ティラーを左手に持ち変え、船体中央からやや右寄りに座って操船します。

たまに、走り出してもなお、ティラーを右手で持ったまま操船している方を見かけますが、このような操船の仕方をすると、操船者は目一杯、艇体の左舷側に寄った状態で操船することになり、アンバランスな状態で走航することになります。

カートップクラスの小さなボートでは、乗船者の乗艇位置や荷物などの置く位置が艇体バランスに大きな影響を与えます。よって、荷物や乗艇位置を十分に考え、十分にバランスを取って航行してください。

2人で乗艇するときは、操船者が艇体の右寄りに座って操船するので、前に座っている同乗者は少々左寄りに座ることで、左右のバランスを取るようにしましょう。このように座ると、操船者の前方の視界を妨げることもありません。

　また、1人乗りで、船首を思いっきり高く上げたハンプ状態のままで航行している光景をときどき見かけます。これでは前方の視界が悪くなるうえ、スターンヘビー（船尾過重）になることで、ちょっとしたきっかけで船尾から浸水することもあり、大変危険です。

　1人乗りで後部座席に座って操船し、なおかつ、燃料タンクやバッテリー、クーラーボックスなどのあらゆる荷物を船体後部に置いていると、こうした危険な状態になってしまいます。1人乗りのときは、左右のバランスだけでなく、前後の重量配分のバランスも考えて、荷物の置き方を工夫したり、船外機にティラーエクステンション（延長ティラー）を取り付けて前の座席に座って操船するなどして、航行時の艇体バランスを保つようにしてください。

　逆に前方に重心を置きすぎてバウヘビー（船首過重）になりすぎると、航行時に船首が下がり、ちょっとした波でも水面に突き刺さるようになり、波をかぶったり、すくったりすることもあります。

　操船時は乗船者と荷物の位置でバランスを取り、安定した航行姿勢と十分な視界を確保して操船してください。

　なお、ここで挙げたティラーエクステンションは、前の座席に座って操船するときだけでなく、浅瀬や障害物の多い海域を航行するときに、前方の視界をさらによくするために、ボートの上に立った状態で操船するときにも役に立つアイテムのひとつです。

　もちろん、立ったまま操船するのは、安全上、あくまでゆっくり走るときだけだと思ってください。また、こうした操船が可能なのは、安定性があるボートに限ります。コロンコロンとロールしてしまうような船型のボートでは危険ですので、ボート上では立たないようにすべきでしょう。

乗船者と荷物の位置で艇のバランスをとる

艇体が小さいカートップボートで安定した走航をするためには、乗船者の座る位置、クーラーボックスや燃料タンクをはじめとする荷物の置き場所などで、艇体のバランスをとる必要がある

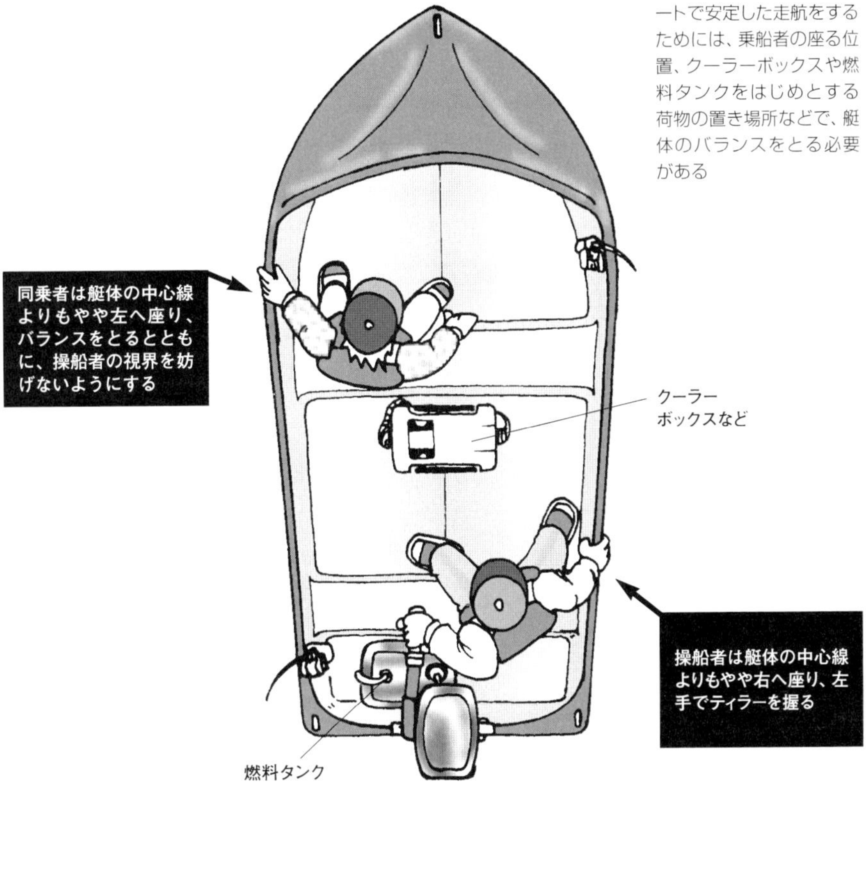

同乗者は艇体の中心線よりもやや左へ座り、バランスをとるとともに、操船者の視界を妨げないようにする
クーラーボックスなど
操船者は艇体の中心線よりもやや右へ座り、左手でティラーを握る
燃料タンク

ティラーエクステンションは、1人で乗る場合に艇のバランスをとるほか、写真のように、浅瀬を走る場合などに立ち上がって前方視界を確保するときにも役立つ。ただし、立って操船するのは、安定性のよいボートをごく低速で走らせるときに限る

「曳き波」の危険とその対処法

沖で遭遇する危険のひとつに、「他船の曳き波」が挙げられます。

航行時はもちろん、錨泊して釣りをしているときも、近くを行き交ういろいろな船の曳き波には特に注意してください。アンカーを打った状態で釣りに熱中しすぎ、大きな曳き波が来ているのに気づかずに横波を食らって転覆してしまう事故の例もよく聞きます。

かく言う私も、何度か怖い目に遭ったことがあります。特に、大きな港がある湾などでは、出入港する漁船や貨物船などが多く行き来するので、航行時はもちろん、釣りをしているときも、周囲を行き交う船には常に十分な注意を払ってください。

さて、一概に曳き波といっても、私たちカートップボートが起こす曳き波から、大型のタンカーが起こす曳き波まで、その船体形状によってさまざまなパターンのものがあります。

通常の曳き波であれば、船から離れれば徐々に落ち着いて小さな波になるのですが、なかには、いつまでも大きなままでなかなか収まらないものもあります。特に、タグボートや遠洋漁船などの中型船の曳き波は大きくて非常に危ないので、早期に発見して回避するようにしましょう。

万が一発見が遅れたり、前述のようにいつまでも収まらない大きな曳き波を越す場合は、十分注意しながら、以下の操船方法で曳き波をかわしてください。

まず、船首を波に対して真っ直ぐに向けた状態で進入しないようにしてください。曳き波は1つの大きな波ではなく、3つから4つの連続した間隔の短い波になるのが特徴なので、1つ波を越えても、またすぐに次の波が来ます。よって、真っ直ぐ進入してしまうと、1つ目の波を越えたときに船首がガクンと下がり、次の波に突っ込むような形になって船首が水面に刺さってしまうのです。こうなると、まともに頭から波をかぶって艇内に大量の水が浸入してしまいます。これによって艇体のバランスが一気に悪くなり、操縦不能になって次の波で転覆してしまうこともあるのです。

ですから、大きな曳き波を越えるときは、波に対して約30度くらいの角度をつけて、少々斜めに進入するようにしてください。多少ボートが横に揺れますが、波に突き刺さることなく越えられるでしょう。

このときに注意したいのが、波に対してボートをあまり横に向けすぎない、ということです。艇体が波に対して真横近くになると、横波を受けて横倒しになる場合もありますので注意してください。

なお、曳き波は一見どこも同じように見えますが、よく観察してみると、一定の間隔で波高が低いところがありますので、そういうところを素早く見つけて越えるようにするとよいでしょう。

まだ操船自体に自信がなく、うまく曳き波を越えられるか不安だと思う方は、曳き波がくる方向とは逆のほうへ逃げて、越えられると思うくらいの大きさまで曳き波が収まってから越えるのも1つの方法だと思います。

大きな曳き波のかわし方

大きな曳き波を越える場合、波に対して直角に進んでいくと、1つめの波を越えた直後にバウが次の波に突き刺さり、大波を被ることがある。さらにそのとき、大量の水をすくってしまうと、そのまままバランスを失い、3つめの波をかわせずに転覆してしまうことがある(イラスト左)。また、波に対して横に向いていると、ボートが横転することもあるので、ボートの進入角度は波に対して約30度に保つ(イラスト下)

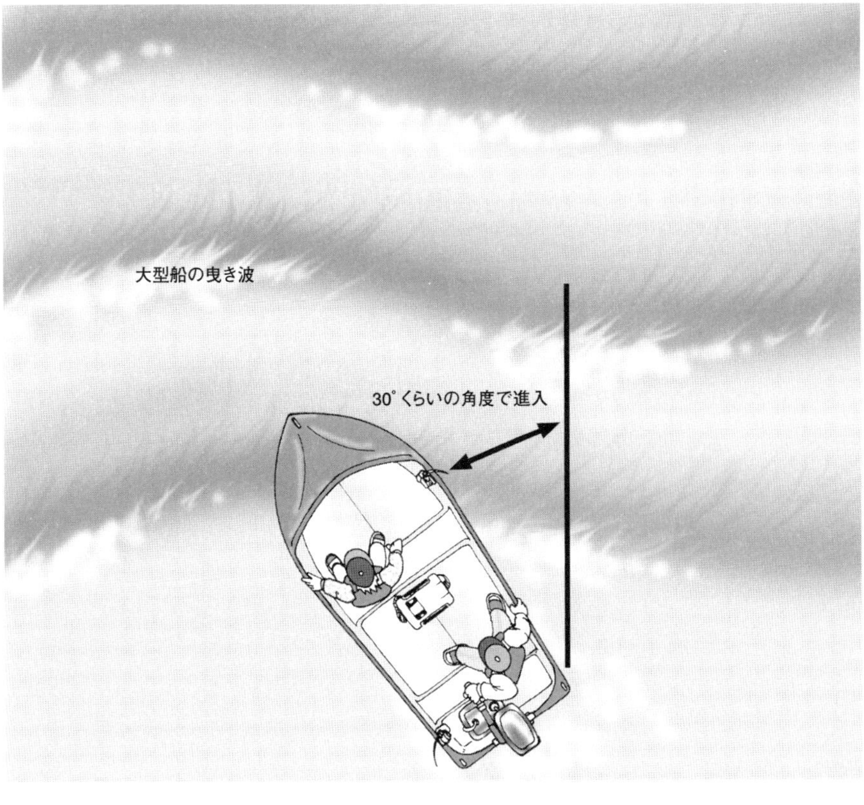

カートップボートのアンカーとアンカリングのテクニック

アンカリングの重要性

法定安全備品のひとつでもあるアンカーは、ボートに必ず1個搭載しなければいけないアイテムです。しかし、その形や重さはさまざまです。

船検上、これでなければいけないという決まったものはありませんが、しっかりとボートを留められるだけの把駐力（アンカーがボートを留める力）を備えていることが条件となります。

例えば、アンカー自体の重量が軽すぎたり、イカリ利きが悪くてしっかりとボートが留まらず、風で船が流されて（走錨して）しまっては意味がありません。

アンカーロープの長さと水深の関係もありますが、使用する場所（海底の底質）などに適したアンカーを正しい使い方で使用する必要があります。

「アンカーなんて、ただオモリを水中に放り込めばいいんでしょ？」

と、簡単に考えているあなた、アンカリングの仕方次第で釣果にも差が出るんですよ！ なぜなら、なにもない広い砂泥地とは異なり、高根周りなどでは、潮流の当たる位置によって魚の付き場が違うからです。となれば、ボートの位置の違いが釣果に大きく影響するのは当然です。

魚探で地形をさぐり、魚影を探して、ねらったポイントの上にしっかりとボートを留めておくためには、水深とロープの長さのバランス、潮流と風向から計算したボートの流され方などを考えたうえで、その場所に適したアンカーを下ろし、ボートがポイントの真上に来るように調節しなければならないのです。

アンカーの種類と特性

まずはアンカーの種類について見てみましょう。カートップボートで使用するアンカーには、おもに以下のようなものがあります。

①ダンフォース型アンカー

もっともスタンダードな形といえるダンフォース型は、比較的どんなエリアでも使えますが、特に砂泥地でのイカリ利きが良いアンカーです。

しかし、岩礁帯で使用すると、イカリ利きの良さが仇となり、岩の隙間にアンカーが刺さって抜けなくなってしまうことがあるので注意しましょう。

このダンフォース型アンカーが根掛かりして抜けなくなってしまわないための対処法は後段で解説します。

カートップボートクラスで使用する場合の重さは、3.5キロで十分でしょう。

②バーフッカー（ロックアンカー）

バーフッカーは、おもに岩礁帯で使用するアンカーで、アジやカワハギをはじめとする浅場の根周りでの釣りのときに役に立ちます。

ダンフォース型アンカーは岩の隙間にはまって抜けなくなってしまうことがありますが、このバーフッカーなら、力いっぱいアンカーロープを引っ張ると、アンカーのフルーク（錨爪）部分が伸びて抜けてくれるのです。伸びたフルークは、次に使うときに元の形に戻せば繰り返し使えます。

その反面、砂泥地ではイカリ利きが悪く、走錨することもあります。

このバーフッカーの重さは、ダンフォース型同様、3～4キロのものでよいと思います。また自宅で簡単に作れるバーフッカーを後段で紹介します。

③マッシュルームアンカー（プラスチックアンカー）

マッシュルームアンカーは、インフレータブルボートでよく用いられます。インフレータブルボートの場合、①、②のような鋭利な突起がある鋳物のアンカーを搭載していると、艇体（ゴム）部分に刺さったりして穴が開き、空気が漏れてしまうことがあるので、安全上、突起がない、プラスチックでコーティングされたマッシュルームアンカーがよいのです。おもに浅場の砂泥地で行うキス釣りや夏のマゴチ釣りのときなどでは、扱いやすいので重宝するアンカーです。

このマッシュルームアンカーは比較的軽めの2キロくらいのものからありますので、用途や水深などに応じて使い分けるとよいでしょう。

④フォールディングアンカー

フォールディングアンカーは、形がバーフッカーに似ていますが、収納時にコンパクトにたためるというメリットがあります。

このアンカーはおもに岩場などでその力を発揮しますが、海中で閉じてしまったりすることもあるので、使用中はこまめに利き具合を確認しましょう。

アンカーの種類

①ダンフォース型アンカー

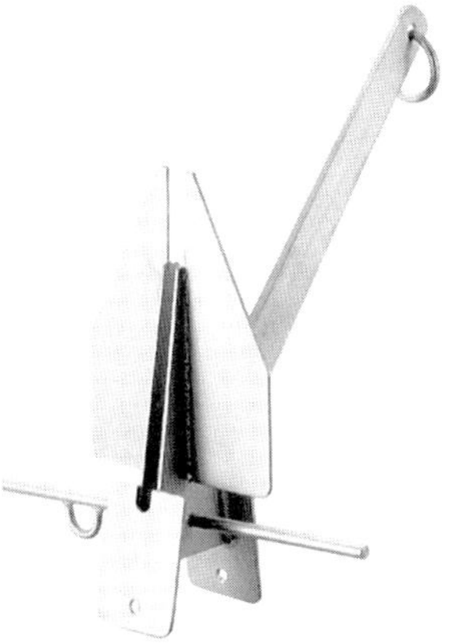

②バーフッカー

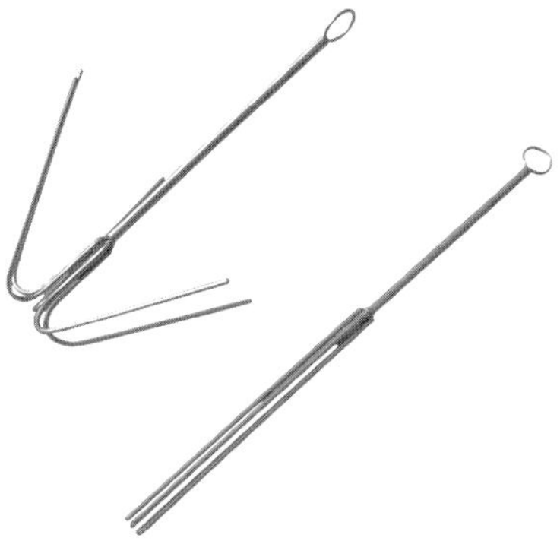

③マッシュルームアンカー

④フォールディングアンカー

ダンフォース型アンカー使用時の工夫

前述したように、ダンフォース型アンカーはイカリ利きがよいのですが、岩の隙間に刺さってしまうと、どの角度から引っ張っても抜けなくなってしまうことがあります。やむなくロープを切ってアンカーをなくしてしまったという方も多いでしょう。こうなる前に、ちょっとした工夫でアンカーを抜きやすくする方法を紹介します。

もっとも単純なのが、アンカーのクラウンに引き上げ用のロープ（トリップライン）を取って浮きを付けておき、アンカーを上げるときにはその引き上げ用ロープを引っ張って、クラウン側から引き抜くという方法です。

ただし、カートップボートの場合、限られた狭い艇内を有効に使うことを考えると、通常のアンカーロープのほかに引き上げ用のロープがあると邪魔になるという欠点があります。

そこで、当店でボートを購入されるお客様には、ちょっと工夫したアンカーへのロープの取り方を、根掛かり回避法として紹介しています。

通常はアンカーのシャンク先端のリングにそのままロープのシャックルを接続します（写真A）。このシャックルをクラウンの穴に接続して、ロープの途中をシャンク先端のリングにタコ糸や針金で固定するのです（写真B）。

通常使用する際には、ボートに引かれる荷重はシャンクにかかるので、しっかりとアンカリングできます。もし、根掛かりなどで抜けなくなったときには、ボートをアンカーの真上まで移動させてから力一杯ロープを引くと、リング部分で接続されているタコ糸や針金が切れるかほどけるかしてロープがリリースされ、クラウンに力がかかるようになり、すんなり抜けるのです（写真C）。

アンカーが上がったら、切れたタコ糸を取り替えて結び直すか針金を巻き直すかすれば、また同じように使えます。

ただし、あまり細すぎる針金やタコ糸を使うと、外れやすくなって、ちょっとしたことでリリースされることがあるので注意しましょう。逆に太すぎるとリリースされないことがあるので、何度か陸上でテストしてみてください。

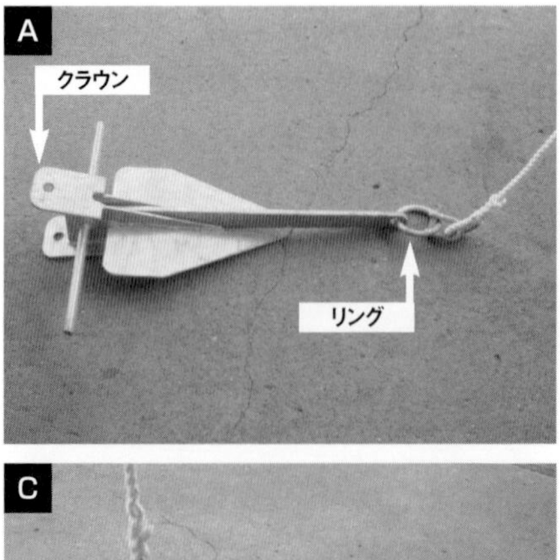

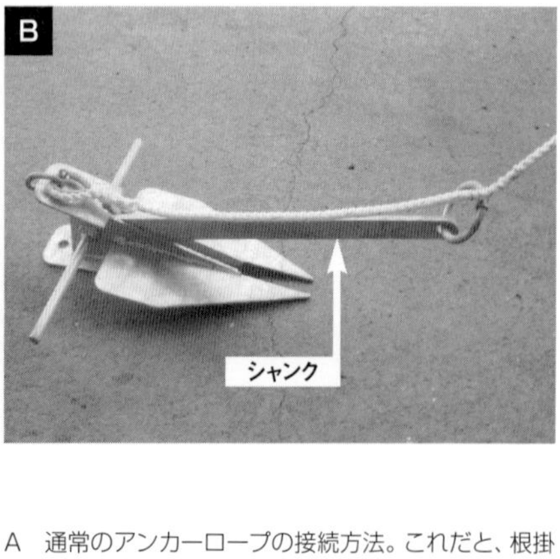

A　通常のアンカーロープの接続方法。これだと、根掛かりした場合になかなか抜けなくなってしまう

B　アンカーロープをクラウンに接続し、ロープの途中の部分をタコ糸や針金でシャンク先端のリングに仮留めする。間違っても、ロープをリングのなかに通してはならない

C　根掛かりした場合は、ボートをアンカーの真上に移動させ、力一杯ロープを引く。すると、仮留めが外れ、クラウン側から引き上げることができる

自作できるバーフッカー

ここで、簡単に自作できるバーフッカーをご紹介しましょう。ただし、このアンカーはあくまでも補助的なものと考えてください。

用意するものは1～1.5リットルの空のペットボトルと、鉄筋とセメント（ホームセンターで購入）だけ。

作り方は、図のようにペットボトルの最下部に4カ所、鉄筋がクロスするように穴を開け、鉄筋を通します。鉄筋の長さは50センチくらいでよいでしょう。その状態でペットボトルのなかにセメントを流し込んで固めるだけで出来上がり。

アンカーロープを結びやすくするために、セメントを流し込んだあとでペットボトルの口の部分にアイのようなものを入れておくのも良いでしょう。

使用するときは鉄筋を適度に曲げます。ようは、しっかりとボートが留まれば良いのです。

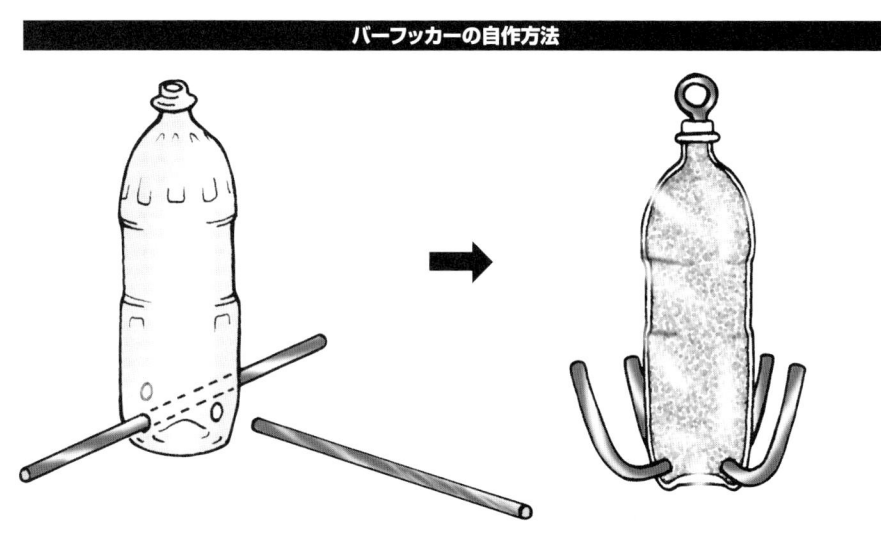

バーフッカーの自作方法

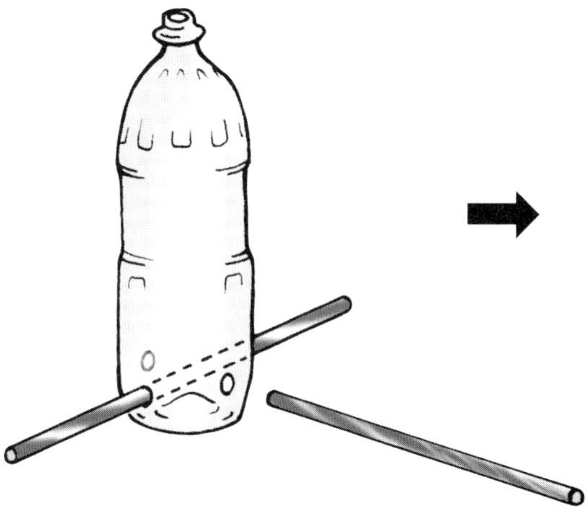

①1～1.5リットルのペットボトルの下部に鉄筋が入る大きさの穴を開け、そこへ2本の鉄筋がクロスするように通し、セメントを流し込む

②セメントが固まれば完成。セメントが固まる前に、口の部分に金属のアイなどを入れてもよい。使用時には適度にフルークを曲げる

アンカリングの基本的な知識

ボート免許取得時にもアンカリングについては少々学習したと思いますが、まずは基本的なアンカリングについての知識、アンカーロープと水深の関係から確認していきましょう。

潮の流れの速さ、また、風の強さによって多少前後しますが、アンカーロープは、最低でもボートを留めようとする場所の水深の約2倍の長さが必要となります。これは、アンカーが利く角度と関係があります。

例えば、ダンフォース型アンカーが有効に機能するには、シャンクとフルークとのなす角度が35度前後である必要があります（次ページ上のイラスト）。これ以下あるいは以上の角度で引っ張っても、アンカーは地面に刺さってくれません。

この点を考慮すると、シャンクの角度が低くなるようにアンカーロープを長く出し、低い位置からアンカーを引っ張る必要があります。よって、最低でも水深の約2倍以上のロープの長さが必要になるのです。

しかし、アンカーロープを長く出せば出すほど、ボートの左右への振れ幅が大きくなり、定位置に留めておくのが困難にな

るため、アンカーロープはできるだけ短いほうがよいのです。

　こう書くと矛盾しているように思われる方もいるでしょう。しかし、この相反する条件を同時に満たすこともできるのです。

　アンカーを重くしてイカリ利きを良くし、ロープを短くする方法もありますが、重いアンカーは扱いづらもの。

　そこで、アンカーとアンカーロープの間に「アンカーチェーン」を接続するのです。こうすると、チェーンの重さでシャンクの先端を下から引くことになるため、軽いアンカーを使って、アンカーロープを通常より短くしても、イカリ利きを良くすることができ、ボートの振れ幅を最小限に抑えられるのです。

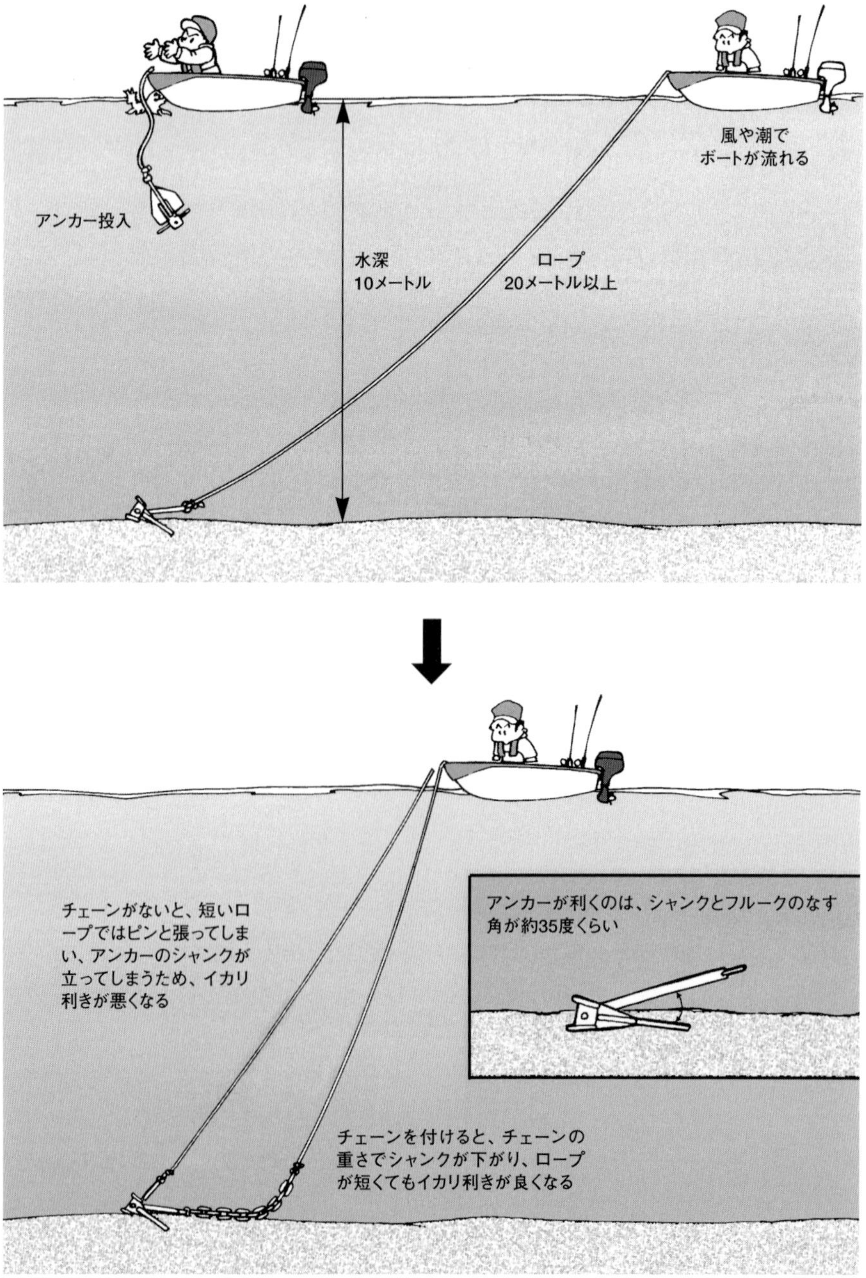
アンカー投入
水深
10メートル
ロープ
20メートル以上
風や潮で
ボートが流れる
チェーンがないと、短いロープではピンと張ってしまい、アンカーのシャンクが立ってしまうため、イカリ利きが悪くなる
アンカーが利くのは、シャンクとフルークのなす角が約35度くらい
チェーンを付けると、チェーンの重さでシャンクが下がり、ロープが短くてもイカリ利きが良くなる

アンカリングする際に、アンカーとロープの間にチェーンを入れると、ロープが短くてもイカリ利きがよくなり、ピンポイントを攻めることが可能となる

風と潮を読んでボートの位置をコントロール

通常、アンカーを打つ場合は、留めようとするポイントより風上または潮上までボートを進め、アンカーを投入してからポイントの上までボートを流します。

このとき、潮や風の強さによってロープを出す長さを調節します。潮の流れが速いときや風が強いときは、ボートが強く引かれるので、ロープを長めに取らないと走錨してしまいます。

また、ねらったポイントの上にボートを留めるためには、潮の流れる方向と強さ、風向きと風力をうまく計算して、アンカーの位置を決めなければいけません。こうした調整の仕方は、経験を積んで身につけていくしかないでしょうね。

なお、風向きは波の立ち方や肌で感じてわかりますが、潮の流れは一見しただけだとわかりにくいので、一度仕掛けを下ろして、仕掛けの流され方を見て判断するとよいでしょう。

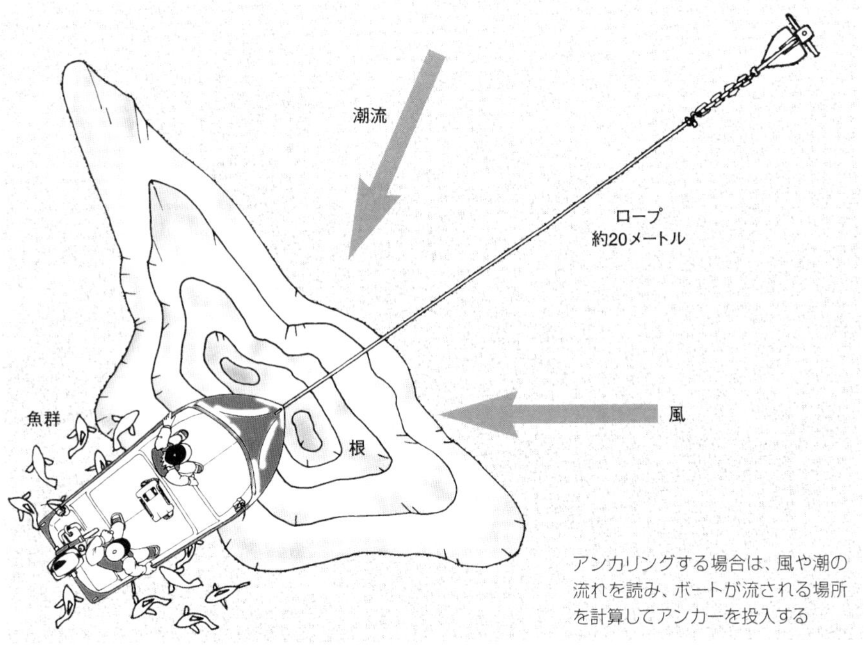

アンカリングする場合は、風や潮の流れを読み、ボートが流される場所を計算してアンカーを投入する

アンカーが抜けないときはバックで進む

アンカーを打つのと同じくらい重要なテクニックが、アンカーの抜き上げ方です。

カートップボートの場合、艇体が小さく、使用するアンカーも比較的軽いので、通常はボートのバウコクピットからロープを手繰り寄せて簡単に上げられますが、ロープを手繰ってボートがアンカーの真上まで来ても抜けないといった場合、無理にボートの上で力一杯引っ張って、バランスを崩して落水してしまってはとても危険です。万が一、アンカーが強く刺さってなかなか抜けなくなってしまった場合は、バウクリートなどにロープを結び、アンカーのある位置から船が流されていた方向とは逆に、後進でボートを進めて船外機の力で引っ張ってください。

このとき注意しなければいけないのが、決して船尾にロープを結んで引っ張らない、ということです。

船尾にロープを結んで引っ張ると、船尾が沈んで浸水する恐れがあります。また、バウにロープを結んで、アンカーが利いていた方向とは逆の方向に後進でボートを向けるわけですから、波に対して船尾を向けることになりますので、波の高いときには注意してください。

なお、バウにロープを結んだまま前進で抜こうとすると、アンカーを中心にしてボートが傾き、転覆する可能性があるので非常に危険です。

このようなことにならないためにも、90ページで紹介したリリースシステムを作っておくと便利でしょう。

さらに、砂地ではダンフォース型を、岩場ではバーフッカーをと、底質に応じてアンカーを使い分けるのもよいと思います。

アンカリングで注意すること

好ポイントにボートをアンカリングし、夢中になって釣りを楽しんでいると、思わぬ方向から近くを行きかうボートの曳き波を食らう、といったこともあります。よって、アンカリング時にも、常に周囲の状況に注意を払ってください。

また、港の入り口付近や航路上でのアンカリングは非常に危険なので絶対にやめましょう。

さらに、刺し網や定置網などの近くでアンカーを下ろすと、アンカー回収時にそれら網の固定用ワイヤーなどにアンカーを引っ掛けてしまうことがありますので注意しましょう。

アンカーが届かない場所では？

アンカーが届かない水深の場所でボートを留めておくためのアイテムとして、「シーアンカー」や「パラシュートアンカー」などがあります。これは水中でパラシュート状の抵抗体を開き、水の抵抗によってボートを止めるものです。

しかし、パラシュートは水に対して開いているだけなので、一定の位置にボートを止めておけるわけではなく、潮の流れにボートが乗るので、流し釣りのときに使うアイテムになります。

沖の深場などでボートを定位置に止めておくためには、やはりスパンカーが必要になります。最近では、スパンカーを装備して乗合船などと同じエリアで深場釣りを楽しんでいるカートッパーも非常に増えてきました。

しかし、スパンカーを装備しただけでは、ボートを定位置に止めておくことはなかなか難しいものです。

スパンカーを使って思いのままに好釣果を上げる方法については、次のページから詳しく解説していきましょう。

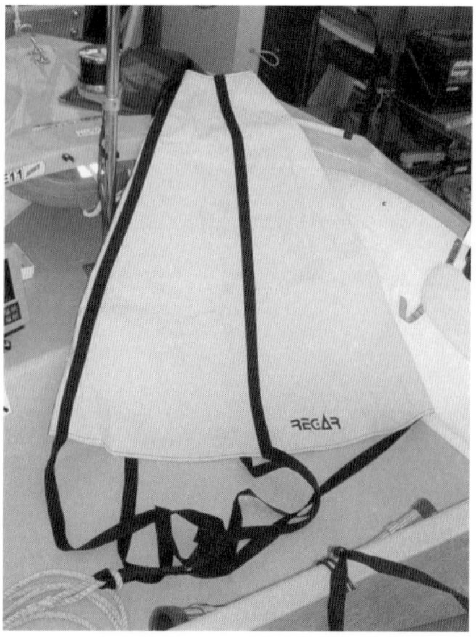

アンカーが届かないような水深が深い場所では、パラシュートアンカー（シーアンカー）を利用する。ただし、パラシュートアンカーは水中での抵抗となっているだけなので、風や潮流の影響を受けてボートは流される

流し釣りの最強アイテム スパンカー

スパンカーでフネが風に立つその原理

天気が良くて凪いでさえいれば、カートップボートでも沖の深場へ出て行き、岸近くで釣っているのとはまた違った魚が釣れるものです。

そんな深場で、アンカーを使わずにボートを一定の場所に留めておくために使用するものがスパンカーです。

しかし、ユーザーのなかには、意外とスパンカーの原理を知らない人がいたり、装備していても上手に使いこなせていない人がいるかと思いますので、まずはスパンカーの原理と、装備に適した船型の解説から始めてみましょう。

スパンカーとは、下のイラストのように船体後部に帆を張り、風を受けて船首を風上に向ける道具です。しかし、スパンカーを装備しただけでは船首は風上へは向きません。

イラストにあるように、帆で風を受け、船外機でボートに推進力をつけ、船底にあるキールが水流を受けるという、3つの条件を同時に満たすことではじめて、船首を風上へ向けた状態のまま、ポイントの上に留まっていられるのです。

さらに、ただ帆を張って推進力をつけただけでは、推進力が強すぎて進みすぎてしまったり、潮流で流されてしまったりするので、推進力を調整し、帆の張り方で潮流に合わせ、ボートの位置を保つようにする必要があるのです。

釣りものによっては、潮に合わせてボートを流して釣る流し釣りのほうが良い場合と、一定の位置にボートを固定して釣ったほうが良い場合とがありますので、帆の張り方を上手に調節してボートを操ると、より好釣果へ結びつくでしょう。

スパンカーが利く原理

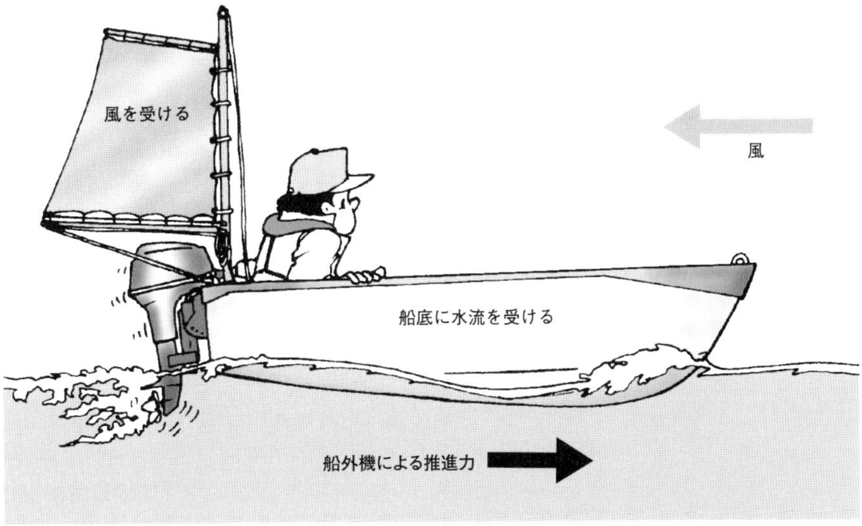

スパンカーは、帆が風を受け、船外機でボートにわずかな推進力を与え、キール部分に水流を受けるようにすることで、初めて船首が風上に向く。この3要素のうち、どれか1つが欠けても、期待通りの性能は発揮できない

スパンカーを装備するのに向いた船型

現在では各メーカーからいろいろなカートップボートが発売され、スパンカーもメーカーオプションとして用意されている場合も多くなりました。

しかし、ボートの船型によって、そのまま装備して使用できる場合と、ちょっとした艤装をしないとスパンカーが利かない場合とがあります。

まず、スパンカーが利きやすい船型とはどんなものか見てみましょう。

左下のイラストのように、キールが全体的に突出したタイプの船型のほうが、水流を受ける面積が広くなるので、スパンカーの利きも良くなります。

ボートの種類によっては、バウ側にバラストタンクを備え、スパンカー使用時にそこに水を溜めてバウの吃水を下げ、スパンカーの利きをよくする機能を施したものもあります。

また、比較的平底で、キールが突出していない船型の場合は、右下のイラストのように船首側から“オモテ差し舵”というラダー(舵板)のようなものを取り付けることにより、水流を受けて風にボートを立てられるようになります。

カートップボートでは、停船時の横方向の安定性を重視して設計することから、比較的、平底の船型を採用している場合が多いので、このようなオモテ差し舵を装備するケースが多くなるでしょう。これで、小さくても安定した本格使用の釣りボートの完成です。

この代用品として当店でもお勧めしている方法が、アンカーの利用です。船首先端からアンカーを2メートルくらい垂らすだけで、そのアンカーが水流を受けてラダーの代わりを果たし、スパンカーの利きがよくなってボートが風に立つのです。

【スパンカーが利きやすい船型】

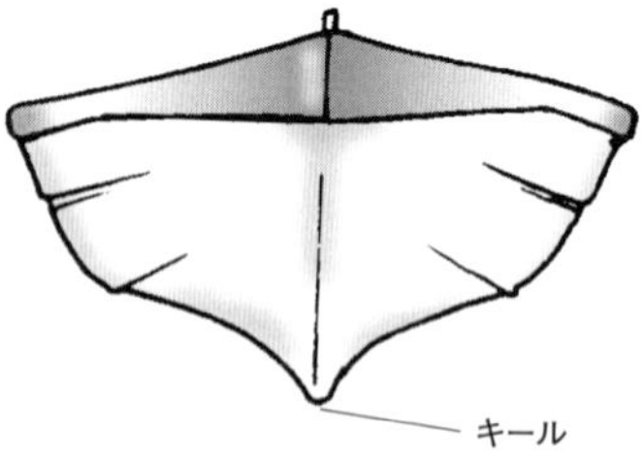

【オモテ差し舵の利用】

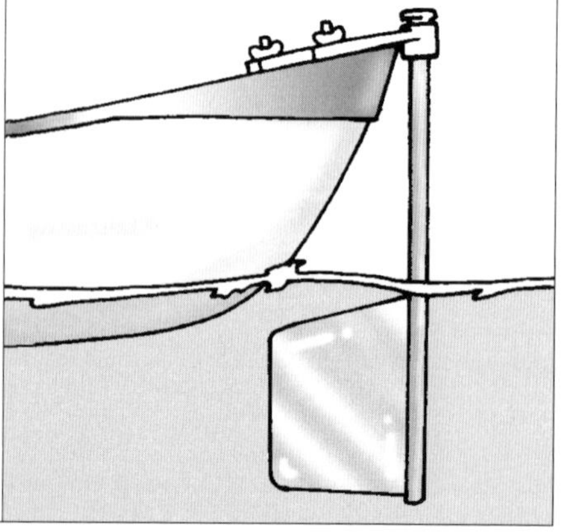

(上)艇体全体にキールが入っていて、水流を受けやすい船底形状のボートならば、スパンカーの効果が期待できる
(右)キールのない平底のボートでは、水流を受けるものとしてオモテ差し舵を取り付けると、スパンカーが利くようになる

船外機の出力と帆の開き具合がポイント

さて、ボートにスパンカーを立てただけでは、ボートは定位置に留まっていてくれません。風の強さや潮の流れによって、船外機の出力や2枚の帆の開き方を調節して、ボートをコントロールしなければならないのです。

まず、船外機による推進力でスパンカーが利き、ボートが定位置に留まっていられるわけですから、風の強さに応じて船外機の出力を調節します。

しかし、風の強さによっては、船外機をデッドスローにしただけでは出力が大きすぎて、ボートが前進してしまうことがあります。微風のときにボートを定位置に留めておくには、船外機の出力をデッドスローよりさらに低速にしなければなりません。そのために装備しておくべきものが、減速プレート（トローリングプレート）です。

また、風以外に潮流の向きも考える必要があります。潮流に逆らうようにしてボートを定位置に留める、あるいは潮流に乗せてボートを流すには、下のイラストのように左右の帆の開き方を変えて、ボートの動き方をコントロールする必要があります。

これらの調整がうまくできるようにならなければ良い釣果は望めないので、いろいろと試してみて、自艇の動きを把握しておきましょう。

帆の開き方で艇の動きをコントロールする

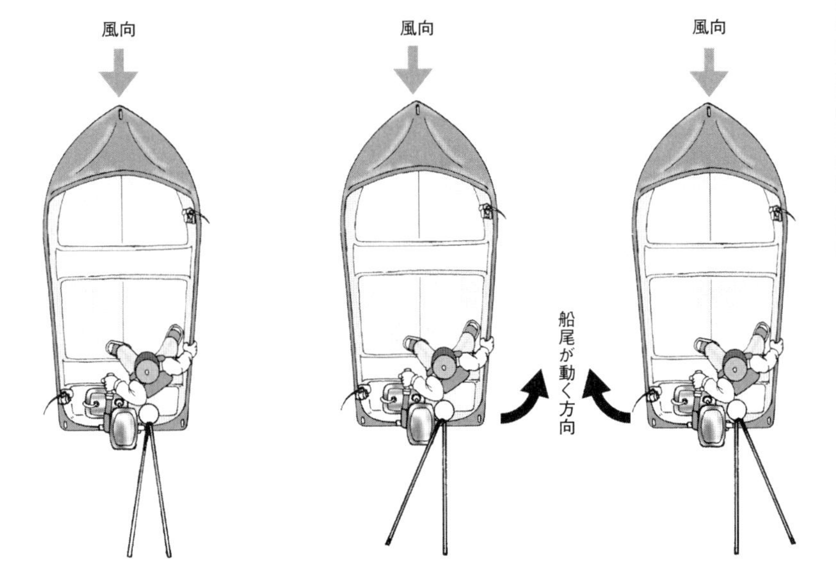

風だけがあって潮流がない場合は、両側の帆を同じ角度に開けば、ボートを定位置に留めることができる

左右の帆の開き具合を変えることによって、船尾を振るような力を発生させることができる。この力を利用して、潮の動きに逆らいながら艇の位置を一定に保ったり、潮流に合わせて流すことも可能だ

減速プレートの活用

スパンカーを装備すると……

（上）スパンカーを付けることによって、沖での深場釣りも可能となる。岸近くで釣れるのとは異なる魚がゲットできるのがうれしい

（左）微風時にスパンカーを使用する際、船外機の出力をデッドスローにしてもボートが進んでしまうようなときは、写真のような減速プレート（トローリングプレート）を利用し、推進力を減衰させる。走航時にはプレートを跳ね上げた状態にする

スパンカーの構造を知ろう

冒頭でも触れたとおり、最近ではボートメーカーがオプションとして販売しているいくつかのスパンカーがあり、これらを利用している方が多いかと思います。

一方、ホームセンターなどで材料を調達して、自分でオリジナルのスパンカーを作って装備するのも、カートッパーならではの楽しみの1つではないでしょうか。

スパンカーの自作は、それほど難しいものではありませんので、自作好きの方はぜひともチャレンジしてみてください。

そこでまずは、スパンカー全体のシステムを図1と図2で確認してみましょう。

図1のように、スパンカーは1本のマストに2枚の帆が組み合わさって出来ています。そしてその2枚の帆を操作するためにいくつかの操作ロープがあります。

次に図2を見てください。これは、スパンカーを上から見た場合の略図です。ロープAは風の強さに応じて帆の開き具合を調節するもの、ロープBは風に対する帆の角度を変えて、ボートの流れ方をコントロールするためのものです。

なお、図1のロープCは、帆を揚降するための操作用ロープです。カートップボートクラスの小さなボートの場合、スパンカーを張ったまま走航しているときに横から突風を受けると非常に危険ですので、移動時は少々面倒でも帆は降ろしたほうがよいでしょう。

【図1】 スパンカーの全体図

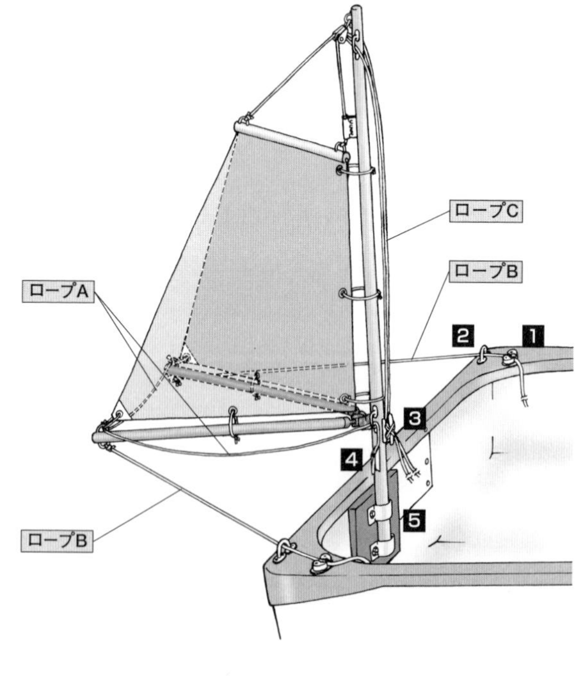

スパンカーのパーツと取り付け

前述したように、スパンカーでうまくボートをコントロールするには、数本のロープを操作しなければなりません。そのため、ロープを固定するためのアイテムは簡単に操作できるものにしておくとよいでしょう。各部の詳細やパーツ類に関しては、次ページの写真を参照してください。

次に、ボートへのスパンカーの取り付け方法について見てみましょう。

本来スパンカーは、遊漁船や漁船などを見てもわかるとおり、船尾中央に取り付けます。しかし、カートップクラスの小さなボートの場合、取り付けスペースが非常に狭く、取り付け場所が限られてしまいま

【図2】 スパンカーと操作用ロープを上から見たところ

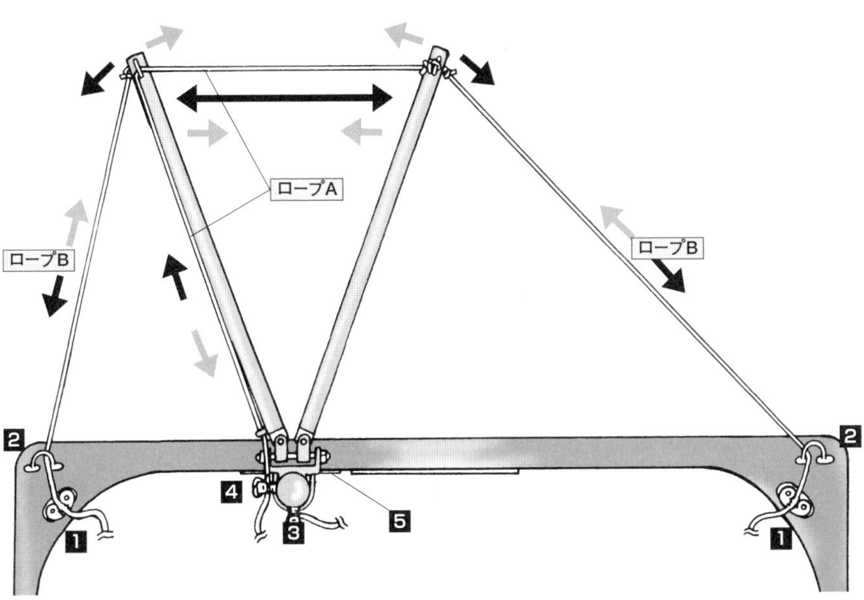

ロープAは2枚の帆の開き具合を調整し、風に対する抵抗量を決める。ロープBは風に対する帆の角度を変えて、船尾の振れ具合を変える

スパンカーの各部のパーツ

カムクリート

普通のクリートでもよいが、ワンタッチで簡単にロープが固定できるカムクリートが理想的

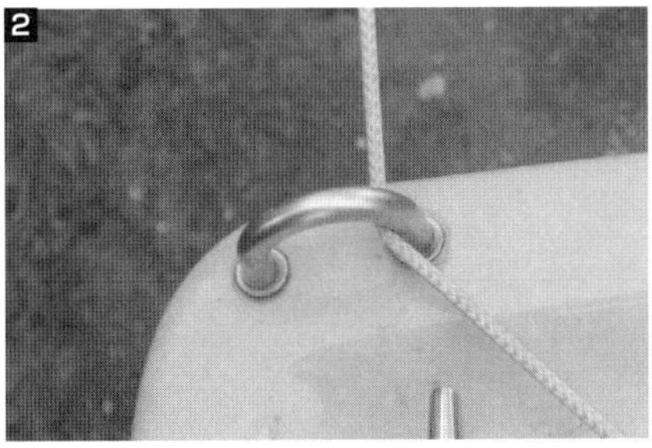

アイプレートもしくはUボルト

船体の最後部に取り付ける。できるだけ間隔を広くとって取り付けたほうが帆をコントロールしやすい

クリート

帆を揚降するロープは長くなるので、この部分には余ったロープを巻きつけておける一般のクリートを使用

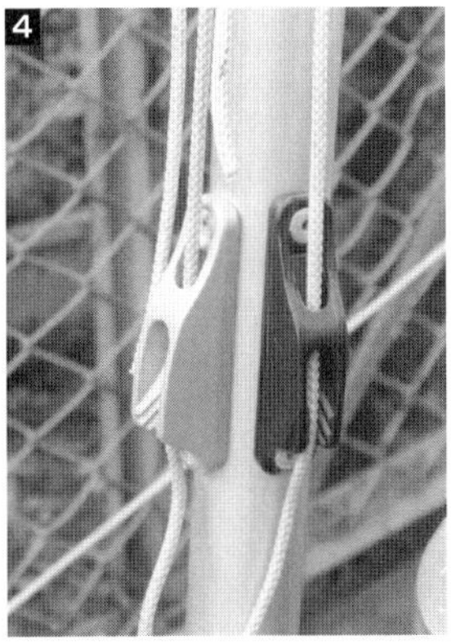

クラムクリート

マストに取り付けるクリートは、ロープを引っ張るだけで挟み込めるクラムクリートだと、取り付けも操作もしやすい

マストホルダー取り付け部

トランサムボードが垂直でない場合、くさび形のスペーサーを入れてマストホルダーを取り付ける。取り付け時の止水(シーリング)にも注意

す。また、スパンカーを中央寄りに付けようとした場合、船外機をオフセット（中央から左右どちらかにずらす）して取り付けなければならないのですが、やはりこれもスペースの問題が出てくるところです。

よって、船外機を中央に取り付けた状態で、スパンカーを左右どちらかにずらして取り付けるのが一般的で、船外機のハンドルは本体の左舷側についているため、スパンカーの取り付け位置はその反対側（右舷側）ということになります。

なお、船外機のハンドルを一杯に切ったときに、船外機がスパンカーのマストに当たらない位置になるよう注意してください。スパンカーは、マストが中心に立っていなくても十分利くので心配無用です。

スパンカーは長いマストに帆を張るわけですから、マストと艇体の接合部（マストホルダー）には結構負担がかかります。そこで、マストホルダー取り付け部には、しっかりと裏板や補強を入れるようにしてください。

また、多くのボートではトランサムに少々角度がついているので、そのままスパンカーを取り付けるとマストがやや倒れた状態になります。スパンカーは水面に対して垂直に取り付けるのが理想なので、前ページの写真⑤のように、くさび形のスペーサーを挟んで取り付けるとよいでしょう。その際、取り付けボルトがボートの吃水ラインよりも下になる場合は、コーキング剤などでボルト貫通部や取り付けたベース周りをしっかりと止水（水漏れ防止）処理してください。

減速プレートで推進力を調節

スパンカーを張って風を受けただけでは、ボートは風に立ちません。前述のとおり、ボートに推進力を与えてキールで水流を受けることによって初めてボートが風に立つのです。

その際、エンジンを回してギアを前進に入れて推進力をつけるのですが、風の強さによってはデッドスローでも推進力がつきすぎて、ボートがどんどん前に進んでしまうことがあります。こんなふうに、デッドスローよりも弱い推進力を出さなければならないときに使用するのが「減速プレート」です。

これは、プロペラの後ろにプレートを下ろし、プロペラからの水流をプレートで受けることで出力を減衰させるというものです。

ただし、この減速プレートは通常の走航時には必要ないので、スパンカーを使用しないときには跳ね上げて、出力の妨げにならないようにする必要があります。

この跳ね上げのための操作ロープの取り付け方は、次ページの写真を参考にしてください。減速プレートに取り付けたアーム上端と減速プレート下端にロープを結び、船外機のトップカウル後部へ中継点となるアイプレートなどを取り付け、その中にロープを通してリコイルハンドルの上あたりに取り付けたクラムクリートで固定すればOKです。

減速プレートのアーム上端に接続したロープを引けばプレートが下がり、反対に、減速プレート下端に接続したロープを引けばプレートが上がるという簡単な構造です。風の強さに合わせ、このロープでプレートの下げ角度を調節して出力を調整し、ボートポジションをコントロールします。

この減速プレートも、スパンカー同様、標準オプションとして用意されている場合がありますが、ホームセンターなどで材料を調達すれば、比較的簡単に作れるアイテムです。

作り方は、ステンレス製のヒンジ（蝶番）を船外機のアンチキャビテーションプレートへ取り付け、このヒンジへアルミのプレートを取り付けます。そしてアルミプレート

減速プレートを上げ下げする工夫

プレート上部に取り付けたアーム先端と、プレート下端にそれぞれロープをつけ、手元までリードすることで、減速プレートの上げ下げが容易になる

トップカウル上の減速プレートの操作用ロープ

トップカウルにクラムクリートを設け、減速プレートを上げ下げするためのロープを取り回すと操作しやすい

へ操作用のアームを取り付け、アーム上端とプレート下端にロープを接続するための穴を開け、操作ロープを接続して前述のようにロープを取り回せば完了です。

この減速プレートを付けることによって超微速が出せるようになり、ボートコントロールがしやすくなります。また、このプレートを跳ね上げた状態で走行すると、このプレートがスタビライザーの役割を果たし、船尾の揚力が増して船首が下がり、滑走状態に入りやすくなるという副次的効果も得られます。

また、少々取り扱いが面倒にはなりますが、減速プレートの代用として、船尾からシーアンカーを流して推進力を制御する方法もあります。このときは船尾からロープを流し出すので、ロープがプロペラに絡まないように十分注意してください。

スパンカーと減速プレートをうまく操作し、ボートの動き方を把握してうまくコントロールできるようになると、ポイントの上にピタリとボートを止めておいたり、ボートを風に立てながらゆっくりと流して探ったり、また、根の上をゆっくりと通過したりと、思いのままに仕掛けを下ろすことができるようになります。アンカーを打つのが面倒くさいという方には、もってこいのアイテムかもしれませんね。

ファクトリーゼロの「ミニトローラー」

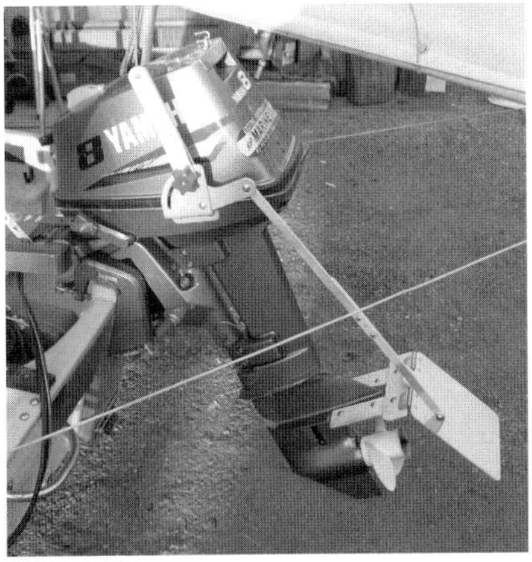

5〜15馬力の船外機に取り付け可能な、ファクトリーゼロ（TEL：046-238-9411）のミニトローラー。カウル脇に操作レバーがあり、プレートの上げ下ろしが簡単にできる。一部メーカーの船外機には取り付けできない場合があるので、詳細は要問い合わせ

カートップボートで楽しむ曳き釣りトローリング

曳き釣りトローリングの魅力

曳き釣りトローリングでの釣果の一例。カートップボートの機動性を活かし、こんな大物を釣り上げることも可能だ

おそらく、本書を読んでいるカートッパーのみなさんのなかで、日ごろ、曳き釣りトローリングをメインに釣行している方はごく少数なのではないでしょうか。

それどころか、「こんな小さなボートでトローリングなんてできるの？」と思われる方も多いことでしょう。

しかし実際は、淡水域を含めた全国各地で、カートップボートでの曳き釣りトローリングを楽しんでいる方々がいるのです。

“トローリング”というと、みなさんは大きなボートで外洋へ行き、カジキやカツオ、マグロ類を釣るスタイルを想像される方が多いと思います。

一方、小型漁船が行う“曳き釣り”は、トローリングと同様、走航中に後方に仕掛けを曳くというスタイルですが、そのエリアはカートップボートの航行範囲となる沿岸の海域がほとんどです。

つまり、“曳き釣りトローリング”とは、曳き釣りとトローリングの、それぞれの特長を組み合わせたものなのです。

遠く沖の外洋に出ていけなくても、沿岸の根周りを中心に、ブリ、ワラサ、イナダ、ヒラマサやカンパチをはじめ、サワラやヒラメ、スズキ、シイラ、カツオなどなど、たくさんのターゲットがいます。

カートップボートだって立派なエンジン付きのモーターボートですから、“曳き釣りトローリング”をすれば、いろいろな魚を、それこそ大きなフィッシングボートに負けないくらいの大物を釣ることだってできるのです。もちろん、湖やダム湖などでは、サクラマスやニジマスなどをねらって釣ることもできます。

私たち自身、青ものの回遊するシーズンは、当店で販売しているマリーン・イレブンで曳き釣りトローリングを行い、いろいろな魚を釣っています。

ここでは、私たちがマリーン・イレブンで実際に行っている曳き釣りトローリングのノウハウや注意事項をご紹介します。これからカートップボートで曳き釣りトローリングを始めようと思った方々に参考にしていただき、安全に楽しくできる曳き釣りトローリングの世界に足を踏み入れていただければ幸いです。

曳き釣りトローリングの独特なテク

基本的に、エンジンを積んだボートであれば、大きさに関係なく、どんなボートでも曳き釣りトローリングはできます。スピニングロッドでメタルジグやルアーを直接素曳きした状態でボートを走らせ、表層付近の魚をねらうといった、簡単な曳き方のライトトローリングなら、非常に簡単で、初心者でもできる手軽さです。

ねらう海域も、沿岸の浅場の根周りを中心とすれば、カートップクラスのボートでも十分可能な釣り方といえます。

ところが、当店で販売している“カトー式曳き釣り具”など、おもに大型のボートで使用する本格的な曳き釣りトローリング用の仕掛けをカートップボートで使うには、ボートの種類に多少の制限がでてきますし、大きなボートで行う場合とは違った、カートップボートならではのテクニックや注意すべき点もあります。

さらに、数本の仕掛けを同時に曳く場合や、グミ曳きなどの漁師スタイルになると、いくつかの条件や注意点、艤装、テクニックなどが必要となるので、カートップボートでの釣りとしては、どちらかというと上級者向けといえるでしょう。

しかし、これらの問題さえクリアすれば、同じ海域で同じ道具を使うわけですから、ボートの大きさが違っても釣れる魚が同じなのは当然で、プロの漁船や大きなボートで釣っているような高級魚を釣り上げることも可能なのです。

その上、カートップボートならではのメリットを十分に発揮させれば、はるか遠くの外洋に出ることはできなくても、大型のボートでは入れないような障害物の多い海域や浅瀬に入れる分、とても有利になりますし、十分に釣果も期待できるのです。

底釣りだけでなく、小物釣りだけでもなく、ぜひ曳き釣りトローリングにチャレンジしてみてください。

本格的な曳き釣りトローリングを行うには、ロッドホルダーを改良／増設したり、アウトリガーなどの追加艤装を施す必要も出てくるが、比較的ライトなタックルでも可能なので、費用はそれほどかからない

曳き釣りトローリングに適した船型

本書ではここまで、いろいろな釣り方や使い方によって、もっとも適した船型は異なることを解説してきました。それは、この曳き釣りトローリングを行うにあたっても同様です。

では、曳き釣りトローリングに適した船型とはどんな船型でしょうか。

曳き釣りトローリングでは、仕掛けを流し出すのも、魚とのファイト（やり取り）や取り込みをするのも、基本的にすべてボートを走らせながら行うので、常に周りを行き交う船の曳き波や風波に対して、安定した走航姿勢を確保しなければなりません。

よって、曳き釣りトローリングを行うボートには、走航時の安定性と波切りの良さが最重要視されます。大きなボートであればさほど気にすることはないかもしれませんが、カートップクラスの小型艇の場合、走航時の波切りが悪くてバタンバタンと腹を叩いてしまうボートや、フラフラと横揺れする安定性が悪いボートは、作業のときに落水や転覆の恐れがあるのでとても危険です。

このような言い方をすると、「限られたボートにしかできないじゃないか！」と思われるかもしれませんが、ボートの船型によって、できる釣り方とできない釣り方があるのは当然の話なのです。

例えばインフレータブルボートの場合、安定性は非常に良いのですが、波切りという面において弱いところがあります。よって、湖などでねらうマス類のライトトローリングには非常に向いていると思いますが、海の場合、ベタ凪であればできても、少し波が出ると安心してできないということもあるでしょう。

使う仕掛けもメタルジグやスプーンなど、ハリの小さなルアーを曳く程度なら問題なくても、タコベイトや弓角などの、ハリが大きく鋭いルアーを使う場合は、取り込みのときなどに艇体を構成する気室にハリが刺さってエアが抜けてしまうという恐れがあるので、その点でも若干の不安要素があります。

折りたたみ式のボートも、同様に走行時の安定性や波に対しての弱さから不安なところがあるでしょう。

また、曳き釣りトローリングも本格的になってくると、トローリングロッドを立てるための強いロッドホルダーが欲しくなったり、たくさんの仕掛けを同時に曳くためにアウトリガーという張り出し用のサオを取り付けたりと、専用の艤装がいくつか必要になってきます。この艤装の面でも、先に説明したインフレータブルボートや折りたたみ式ボートの場合、しっかりと取り付けができないので制約が出てくるところだと思います。

なお、艤装といっても、外洋に出て行うトローリングと違い、比較的ライトなタックルで楽しめるものですので、さほど費用はかかりません。特に、当店で販売しているカトー式曳き釣り具などでは、ハンドライン（手曳き用の太いライン）を使って曳く仕掛けが多いため、高価なロッドやリールをいくつも買い揃える必要もないのです。

曳き釣りトローリングを行うボートには、波切りの良さと安定性が求められる。写真のマリーン・イレブンの場合、船首のV角度で波切り性能を、フラットな船尾で安定性を確保している

曳き釣りトローリングの魅力と注意点

最近では、トローリング用品が並ぶ釣具店も多くなりました。ビッグゲームフィッシングで使うトローリング用のルアーから、漁師さんが使うような弓角やタコベイトなどの漁具、ヒコーキをはじめとした集魚器などなど、みなさんも釣具店の店頭でこれらを目にする機会があると思います。

そんななかでも、カートップボートで扱えるトローリング用品がいくつかあるのです。

曳き釣りトローリングでは、回遊魚であるヒラマサ、ブリ、ワラサ、イナダ、ワカシ、カンパチ、シイラ、サワラ、マグロ類、カツオ類などの青もののほか、スズキ、ヒラメなどのフィッシュイーターといわれる魚食魚であれば基本的にどんな魚でも釣ることができます。

この曳き釣りトローリングの最大の利点は、ボートを留めて1カ所で仕掛けを下ろして釣る底釣りよりも、走りながら仕掛けを曳くので格段に広い範囲をくまなく探ることができるうえ、比較的大型の魚を釣ることができる点です。

また、エサの付け替えもなく、一度仕掛けを流し始めてしまえば、あとはボートを走らせて景色を見ながらのんびりとクルージングを楽しむこともできますし、常に走行しているので船酔いに弱い人でも安心して釣りができるでしょう。

ただし、大きなボートで行う曳き釣りトローリングと違い、カートップボートでは艇体が小さいゆえに、安全には特に注意してボートを走らせる必要があります。周囲のボートの針路、定置網を含めた網のボンデン（ブイ）などの障害物、また、中層を曳く釣り方の場合では水深にも注意しなければなりません。

なお、曳き釣りトローリングは、地域や海域によって禁止されている場合があるので、この点に関しても十分注意してください。

水深やスタイルで仕掛けは変わる

では、具体的に曳き釣りトローリングはどのような方法があるのかを大まかに紹介していきましょう。

まず、曳き釣りトローリングは、ねらう水深やスタイル別にいくつかのパターンに分けられます。

大きく分類すると、

○水面の表層を曳く「表層曳き」
○水面下を曳く「中層曳き」
○水深の深いレンジを曳く「深層曳き」

に分けられます。

深層曳きに関しては、使用する装備や仕掛けが大がかりになるので、カートップボートクラスではできません。よって、ここでは説明を省略します。

表層曳きでは、ロッドから直接タコベイトやメタルジグなどをそのまま曳く「素曳き」スタイルや、ヒコーキを使用して曳く「ヒコーキ曳き」があります。これらはカートップボートでも簡単にできますし、ヒコーキをよほど大きくしない限りライトタックルで楽しめます。

ここでいうヒコーキとは「集魚ヒコーキ」のことで、曳くことによって翼の部分から上がる水しぶきを、イワシなどの小魚が逃げ回る様子に見せかけて、ねらっている魚の興味を引く道具です。

そのほかにも、ルアーにアクションをつける「センコーオモリ曳き」や「バクダン曳き」などもこの表層曳きに含まれる曳き方になります。

表層曳きでも、「表層ヒコーキ3連曳き」などのスタイルになると、ロッドへの負荷も大きくなるのでトローリング用のタックルが必要になってきます。

中層曳きでは、「センコー板曳き」や「グミ曳き」「ヒコーキグミ曳き」などがあり、水面下約10メートル付近までの中層を曳くスタイルで、どちらかというと漁師スタイルに近い曳き方になります。

湖などでは、“コアライン”（ラインの中に細いナマリが組み込まれているライン）を使用して中層を曳く曳き方でマス類のトローリングが楽しめます。

使用するタックルは、ロッド曳きの場合、ある程度の負荷がかかるのでトローリング用のタックルが必要になってきますが、センコー板曳きやグミ曳きを含め、“カツオコード”というハンドラインを使用する曳き方の場合、艇体から直曳きするのでロッドなどを使用しません。

ただし、サオの代わりにクッションゴムを使用して曳くので、クッションゴム接続用のアイストラップやアイプレートを船体に取り付ける必要があります。

仕掛けの先につけるルアーは、タコベイトをはじめ、弓角やメタルジグ、プラグ、スプーン、ラバーベイトなど、曳き方や魚種、または時期によっていろいろと使い分けするとよいでしょう。

曳き釣りトローリングで使用する仕掛け類

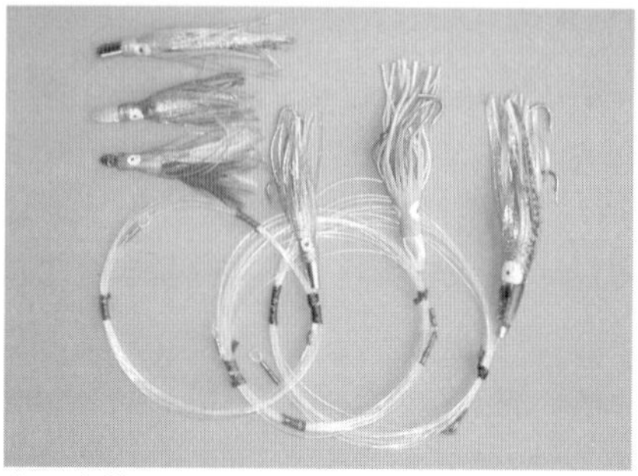

タコベイト
おもに表層曳きで使用するラバーベイト

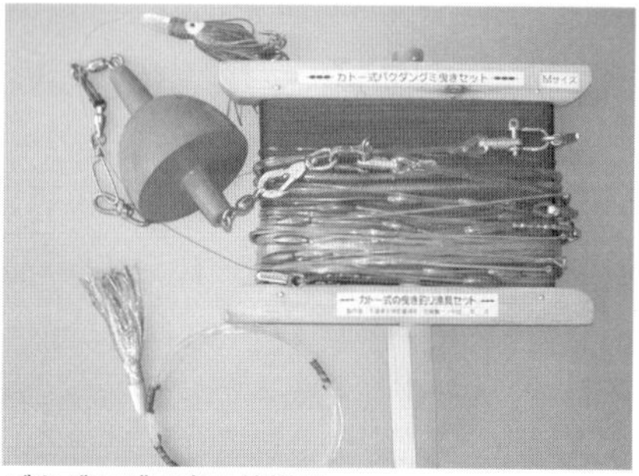

バクダングミ曳き仕掛け
バクダン（集魚器）を使う場合は、強いアウトリガーが必要

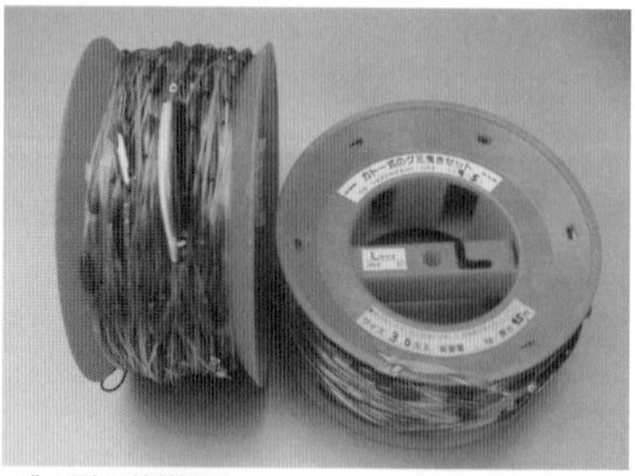

グミ引き仕掛け
ラインに一定間隔でオモリを取り付け、中層曳きに使用する

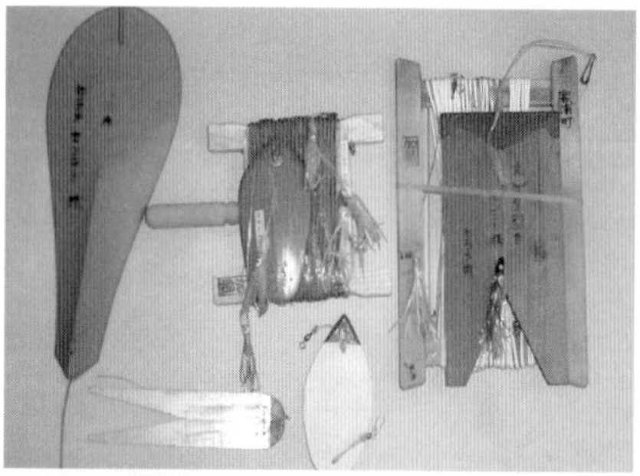

センコー板各種
中層曳きで仕掛けを水面下に潜らせるためのもの。抵抗が大きいので、カートップボートには向かない

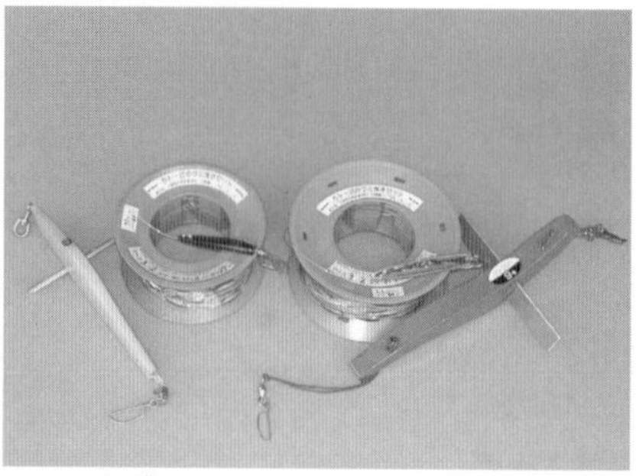

ヒコーキグミ
グミ曳き仕掛けにヒコーキを組み合わせたもの

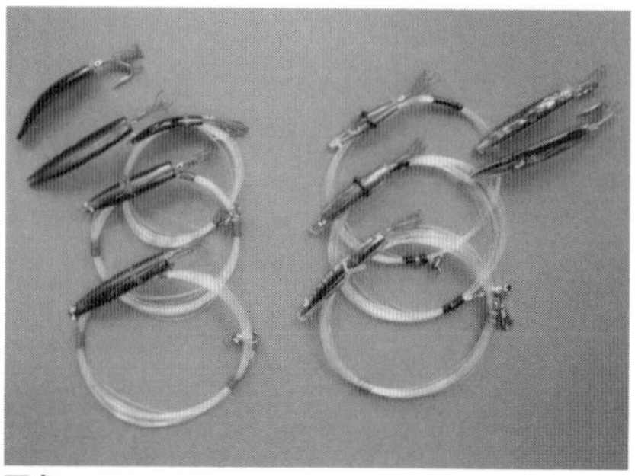

弓角
中層曳きで使用する和製ルアー

表層曳きと中層曳きの使い分け

曳き釣りトローリングは、大きく分類するとルアーフィッシングの一種になるので、エサ釣りと違い、ポイントに仕掛けを下ろすだけでいいというものではありません。

もちろん、エサ釣りの場合でも同じことがいえますが、対象魚の回遊している時期や水温、地形やベイトフィッシュの有無、水深などをよく観察して、その場の状況に応じた仕掛けを選ぶ必要があります。

例えば早朝や夕方のマヅメどき、あるいはトリヤマが立っているときなどは、魚が表層付近に上がって活発にエサを追っているので、表層曳きの仕掛けを使い、日が昇ってからの日中や、エサとなるイワシやアジなどの小魚が中層を回遊しているときなどは、グミ曳きなどで中層を曳くほうが効率よく釣ることができます。

仕掛けで変わるトローリングスピードの目安

トローリング時のスピード（艇速）は、使用する仕掛けやルアーによって変わってきますが、ここでは当店で販売しているカトー式曳き釣り具を基準に解説します。

トローリングスピードは、センコー板の有無で大きく2つに分けられます。

センコー板を使わない表層曳きでタコベイトを使用する場合は比較的速めの7～9ノット、同じく中層曳きで弓角を使用する場合は比較的遅めの5～6ノットとなります。

一方、センコー板曳きの場合は、もっと遅い2～3ノットで曳きます。使用する種類にもよりますが、センコー板は速く曳いてしまうと板が反転して浮き上がってしまうので、速度を遅くする必要があるのです。

なお、カトー式グミ曳きセットでは、速度による浮き沈みを応用し、船速を早くすると仕掛けが浮き上がり、船速を落とすと仕掛けが深く潜るという特徴があり、海底の地形や魚のいる層に合わせて仕掛けを流すことができます。

曳き釣りトローリングでの取り込みシーン。こうした際にも、安全に対する周囲への気配りは欠かせない

曳き釣りトローリングで釣れたイナダ。小さなカートップボートは、そのサイズを上回る、釣りにおける可能性を秘めている

ケン・マリーン・ボートの曳き釣りノウハウ満載

『海のボートフィッシング——曳き釣りトローリングのすべて』

曳き釣りトローリングについては、もっともっと詳しく解説したいところですが、この釣りは1冊の本ができるくらい奥が深く、紹介しきれないノウハウが多いので、ここでは軽くさわりだけをご紹介しました。

もっと詳しく知りたい、カートップボートで曳き釣りトローリングを楽しみたいと思う方は、曳き釣りトローリング暦30年になる当店の創業者・加藤賢一が、あらゆるノウハウを詰め込んで書き下ろした『曳き釣りトローリングのすべて』をご覧ください。

そのなかには、私たちの経験に基づき、カートップボートで楽しむ曳き釣りトローリングのノウハウや注意事項、艤装に関することをまとめた「カートップボートでの曳き釣りトローリング」という章もありますので、あわせてご覧いただければと思います。

大人の夢シリーズ①
『海のボートフィッシング——曳き釣りトローリングのすべて』
本体1,890円（税別）
（問）カンゼン　TEL：03-3513-5452

カートップボーティングのマル秘テクニック

ユーザーの実践から生まれる使えるアイテム

当店ではカートップボートを販売しておよそ30年になります。販売してきたボートの隻数もかなりの数になりました。それにともない、ユーザーの方々にいろいろなアイテムを紹介したり、艤装の工夫などをアドバイスしています。

しかし、ボートは乗り手のスタイルによって艤装が異なるうえ、それを実現するための多種多様なアイテムが存在します。当然それらは、すべて私たちだけで考えたものではありません。

当店には、釣行の帰りに立ち寄っていただくユーザーの方がたくさんいらっしゃるのですが、そのとき、釣果報告と一緒にいろいろなアイテムや艤装アイデアを拝見する機会があります。こうしてたくさんの方に立ち寄っていただいているからこそ、新しくカートップボーティングを始めた方に、その人が求めているアイテムや、便利なアイデアを提供することができるのです。

また、私たちもユーザーの方々同様、マリーン・イレブンで実際に海に出て、ユーザーと同じ立場でボートに乗って釣りをして、新しいアイデアの開発に励んでいます。

そこでここからは、ユーザーの方からいただいたり、自らの体験で得たりしたアイデアのなかから、ちょっとした工夫でカートップボーティングが今よりもさらに楽しく快適になるような、“マル秘テクニック”を公開していきます。

ロープ1本で楽になる車載方法

これからカートップボートの購入を考えている方も、すでにカートップボーティングを楽しんでいる方でも、一番気になるのは「車載方法」ではないでしょうか？ 当店に足を運ばれるユーザーの多くが、「積み込みが一番の大仕事だ」と言っているとおり、車載方法のいかんによってカートップボーティングにおける労力が大きく違ってくるので、関心が高いのも当然。クルマの形状やキャリアの取り付け方、ボートの大きさや形状、材質によって、積み込み方もその大変さも異なりますが、いずれにせよ、クルマの上にボートを載せる作業は労力を要します。

当店のマリーン・イレブンをはじめ、最近では11フィートクラスの一体型ボートでも、軽くて丈夫なフネが増えてきました。そうはいっても、50キロからある艇体をワンボックスカーのルーフに積み込むとなれば、それなりに力が必要です。ちょっと重いボートだと60キロを超えるものまであり、そのような場合、1人での積み込みはかなり無理があるでしょう。

現在は、積み込みが楽になるキャリアやアイテムがいくつかのメーカーから発売されています。当店でも取り扱っているファクトリーゼロ製の「オーバースライダー」など、非常に楽にカートップできるアイテムもありますが、予算的にちょっと……、という方も多いようです。

そこで、重めのボートでもかなり楽に、軽いボートであれば今までよりもさらに軽く積み込める、ワンボックスカー用のアイデアを紹介します。

用意するものは、トランサムに取り付けるUボルトかアイプレートとロープだけ。当店のマリーン・イレブンであれば、トランサムにUボルトが標準で付いているので、ロープだけ用意すればOKです。ロープはできるだけ伸びないものを2本用意してください。そして、クルマにボートを立てかけた状態で、後部キャリアバーから艇のトランサムまでの長さに合わせ、両端に輪を作っておきます。作業を簡単にするため、艇体に接続する側のロープエンドにナスカンを付けておくとよいでしょう。

積み込み手順は以下のとおりです。

①クルマの後部とトランサムが向き合う状態にボートを置き、後部キャリアバーとトランサムの金具を用意したロープで連結。その後、ボートを起こしてクルマへ立てかける。

②立てかけた状態のとき、ロープにたるみがなく、ピンと張っていることを確認。こうなっていれば、艇体はキャリアからの

ロープを使った車載時のマル秘テクニック

[図1]

積み込みに使うロープのエンドにナスカンを付けておくと、Uボルトなどの金具につなぎやすい

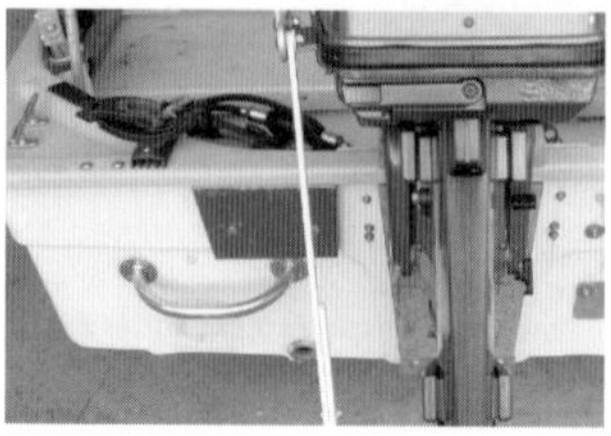

ボートを持ち上げ、水平に押し込む場合には、写真のような持ち手を付けておくとさらにラクになる

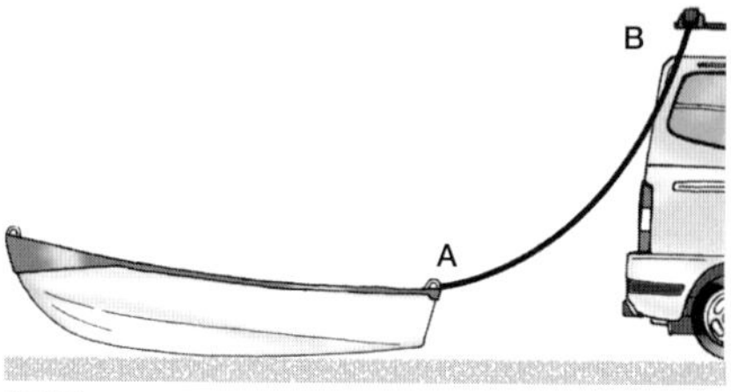

[図2]

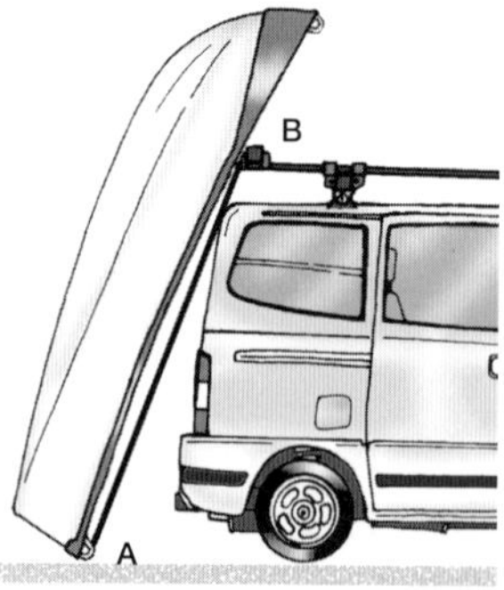

[図3]

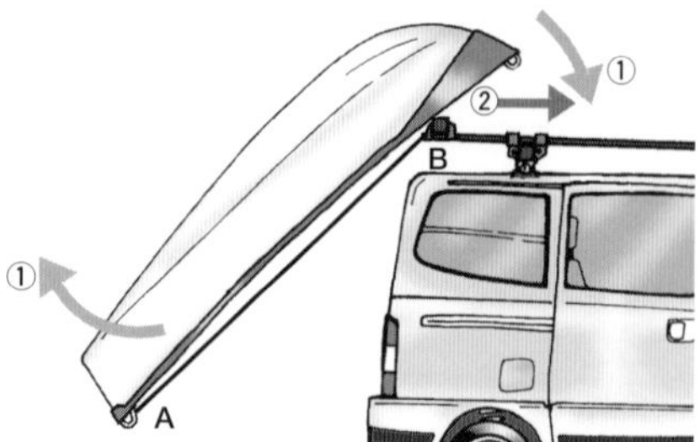

[図4]

ワンボックスカーなど、ルーフが高いクルマにボートを立てかけると、垂直に近い状態となる。そのため、持ち上げようとするとボートの全重量が腕にかかってくる(図1)。そこで、ボートのトランサムとクルマの後部が向かい合うように置いて、トランサムの金具(A)とキャリアバー後部(B)をロープでつなぎ(図2)、その後、ボートをクルマに立てかける(図3)。この状態から、図4の①の方向へ引くように持ち上げると、ボートの荷重をロープが支えるので、ラクに積み込み可能。水平に近くなったところで②の方向へ押し込む(図4)

ロープでしっかりと位置が決められて支えられているので、持ち上げたときに、これ以上落ちてくることはない。

③艇体をキャリアに載せるときは、持ち上げようとするのではなく、トランサムを手前に引くようにする。ボートの支点がしっかり固定されているので、片手でも簡単に上がる。トランサム部分に持ち手をつけておくと、よりラクに持ち上げられる。

④ある程度持ち上げて押し込みやすい高さになったら、ボートを前へ押し込んでいく。

このようなロープの使い方は、ボートをルーフから下ろすときにも有効で、艇体を引き出してきてもロープの長さ以上に落ちてこないので安心なうえ、力もさほど使いません。

ただしこの方法は、ワンボックスカーなど、ルーフが高くてボートを立てかけたときにボートが垂直に近い状態になる場合にもっとも有効な方法なので、ステーションワゴンなどルーフの低いクルマで、ボートを立てかけた際にボートが寝た状態となる場合には、大きな効果は見られません。

砂浜での移動を楽にする安価な枕木

次に、砂浜でボートを引き上げて、クルマを止めたところまで移動させるときのアイデアを紹介します。

カートップボーティングでは、文字どおりクルマにボートを積んで、釣り場の近くの砂浜などから簡単にボートが出せるというメリットがあります。

しかし、漁港やマリーナのスロープを利用するなら、波打ち際までクルマで入ってボートを下ろせるのでキャリーやドーリーなどは使わなくてもよいのですが、砂浜でボートを下ろす場合は、波打ち際までクルマを入れられるところは非常に少なく、波打ち際から離れたところにクルマを止めて、そこからボートを波打ち際まで運ぶケースが多いのです。

砂浜での運搬方法には、キャリーやドーリーを使用するのがもっとも主流ですが、なかには、そのままボートを引きずって船底をすり減らしている方もいるようですね。

また、ドーリー類を装備していても、砂浜がフカフカでタイヤが砂に埋まってうまく転がせないようなケースや、波打ち際からクルマまでの浜の斜面が急で引き上げるのが困難というケースもあるでしょう。

このような砂浜でのボートの移動を簡単にする、ちょっとしたアイデアがあるのです。

漁港などで目にする、漁船の船引き場のスロープに打ち付けられた枕木（修羅）を思い浮かべてください。漁船を陸揚げするときは、この枕木の上を滑らせて船を引き上げているのです。これを砂浜でも応用すればよいのです。

用意するものは、ホームセンターで売っている塩ビパイプです。直径100～120ミリの太めのものを、艇体の幅に合わせて2～3本用意してください。この塩ビパイプを真ん中から2つに割って、枕木として利用します。

波打ち際に着艇したら、ボートを少し浜に引き上げておいて、進路上に枕木を並べて敷きます。敷いた分だけボートを引き上げて、通り過ぎた枕木をまたボートの進路上へ移動する。これの繰り返しでどんどんボートを引き上げていきましょう。

塩ビパイプは滑りがよいので簡単に引くことができ、ドーリー類がなくても船底を傷めることなく、一人でもボートを移動させられるわけです。ドーリーを買うよりもかなり安く済みますしね。ただ、これで長い距離を移動すると、さすがにちょっと疲れますが……。

なお、この枕木は、艇内に収まる長さにして、パイプ径を120ミリと100ミリの異なる太さにしておけば、重ねて束ねておけるので、出航時にいちいちクルマまで運んで行く必要がないので便利です。

塩ビパイプを使った砂浜移動時のマル秘テクニック

[図5]

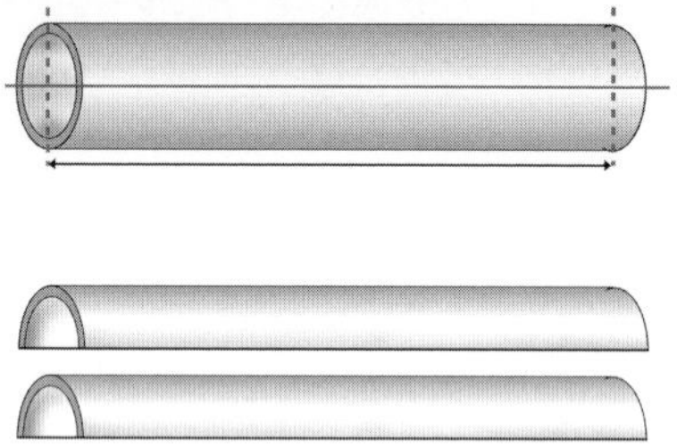

[図7]

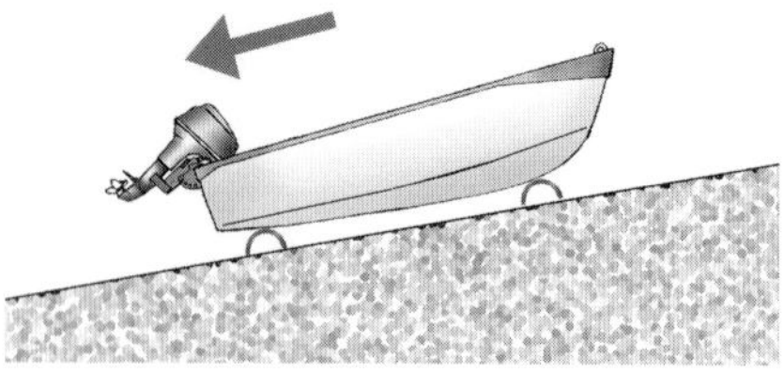

[図6]

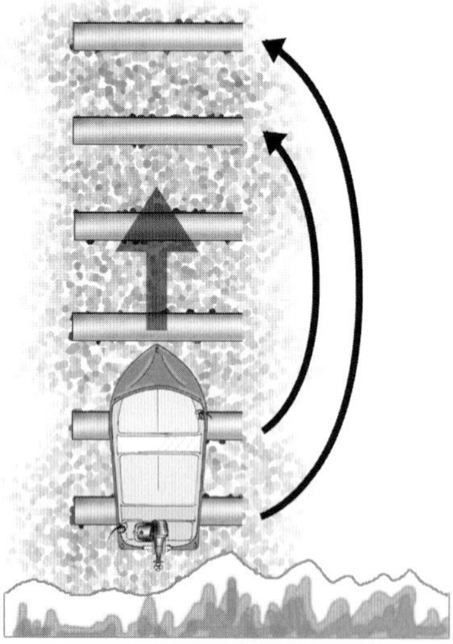

[図8]

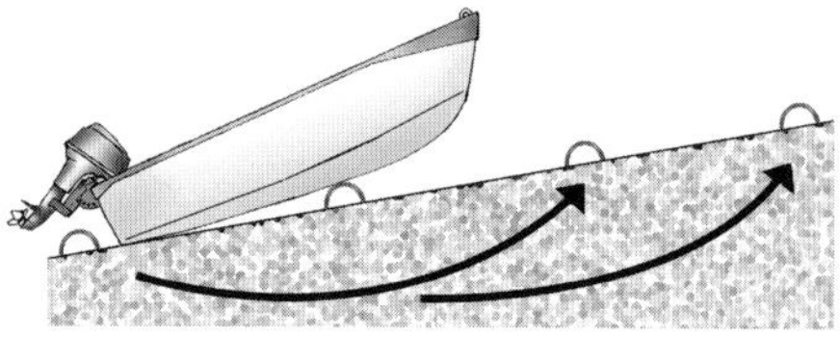

直径100～120ミリ程度の塩ビパイプを艇体の幅に合わせた長さに切り、それを中央で半分に割る(図5)。これを枕木として砂浜に敷き、その上にボートを滑らせると移動が楽(図6)。移動するにつれて枕木を移動させる必要があるが、そのとき、ボートが2本の枕木に乗った状態だと滑って逆戻りするので(図7)、船尾船底が砂浜に直接乗るような状態にしておく(図8)

シフトレバーの操作性をアップさせよう

最近では、カートップボートでもスパンカーを取り付けて、漁船や遊漁船のようにアンカーを打たず、ボートを風に立てて流し釣りをする方を多く見かけるようになりました。

スパンカーの原理や装備方法、使い方などについては95ページでも取り上げましたが、そこで解説したように、風の強さにあわせて船外機の出力を調整してボートポジションを保つことになるので、通常のデッドスローよりもさらに弱い出力とするために、出力減衰装置の取り付けが必要になります。このアイテムや使用方法についても、100ページで説明したとおりです。

ここでは、この出力減衰装置と一緒に改造するとより操作性がアップするカスタマイズ、船外機のシフトレバー移設と延長ハンドル取り付け方法を紹介します。

ご存じのとおり、通常の船外機のシフトレバーは、ティラーとは反対側の、アッパーカウルのほぼ中央にあります。よって、前進／後進を切り替えるときは、後ろを向いて手を伸ばし、シフトレバーを前後に操作します。この、いちいち後ろを向いて手を伸ばすというシフト操作がまどろっこしいと思っている方もいるのではないでしょうか。

また、スカンパーを装備しているボートでは、通常、船外機のシフトレバー側にスパンカーのマストがあるはずです。これはティラーとマストが干渉して操舵性が悪くならないようにするためですが、マストの位置によっては、シフトレバーが操作しにくくなることもあります。スカンパーを利かせて釣りをするには、常にエンジンが掛かった状態にして、シフト操作を繰り返す必要があるので、このシフトレバーが手前にあったら操作が楽になるなぁ、と思っている方も多いことでしょう。

こんな不便を解消するため、塩ビパイプやステイを利用して、自作のシフトレバー延長ハンドルを取り付けている方も多いと思いますが、シフトレバーをそのまま手前に出してくると、今度は延長ハンドルがスパンカーのマストに当たって舵が切れなくなります。

つまり、ティラー側からシフトレバーが出ていれば、手前に延ばす加工をしてもこうした不具合を起こすことはないわけです。そこで紹介するマル秘テクニックのひとつが、ヤマハの2スト船外機のうち、6馬力モデルと8馬力モデルでできる、シフトレバー移設の裏技というわけです。対応機種が限定されたテクニックですが、とても使いやすくなるので、この船外機を使っている方はぜひ試してみてください。

【シフトレバーの構成図】
図のように、シフトレバーは左右どちらにも取り付けられるよう設計されている

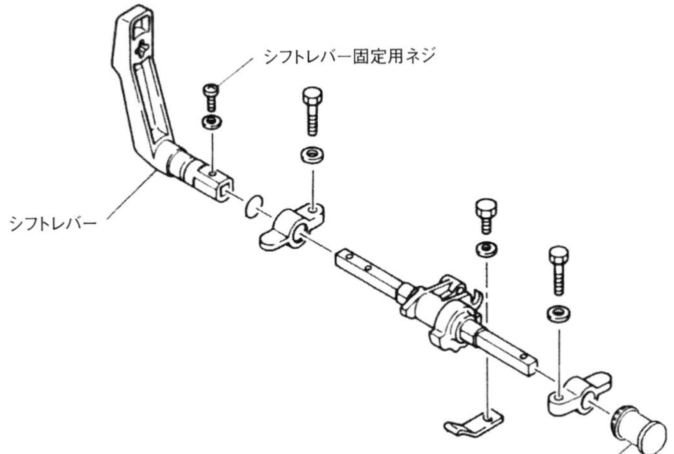

取扱説明書より抜粋

【シフトレバーとティラー】
ヤマハ2スト6／8馬力船外機では、右舷側にシフトレバー（写真左）、左舷側（写真右）にティラーがある。このうち、シフトレバーを反対側に移設できる

シフトレバーの移設方法

ヤマハの2スト6／8馬力船外機は、あらかじめ、シフトレバーを移設して、ティラー側からも出せるように設計されているので、比較的簡単に加工できます。

①船外機のトップカウルを開けて、シフトレバー取り付け部の根元にあるネジを外してシフトレバーを抜きます。

②次に、シフトレバーが付いていたのと正反対にあるゴムキャップをマイナスドライバーなどでこじって外します。

③②でキャップを外した部分に、①で取り外したレバーを差し込み、外したネジを使って固定します。

④もとのレバーが付いていた部分に、外したゴムキャップを取り付けて、忘れずにふさいでおいてください。

この4工程でシフトレバーの移設作業は完了です。

シフトレバーの移設

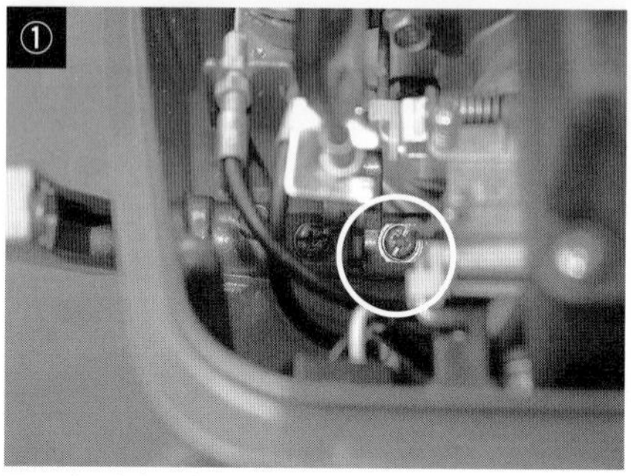

アッパーカウルを開けて、シフトレバーの固定用ネジ（白丸部分）を外し、シフトレバーを抜く

左舷側のゴムキャップを取り外す。このキャップは、忘れずに右舷側のシフトレバーがもとからあった場所へ取り付けよう

写真は左舷側のシフトレバー接続ロッド。ここに、①で取り外したシフトレバーを差し込み、固定用ネジを締める

シフトレバー移設後の状態。これでティラーと同じ側にシフトレバーが取り付けられた

シフトレバーの延長ハンドル取り付け方法

続いて、レバーを手前で操作できるように加工していきます。シフトレバーの移設だけであればドライバー1本でよいのですが、ここからの作業は、電動ドリルが必要になります。まず、ホームセンターやカーショップで売っているステンレス製のステイとステンレス製のボルト類を用意しておいてください。

①船外機のアッパーカウル手前にある持ち手部分にL字ステイを取り付け、そこにハンドルを取り付けます。

②次に、シフトレバーにあらかじめ開いている穴を利用して、手前に延長するためのステイを取り付けます。このシフトレバーの内側には六角形の穴が開いていて、6ミリ径のボルトがちょうど入るので、内

側からボルトを差し込んでステイを当て、外側をナット留めするとよいでしょう。なお、手前に延ばすためのステイは、途中でクランク状に曲げておいてください。ここをまっすぐ延ばすと、ティラーを上げたときに干渉してしまいます。

③手前に延ばしたステイと、手前に付けてあるハンドルとを連結します。このとき、ギアがニュートラルになった状態で手前のハンドルが垂直に近い状態になっていることを確認してください。

これでシフトレバーのカスタマイズは完了です。

なお、この作業では、ボルト・ナット留めの際に注意が必要です。

可動部分にはロックナットを使用し、ステイとステイの間に大きめのワッシャーを噛ませておかないと、スムースに動きません。

また、船外機の振動でボルト・ナットが緩むことがあるので、固定部分には必ずスプリングワッシャーかネジ留め剤を使用して、緩まないようにしておきましょう。

レバーの延長はルアー釣りにも有効

シフトレバーをティラー側に移設し、手前に操作ハンドルを出したことによって、操作性能は格段にアップします。スカンパーを利かせての釣りはもちろん、シーバスなどのルアー釣りでボートポジションを細かく調整するときも、ギアの操作が多くなります。私も以前は後ろまで手を伸ばしていたのですが、このカスタマイズをしてからは操作がかなり楽になりましたよ。

このテクニックは船外機の機種が限られてしまいますが、今後は、そのほかの船外機でも使える同様のアイデアを考えていくつもりです。

さて、ここまでで紹介してきたマル秘テクニックは、カートッパーにとってもっとも実践的で興味がある部分だと思います。マイボートの艤装テクニックは、ボートによっても、人によってもさまざまです。ここではほんの一部を紹介しましたが、マイボート艤装のアイデアとして参考にしていただければ幸いです。これらのほかにも、また新たに考えたテクニックなどをいろいろと紹介できればと思いますので、興味がある方はぜひ当店までご連絡ください。

延長レバーの設置

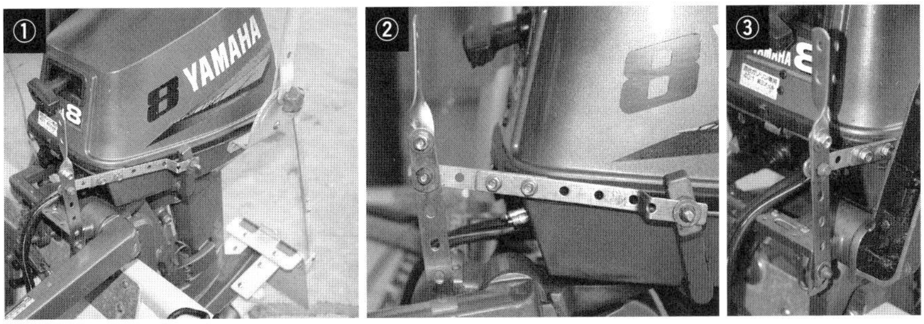

①シフトレバーの延長ハンドルと、推力減衰装置を取り付けた例。これらを装備することで、スパンカーがグッと使いやすくなる
②シフトレバーからのステイは、ティラーと干渉しないようクランク状に折り曲げ、ニュートラルのときに延長ハンドルがほぼ垂直になるように長さを調節する
③可動部分のボルト・ナットには、スムースに動くよう大きめのワッシャーを入れる。固定部分には、振動で緩まないようスプリングワッシャーなどを使用する

安全に楽しむには
どんなところに
気をつければいいの？
Cartopper

Step-up to the next part.

第4章

カートップボートの安全対策

ここまでは、カートップボーティングを始めるため、
そしてより快適に楽しむために必要な事柄について説明してきました。
本書の最終章では、事故なく安全にカートップボートライフを送るための、
いくつかのノウハウをご紹介します。
クルマに積めるサイズの小さなボートだけに、
航行中には細心の注意を払うがあります。
また、小さなボートとはいえ、海上で守らなければならないルールもありますし、
トラブルなく使うためのメインテナンスも重要です。
カートップボーティングを長く楽しむためにも、ぜひこの章をしっかり読んでおいてください。

漁網とブイの危険性と荒天時の注意点

あらゆるボートが注意すべき漁網の存在

航行中には、浅瀬、岩礁、流木などの浮遊物、漁業者、遊泳者など、多くの障害物に遭遇します。これらに注意を払うのは当然ですし、離着岸時の注意（65ページから）や、他船の曳き波に対する注意（86ページから）も忘れてはなりません。

事前に海図で浅瀬のデータを頭に入れ、注意して魚探を見ていても、思わぬトラブルに巻き込まれないとも限りません。特に台風が通過したあとなどには、海面に流木やゴミ、切れて流された漁網などが浮遊していますので、注意して航行しなければならないのです。

さて、そんな注意すべき存在がたくさんあるなかで、ボートの大小にかかわらず、沿岸での事故原因としてもっとも多いのが漁網に関するトラブルのようです。

漁網は、ほぼ全国の沿岸域に張ってあるといっても過言ではないでしょう。日本はほかの国々よりもずっと多く魚を食べているそうなので、これも仕方ないことなのでしょう。しかし、そんななかで釣りをしている私たちからすれば、網がもっと見やすいものだったら事故も容易に避けられるのに、と思うところです。

漁網の種類はさまざまですが、たいていの釣りポイントには少なからず、なんらかの網が入っているものです。ボートが網に引っかかれば、自船の危険につながるほか、漁業者と釣り人との間の大きな問題につながるので、特に注意すべき障害物といえるでしょう。

しかし、海上保安庁で刊行している『海図』に漁網は掲載されていません。また、日本水路協会から発行されている『ヨット・モーターボート用参考図案内』には、定置網の記載がありますが、もちろん、それがすべてではありません。

定置網には、法的にきちんと認められているものとそうでないものがあり、実際は後者のほうが大変多いのが現実です。

関東小型船安全協会では、『海洋レジャーを楽しく安全に』という漁網設置図を発行していますので、入手希望の方は左記に問い合わせてみてください。

●関東小型船安全協会
TEL：045-201-7754
http://www.shoankyo.or.jp/

代表的な漁網の種類

では、以下で代表的な漁網の種類を見てみましょう。

○刺し網

刺し網は2本の目印を一対にしています。同じ形の旗や浮きボンデン（ブイ）などが目印ですが、この目印の間隔は魚種や地域によってさまざまです。また、定置網と違い、頻繁に設置位置が変わります。

この刺し網は、捕る魚によって網の張り方が違ってきます。次ページのイラストのように中層に網を張るタイプや海底付近に張るタイプもあれば、あなご漁の場合の“あなご壷”などのように、海底に筒状のものをいくつも連ねるものもあります。

この刺し網の場合、旗と旗の間をただ通過するだけならば特に問題はないので

【刺し網の一例】
刺し網は、ねらう獲物の種類によってさまざまな設置方法がある。通常は、2本で一対になった旗などが目印となる。仕掛けを入れたままで旗の間を通ると、まず間違いなく仕掛けが網に絡まる

すが、シロギス釣りなどでサオを数本出した状態でボートを風に流しているときに、気づかずに旗と旗の間を通過してしまうと、当然、仕掛けが網に絡まってしまうことになります。

また、広い場所に一対だけ刺し網がある場合はわかりやすいのですが、いくつもの刺し網が設置してある場合は、どれとどれが対になっているのか一見わかりにくい場合があります。たいていの場合、対になっている網の目印の色や形が同じになっているので、じっくりと目印を見てください。

刺し網が多いところでは釣りをしないのが一番よいのですが、この刺し網は定置網同様、魚がよく集まる根周りや魚の通り道に仕掛ける場合が多いので、見逃せないポイントのひとつでもあります。よって、網の位置をよく読んで、十分安全に注意しながら釣りをすると、好釣果につながることもあります。

◯定置網

定置網は、潮の干満や魚の昼夜の回遊を利用した大掛かりなもので、水深10～100メートルくらいまでの沿岸に設置されており、岸から5メートルの地点に設置したものから、からはるか沖合に設置されているものまでさまざまあります。

網の形はさまざまで不特定ですが、大型のボートには恐ろしい障害物となります。小さな目印に気づかず、うっかり網の内側を通ってプロペラにロープが絡まり、瞬く間に沈没してしまうクルーザーは毎年、後を絶ちません。

では、カートップボートではどうでしょう。

カートップクラスのボートの場合、プロペラの位置が非常に浅く、またプロペラも小さいので、定置網の太いロープがプロペラに絡まるということはないと思います。しかし、定置網の太いロープにプロペラが当たると、プロペラのピンが折れたり、プロペラそのものが曲がったりして、どちらの場合も走行不能になります。

万が一の場合に備え、ピン式のプロペラは交換用の予備ピン、プロペラ排気式(プロペラの真ん中からエンジンの排気が出る)の場合はプロペラそのものを予備として持っていると安心です。

それでもやはり、定置網は必ず避けて

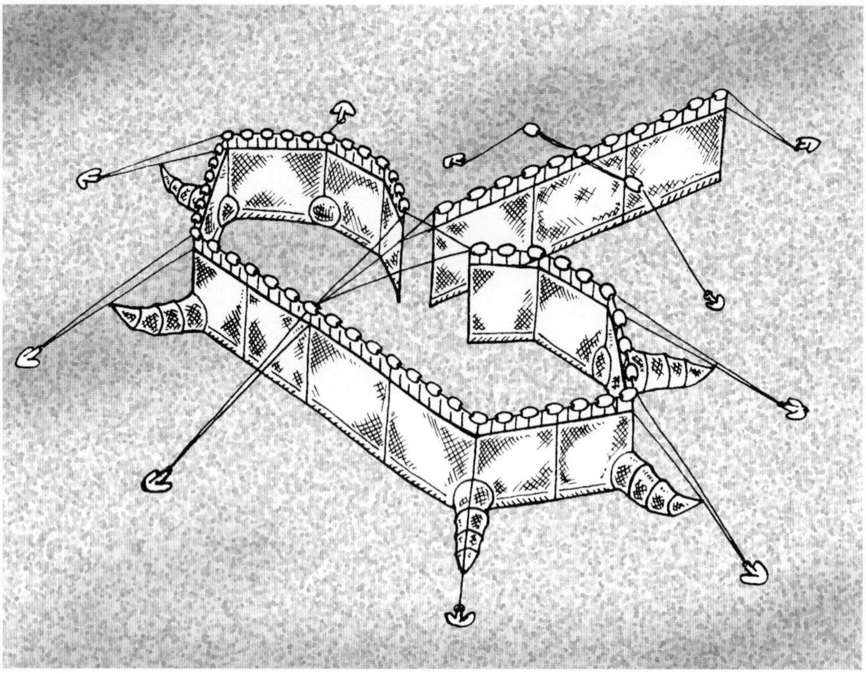

【定置網の一例】
定置網にはさまざまな形、規模のものがあるが、密集した多数のブイが目印になる。ただし、夜間や波が高いときなどは、非常に発見しづらい

通りましょう。荒れた海上でのピン交換なんて、実際はなかなかできませんよ。

ちなみに、前述のとおり、定置網の周辺はよく魚が集まるところですので、好ポイントになります。そのため、定置網の目印の浮きブイなどにボートをロープで固定して釣りをしていたり、定置網のすぐわきにアンカリングして釣りをしたりするボートを見かけます。

しかし、こうした行為は非常に危険な上、マナー違反でもあります。定置網が干満の差やうねりについて行けなかった場合、そこに固定されたボートが、そのまま引きずり込まれるようなこともあるのです。

さらに、定置網を固定しているロープやワイヤーは、一見、目印のボンデンから真下に入っているように思われがちですが、水中では網を固定するためのロープ類が網の外側へ向かって斜めに張ってあり、うっかりアンカーや仕掛けを引っ掛けてしまうこともあるので注意してください。

◯タコツボ、エビ網

浅場の岩礁地帯でブイやボンデンなどの浮き物を見つけたら、まず避けて通るようにしましょう。少なくとも10メートル以上は離れたほうが賢明です。

四角い発泡スチロールやポリ容器も注意して観察してください。それが流される気配がなく、半沈みになっていて、かつ細いロープが巻いてあれば、まず間違いなく仕掛けの目印です。一見、ゴミと間違えやすいのでよく注意してみてください。刺し網の浮きにもこういったものが使われていることがあります。

◯ノリ網(通称:ベタ流し)

東京湾の内房などは、今もなお江戸前の海苔の産地として有名です。近年の水質汚染と後継者不足により年々規模が縮小しつつありますが、それでも9月ごろから翌年3月ごろまでの期間は、各地域でノリの養殖が行われています。

ノリの養殖地としては、遠浅の水がきれいな砂地であることが条件です。この時期、ノリ養殖に適したエリアは、キス、カレイ、アイナメなどがよく釣れるポイントとなります。

ノリ網は、波さえなければ比較的見分けやすいのですが、ひとたび荒れ模様となると、途端にまったくわからなくなってしまいます。

万が一、網の上に乗り揚げてしまうと、船外機のプロペラが絡まって身動きできなくなってしまいます。このノリ網は、水面に碁盤の目のように張られていて、まるでノリの畑といったところ。よく見ると船道のような大小の水路があります。やむを得ずこの網のなかを通過しなければならない場合は、よく見てその水路を利用して通過してください。

航行中に浮き物を見つけたら

航行中に、浮き物を見つけたら、なにより重要なのはそれを避けることです。

障害物回避の方法は、早期発見と敏速な判断が第一。航行中は、常に前方50メートル先くらいをよく注意して見ていてください。自船の進路上に旗や浮き物を見つけたら、まず、その目印の周囲に同じような目印の旗や浮き物がないかをよく見てください。刺し網であれば、対になる旗や浮き物をいち早く発見し、回避する進路を探します。

直前になって障害物に気がついた場合は、基本的にはゆっくりとスロットルを戻し、冷静に判断してください。1人乗りなら、急ハンドルを切って"キック"を利用し、プロペラ部分のみ障害物を避けるよう舵を切ればよいのですが、ボートの船型や性能、経験によっては浸水・転覆のおそれもあります。

2人以上乗船している場合は、あわてて急激に舵を切ったり、一気にスロットルを戻したりすると、同乗者がボートの動きに対応できずに落水してしまったりすることもあるので、スロットルを戻し、ギアをニュートラルに入れてやり過すのが賢明です。このような咄嗟の対応をしなくても済むよう、バウ側に乗っている同乗者には、前方の網など障害物を教えてくれるよう協力を求めましょう。それが難しい場合は、常に低い姿勢で座らせることも大事です。

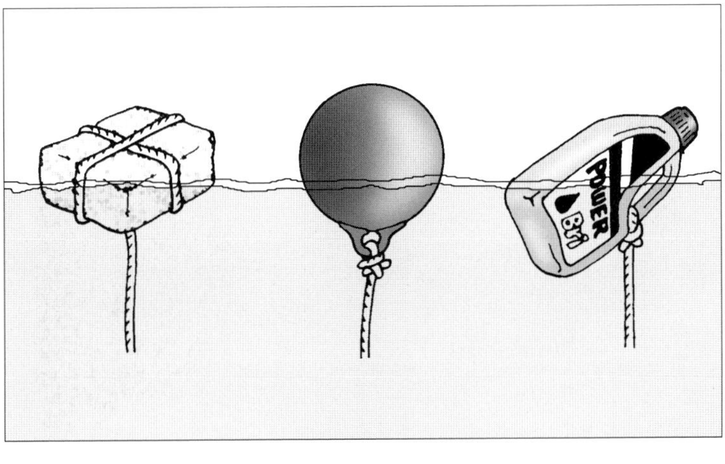

【浮き物の例】
タコ壺などの目印には、ブイだけでなく、発泡スチロールや空のペットボトル、洗剤のポリ容器などが使われることが多い。この下には細いロープが入っているので、発見したらできるだけ離れて回避する

漁網によるトラブルの実例

魚網が原因で起きたトラブルについて、実例を挙げて見てみましょう。

ある日、沖で楽しく釣りをしていたら、さらさらと海面をなでる風が吹き始め、その風が見る見る強くなり、海面に白波が立ち始めました。急いで帰らなければとボートの進路上や周囲をよく見ながら出船ポイントに向かってボートを走らせます。

ますます風が強くなり、荒れた海上を走っていると、いきなり鈍い音と衝撃を伴ってボートが失速しました。それと同時にエンジンが停止。

一体何が起きたのでしょう?

天候の急変で荒れ模様の海面。当然、波も高くなっていました。海面の障害物をよく注意して見ていたのですが、半沈みで見えにくかった刺し網の目印のブイが、波間に隠れて見えなかったために、気づかずにその上を通過してプロペラに魚網が絡まってしまったのです。

慌てて船外機をチルトアップし、ロープを解こうと体を乗り出して作業するのですが、なかなかうまく解けません。波がどんどん高くなり、ボートはロープが巻きついた船外機を基点にして船首が風下に向いているうえ、船尾から体を乗り出して作業をしているために、船尾の吃水が下がっていてとても危険な状態です。

そうこうしているうちに、トランサムに当たった波が容赦なく艇内に流れ込みます。運が悪ければそのままバランスを崩して転覆……ということになるわけです。

このように、注意して航行していても、ロープが絡まったりすることがあり得ます。そんな万が一のときには、絡まってしまったロープや網を素早く解く必要がありますので、ロープが切れるナイフも常備してお

【半分沈んだブイ】
ロープの長さやブイの浮力などにより、水面スレスレに位置するブイもよく見かける。通常でも非常に発見しづらいため、荒天下における見つけにくさは推して知るべし。特に注意が必要な障害物だ

【漁網が絡んだら……】
荒天下では、ブイなどの目印が発見しづらくなり、プロペラにロープや網を絡めてしまう事故が起きやすくなり、さらに、転覆などの思わぬ事故につながることも多い。天気予報を調べておく、万が一に備えてロープが切れるナイフを携行するといった準備も必要だ

きましょう。そして魚網を切ってしまったら、帰港後速やかに最寄りの漁協へ報告してください。起こしてしまった事故に対してしっかりと責任を取るのは当然のことです。

このような事故を回避するためにも、天気には特に注意しましょう。事前に天気予報などを調べて大まかな天気の移り変わりを把握しておいた上で、風の強さと風向きに常に注意を払ってください。天気が良くて凪いでさえいれば、船外機の馬力に関係なく、どこまででも出て行って釣りができます。しかし、ひとたび天候が崩れてきたら、帰路は大変なことになります。

必ず帰路を頭のなかに入れて、天気の急変時に速やかに帰港できるポイントで釣りをするように心がけましょう。

雨天、夜間も注意が必要

雨天のときは比較的海面が穏やかなケースが多いのですが、視界が非常に悪くなります。視界が悪くなるのは、なにも自分だけに限ったことではありません。周囲を走っている他艇でも同じことなのです。

よって、雨天時には、他船から認識しやすくなるように、旗を立てるなどして、少しでも目立つようにして航行しましょう。

同じく視界が悪くなるのが夜間航行です。夜間航行は、その海域に精通している人でも危険なもの。仮にライトを照らしても、光が水に吸収されるので陸上よりも視界が悪くなり、障害物が見えなくなるのです。よって、初心者や初めて訪れた海域での夜間航行は避けてください。

みなさんもご存じのように、釣りをする上で朝夕のマヅメどきは一番魚が釣れる時間帯です。しかし、暗い海へ出るのはとても危険な上、このような日の出前、日没後の薄暗い時間帯は、法規上“夜間”と見なされ、航海灯の装備が義務付けられています。夜間航海灯の装備がないボートはもちろんですが、日の出前、日没後の航行は控えましょう。

また、1日中天気が良いと、かなり沖までボートを出してしまいがちです。その上、夕方に魚が釣れ出したりすると、時間が経つのも忘れてついつい熱中しすぎてしまい、気づいたら日が沈み、帰り支度をして帰路についたら、あっという間にあたりは真っ暗、なんてこともあり得ます。

天気のよい日につい遠くまで行ったり、タマヅメの釣れる時間帯に釣りをしたいのもわかりますが、帰路のこともしっかりと計算して、暗くなる前に出港地点へ帰港できるようにしましょう。

侮れない霧の怖さ

夏の暑い季節は、水温と気温との温度差が原因で、海上のところどころに濃い霧が発生します。この霧は、急に周囲の視界を閉ざしたり、いきなり晴れたりして、私たちを惑わせます。

ある晴れた日、早朝から出艇して沖で釣りを楽しんでいたら、あたりにうっすらと霧が立ち込めてきました。すぐに晴れるだろうとそのまま釣りをしていると、みるみる霧が濃くなって、気がつくと5メートル先も見えないくらいの濃い霧に囲まれてしまいました。いつもは周囲をよく見て他船の位置を常に注意しながら釣りをしているのですが、これではまったく周りが見えずとても危険な状態です。

また、岸近くへ避難しようとしても、あたりがまったく見えない状態なので、どっちが岸でどっちが沖なのかもわからなくなってしまいました。

しばらくすると、どこからともなく、不気味

【濃霧のなかにいると……】
周囲を濃霧に囲まれてしまうと、視界が利かなくなり、自船位置を見失うほか、他船との衝突などの危険が一気に増す。霧が出てきたら早めに岸近くまで戻り、いつでも動ける態勢にしておく

にエンジンの音が聞こえてきました。その音は徐々に近くなりますが、どこからその音が近づいてくるのかもわかりません。

濃い霧のなかから徐々に近づいてくる他船のエンジン音。危険を察してアンカーを上げ、エンジンをかけてすぐに逃げられる態勢にしましたが、その瞬間、霧のなかから突然漁船が現れ、気がついたときには目の前です。危ない！ と思うまもなく漁船に突っ込まれてボートは大破、乗船者は海に投げ出されてしまいました。こうなっては大事故です。運が悪ければ漁船のプロペラに巻き込まれて命を落とすことも……。

実際にこのような事故はよく耳にするケースで、「たかが霧」と侮ると、魚網よりはるかに危険なのです。

漁船のなかには霧が発生していても自動操舵で走っている船があり、非常に危険です。大型船は汽笛を鳴らしてレーダーで周囲を確認していますが、カートップボートにはレーダーなどありませんし、また、ボートが小さすぎてそれらのレーダーにも映りにくいのです。特にアルミボート以外のボートはまったく映らないといっても過言ではありません。

では、このような事故を避けるためにはどうすればよいのでしょう。

霧は1日中出ていることは少ないので、しばらく待ってやり過ごせば、じきに晴れてくるものですが、それでも沖で停泊してやり過ごすのは前述のような事故の危険性があるのでとても危険です。

霧が出始めたらすぐに帰航して、晴れるまで待機するのが一番なのですが、間に合いそうにない場合は、霧が濃くなる前にとにかく岸近くまで避難し、アンカーを打たずにすぐに動ける態勢で、周囲の音に耳を澄ませ、自分のボートの存在をできる限りアピールすることです。

カートップボートはその小ささから、搭載できる装備にも限りがありますが、安全に対する装備はできる限り積んでおくことが重要です。夜間航行用の装備をしているボートであれば、レーダーリフレクター（レーダー反射装置。他船のレーダーに映りやすいようにする反射板）の装着が義務付けられていますので、全灯火を点灯した上で、レーダーリフレクターを必ず装着しておきましょう（アルミボートはなくてもOKです）。

このような装備がないボートは、少しでも目立つように旗などの目印を立てることはもちろん、笛やエアホーンを用意し、すぐに使える状態にしておきましょう。信号紅炎を焚いて自船位置を知らせたり、漁船や作業船のように黄色の回転灯を装備するのもひとつの安全策です。

潮目波の発生原理とその危険性

潮目波の発生原理

潮目波とは、海流や潮の干満による潮流によって発生する波です。おもに水深が急激に変化するところ、高い根や瀬があるところ、広い水域から狭い水路に入るところ、逆に、狭い水路から広い水域に出るところなどで発生します。

海図類を見てもわかるように、岬の突端付近では海底地形が馬の背状になっていますが、このように水深が深いところから急に浅くなるような海域や高根周りなどでは、潮の干満による潮流が海底地形の変化が激しいところに当たって複雑な流れを作り出し、海面上に複雑な波を立てます。これが潮目波です。

潮目波の特徴としては、波長の短い三角波が立つことが多く、海底から沸き立つような水流を作ることもあるという点が挙げられます。強い潮目になると、波の高さは2メートルを超えて崩れ波になる場合もあり、複数の方向からの不規則な波が立つのでとても危険です。

また、水路や海峡などでは、干満の影響で水が大量に動くことによって、狭くなった場所で川の流れのような流れを作ることがあります。それが地形の変化にともなって渦を巻くこともあります。鳴門海峡の渦潮が潮目波のもっとも大きなパターンと言えるでしょう。

【潮目波が発生しやすい場所】
海底の高根など、地形に変化がある場所に潮流がぶつかると、複雑な流れとなって海面が波立つ。周囲の海面と異なるので、晴天時は発見しやすいはずだ。なお、釣行時には、潮目波が海底の変化を知る手がかりになることもある

潮目波の危険性

前述したような潮目波のなかに入ってしまったらどうなってしまうのか……。大変なことになるのはみなさん想像がつくとは思いますが、ゆっくり走れば大丈夫と思っている方はいませんよね？

複雑な水流となる潮目波のなかでは、舵が利かなくなる場合があります。また、波長の短い三角波が立つなかでは、波を1つ越えても次々と別の波がいろいろな方向から襲ってくるので、船首から波に突き刺さる状態になり、船内に大量の海水が浸水することもあります。この2つの状態が重なってしまうと、転覆してしまう恐れもあり、潮目波とはそれほど怖いものなのです。

ある程度大きな船の場合なら何とか回避できるような潮目波も、木の葉のように小さなカートップボートにはとても危険な現象の1つなのです。

出航した地点から目的のポイントまで行くのに、潮目波が立ちそうな岬の突端を越えて行かなければならないような場合は特に注意してください。

例えば、出航したときには穏やかでも、帰航時に大潮などで潮が一番動いている時間帯に岬周辺を通過することになってしまい、大きな潮目波が立っていて帰れなくなってしまう、というようなこともありえるのです。

このような場合には、天気が良くて凪いでいる状態であれば、沖へ出て潮目波が立つ場所の外側を回って帰るようにしましょう。また、潮止まりの時間を待って、穏やかになったところを見計らって帰ることも可能です。

こうした手段がとれない場合は、無理に潮目波を越えて出航地点へ帰ろうと考えず、近くの着岸できる地点を選んで着岸し、徒歩やタクシーなどで陸上からクルマを取りに戻って撤収する、ということも必要になります。

【潮目波のなかに入ったら……】
潮目波のなかでは、複雑な流れと三角波で舵が利かなくなったり、艇内に浸水したりして、小さなカートップボートにとっては非常に危険。特に、荒天時は潮目波を発見するのが遅れがち。地形や潮の動きなどを事前に把握して危険を回避しよう

どうやって潮目波を見つける？

このような潮目波は、天気の良い凪いだ日であれば簡単に発見できます。ベタ凪状態の海を航行中、いきなりその部分だけが波立った、ほかとまったく違う荒れた海面が出現するからです。一見して異様な光景に気づくことができるでしょう。

問題は、釣行中に天気が荒れ始め、帰港しようと荒れた海上を航行しているときです。こんなときは、非常に潮目を発見しにくいのです。

風で立った白波のなかの潮目波はとても発見しにくく、潮目波のなかに入ってしまってから、ほかの海面と波の質が違うことに気づき、走行不能状態に陥ってしまうケースがあります。このようになってしまってはとても危険です。

よって、事前に海図や海底地形図などを見て、潮目波の立ちそうな地形を把握しておくことも大事なのです。

また、タイドグラフを常に持参し、潮の動く時間帯を頭に入れておくことも必要でしょう。これは釣果にも影響してくるところなので、言われるまでもなく実践されていますよね？

【潮目波が立ちやすい岬周り】
岬の先端付近は、海底が馬の背状に盛り上がっていることが多く、潮目波が立ちやすい。大潮の潮が動く時間帯などは特に危険。もし、大きな潮目波が立っていたら、無理をせず遠回りするか、潮止まりを待つか、あるいは最寄りの安全な場所に上陸する

釣果に影響する潮目

潮目には、前述した危険なものだけでなく、釣果につながるものもあります。

沖を航行中に海面をよく見ていると、線を引いたかのように水の色が違うところがあったり、ゴミが帯状に溜まっていたりする個所を時折見かけます。これも潮目と呼ばれるもので、この潮目を境に、水温や水質が若干異なるのです。

また、身近なところにも潮目は存在しています。例えば、河口にできる真水と海水の境目や、発電所などから出る温排水と海水の境目などでも見ることができます。

ひと口に「潮目」といっても、さまざまなものがあるのです。

このような潮目に溜まったゴミなどの周りには小魚がたくさん集まります。さらに、この小魚たちを追ってさまざまな魚が集まります。特に夏の水温の高いときなどは、表層付近に集まった小魚を食べに来た魚をねらって、シイラやカツオなどが集まりますので、昨今ブームになっているルアーフィッシングのメインポイントになるわけです。

また、河口付近の真水と海水が混ざる汽水域の潮目は、シーバス（スズキ）のルアーフィッシングのポイントとしてチェックすべきところとなってきます。

私たちの得意とする釣り方、“曳き釣りトローリング”においても、この潮目が1つのポイントになってきます。潮目ができるところの多くは海底に変化があり、エサとなるベイトフィッシュがたくさん集まることが多いのです。また、潮目を境に水温が異なっていることもあります。このように変化のあるところは、曳き釣りトローリングの際のねらい目となるのです。

ちなみに、曳き釣りトローリングの際には、この潮目に沿ってボートを走らせることによりヒットする確率が上がります。ただし、前述したように、潮目を境に水温が異なる場合があるため、適水温と思われるほうを曳かないとまったく釣れないということもありえますので、ご注意を。

さて、このように海上では、航行する際も、釣りをする際も、潮目に注意して海面をよく観察する必要があります。

釣りをするために見つける潮目と、危険をともなう潮目波とをよく見極めた上で、安全に釣行できるよう、常に心がけておくことも大事でしょう。

船外機のメインテナンス

帰宅する前にフィールドで行いたいこと

釣りが終わり、出艇場所へ戻ったら、まずは、船外機をガス欠状態にしておくことが必要です。着岸地点に近づいたら、エンジンがかかったままの船外機からフューエルホースを抜き取り（またはフューエルコックをOFFにし）、しばらくそのままエンジンをかけておきます。そうすると、キャブレター内の燃料が尽きて、ガス欠状態になって自然に停止します。それからオールを漕いで着岸します（なお、この方法では、もしエンジンを再始動させようとすると多少時間がかかりますので、安全が確保できる状況でのみ行ってください）。

この作業を行うのは、キャブレター内の燃料を空にするためです。キャブレター内に燃料が残っていると、車内に船外機を横にして積み込む際、燃料が漏れて揮発し、ガスが車内に充満して危険なのです。もちろん、一緒に車内に積み込む燃料タンクのエアバルブもしっかり閉じておきましょう。

さて、船外機を車内に積み込む際、2スト船外機はどの向きで横に積んでも問題ありませんが、4スト船外機はオイルパンがあるため、寝かせる向きが決まっているので、取扱説明書をよく読んで確認しましょう。

船外機の積み込みなどの取り扱い時に注意したい点がもう1つ。“プロペラ部をトップカウルより高い位置にしないこと”です。

船外機を水平に寝かせるのはOKですが、それ以上にプロペラの位置を高くしないでください。逆さまにして持ち運んだり置いたりすることは言語道断です。

船外機の排気は、シリンダーからロワーユニット（キャビテーションプレートより下の部分）内部を通り、排気口から排出されます。エンジンを冷却している冷却水も、冷却水経路をたどったあと、同じく排気口から排出されてます。よって、プロペラ位置を高くすると、ロワーユニット内に残っていた水分が逆流してシリンダー内に入り、シリンダーが錆びついてエンジンがかからなくなることがあるのです。そうなると、当然、修理代がかさみますよ。

よって、船外機を車内に寝かせて積み込む際は、トップカウル部の下に枕になるようなものを置いて、カウルが少し高くなるようにして積み込みましょう。

ちなみに私は、救命浮環を枕代わりに置いてます。

【船外機を倒して運搬するときは】
船外機を横に寝かせた状態で運ぶ場合は、必ず、エンジン部分がプロペラ部分よりも高くなるような状態にする。こうしないと、排気口付近に残った海水が逆流し、シリンダー内部が錆びてしまうことがある。なお、4スト船外機の場合は、横にするときの向きが決まっているので注意しよう

帰宅してからの船外機のお手入れ

帰宅後にまずやっておきたいことが、冷却水経路の水洗です。

船外機を海で使用した場合は、エンジンを冷やす冷却水経路内を海水が通るため、使用後もその海水が多少残っているのです。

これをそのまま放置すると、水分が蒸発し、塩の結晶が残ります。これを繰り返していくと、冷却水経路内に塩の結晶が蓄積し、これにより詰まってしまいます。

また、冷却水を吸い上げるインペラの破損にもつながり、どちらの場合も十分な冷却水が循環しなくなり、エンジンの冷却ができなくなってオーバーヒートしてしまいます。それでも無理に使い続けると、エンジンはオシャカ。直ったとしてもかなりの修理代を必要とするでしょう。こうならないためにも、帰宅後の水洗は重要なのです。

ちなみに、淡水で使用している場合は、冷却系統の水洗は必要ありません。ただし、浅いエリアで砂や泥を巻き上げた記憶がある方は別ですよ。

水洗の仕方としては、大きめのバケツを用意し、船外機スタンドなどに船外機を乗せ、ロワーユニット部をバケツの中に入れて、キャビテーションプレートより水面が高くなるくらいまで水を張ります。このとき冷却水取り入れ口がしっかり水につかっていることを確認しましょう。

その状態で燃料ホースをつないで燃料を送り、エンジンを始動させます。そうすることによって冷却水経路内に真水を循環させて、内部に残った海水を洗い流すわけです。この水洗作業では、5〜10分程度エンジンを回しておけばOKです。

なお、このときにも必ず、検水口からしっかりと熱くない水（パイロットウォーター）が出ていることを確認してください。少々出が悪かったり、出ていないときは、バケツの水位を確認します。水位が十分なのに出が悪い場合は、針金やスプレーノズルなどの細い金物で穴をこじってみてください。

それでも出ない場合は無理してエンジンを回さず、すぐに修理に出して点検してもらいましょう。

水洗の方法はほかにもあります。その1つが、ロワーユニット部に「WASH」「FLUSH」などと刻印が打ってあるネジを

船外機の水洗方法 その1　**ロワーユニットをバケツに入れる**

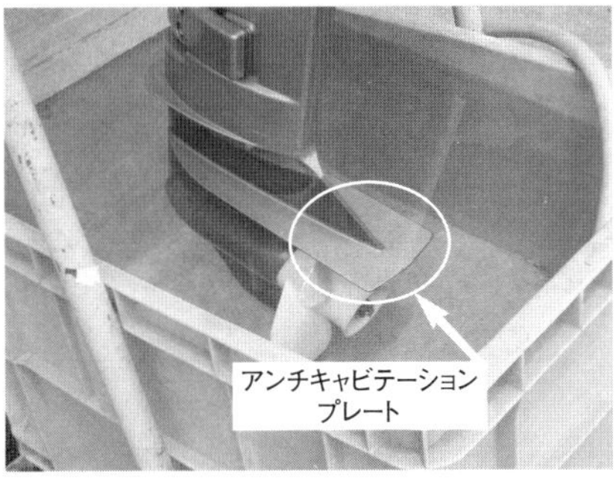

船外機を船外機スタンドなどに固定し、アンチキャビテーションプレートより下の部分が水につかるようにしてエンジンを始動させる方法。バケツ以外に、丈夫で大きめの袋などを使用してもよい。徐々に水が減っていくので、常に水位に注意すること

開けて、そこに専用の水洗プラグを差し込み、プラグに水道からのホースを接続して、直接水を送ってエンジンを始動させる方法です。この方法なら、いちいち大きなバケツを用意する必要もありません。
ただし、プラグを差し込む際に、間違っても近くにあるギアオイル用のネジを開けないようにしてくださいね。

もうひとつが、ヘッドフォン状の水洗キットを使用し、ここに水道からのホースをつなぐ方法です。特に、ヤマハの6〜8馬力船外機のように、ロワーユニット側面に冷却水取り入れ口がある場合はとても楽です。

ただし、これらの方法で水洗する場合は、

船外機の水洗方法 その2　推薦プラグを使用する

【YAMAHA】　**【SUZUKI】**

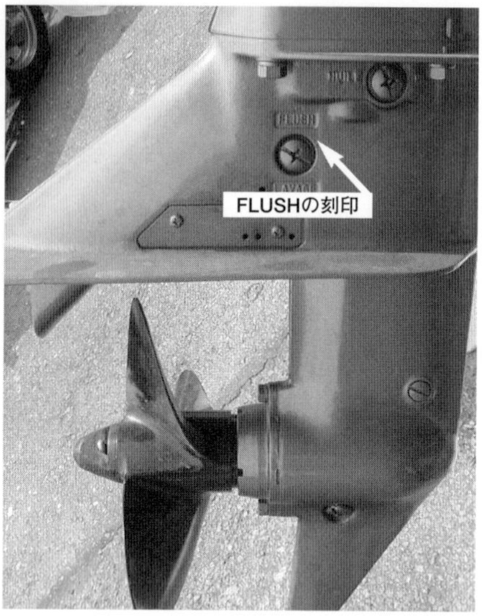

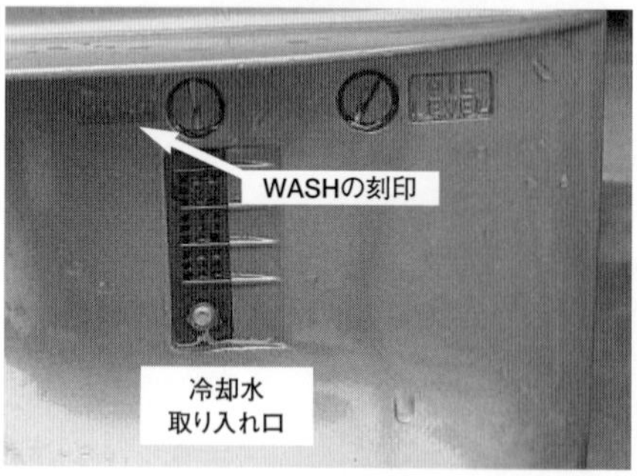

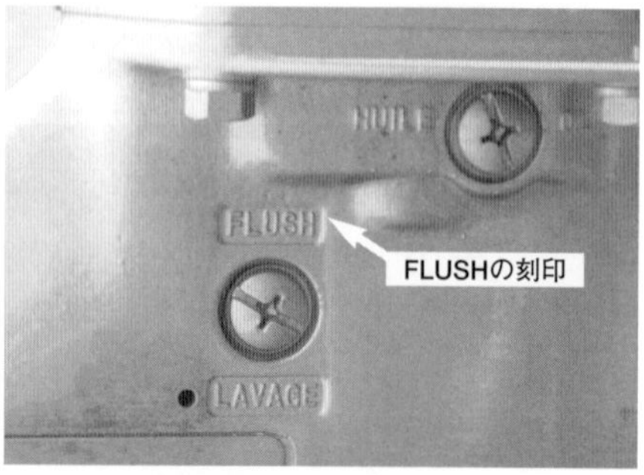

水洗プラグの位置はメーカーごとに異なっている。写真左はヤマハ、写真右はスズキの例。なお、水洗プラグ取り付け時には、間違ってギアオイル用のネジ(ベントプラグ／ドレンプラグ)を開けないように注意

水洗プラグを使用する際は、エンジンの振動でホースが抜けないよう、ホースバンドなどでしっかり固定しておこう

いずれも、エンジンの振動でホースの接続部が抜けてしまわないよう、しっかりと確認してください。作業中に振動でホースが抜けたのに気づかず、そのままにしておくと、当然オーバーヒートしてしまいますからね。

水洗作業が終わったら、エンジンがかかったまま燃料ホースを船外機から抜き取って、フィールドで行うのと同じようにガス欠状態にすることを忘れずに。保管するときも、キャブレター内に燃料が残っていないようにしてください。

特に混合ガソリンを使用する2スト船外機では、キャブレター内に残った燃料を放置すると、夏場の気温の高いときで約2週間、冬場で3週間くらいで、ガソリンの揮発成分のみが抜け、オイルなどのドロッとした状態のものが内部に付着し、キャブレター詰まりなどを引き起こし、始動不良や回転不良の原因となります。こうなるともちろん修理が必要となります。

帰宅後の船外機メンテは、以上のように、冷却系統内に残った海水が乾く前に水洗作業を行い、ガス欠状態にしておけばOKです。

船外機の水洗方法 その3　水洗キットを使用する

水洗キットは、水道からのホースをつないで、冷却水取り入れ口を塞ぐようにして使用する。水洗プラグを使う際にもいえるが、エンジンの振動でホースが外れてしまわないように注意しよう

船外機外部の水洗いも忘れずに

船外機外部は塩まみれになっていることが多いので、上からホースで水をかけて洗っておきましょう。

ただし、トップカウル内部に水が浸入するのは厳禁。カウルを被せた状態でも、小さな穴などから少々の水がなかに入る場合があります。そうなった場合には、トップカウルを開けて、内部に入った水分をティッシュなどでしっかり拭き取り、エンジン部分にマリンガードなどの防錆剤をスプレーしておけばOKです。

船外機を保管する際はトップカウル部にカバー（大きめのポリ袋などでOK）をして、ホコリを被らないようにし、立てた状態で保管しましょう。カウルの空気取り入れ口からホコリが入ると、次にエンジンをかけたときにキャブレターの吸入口からホコリを吸い込み、始動不良などの原因になります。

小型船外機の多くは、エアフィルターが装備されていません。一見付いているかのように見えるケースも、その内部は空洞で、フィルターが入っているわけではありませんので、ホコリを直接吸い込むことになります。

前述したように、トップカウルを開けて内部のエンジン部分に防錆スプレーを吹きかける作業は、防錆の役割もありますが、スプレーを塗布して湿らせておくことにより、これにホコリを付着させるという、フィルター的役割もあるのです。

船外機の点検方法

船外機の定期点検整備について

ここまでも何度か説明してきましたが、カートップボートでの釣行は、いつでもどこでも、自分の好きなように、かつ気軽に釣りができて、とても楽しいものです。

しかしその反面、海上で起きる出来事のすべての責任は自分自身にあります。極端な話、事故やトラブルが原因で遭難、漂流ということになって、命の危険にさらされても、その責任は自分にあるのです。

もしも海上でエンジントラブルを起こしてしまい、自力で帰港できなくなってしまったら、海上保安庁へ連絡して救助に来てもらうか、近くを通る船に救助を求めるなどするしかありません。どちらにしても他人に迷惑をかけてしまうことになるのです。

さて、これまでも説明してきたように、海上でのトラブルは、思いがけないところで起きる、さまざまなケースが想定されます。

船外機のトラブルもそのうちの1つですが、その多くは、日ごろの点検・整備不足によるものがほとんどで、メインテナンス次第である程度回避できるものです。最近の国産メーカーの船外機は非常に性能がよく、正しい使い方をして、簡単にできる整備とポイントを押さえた点検をしておけば、15年はノントラブルで使えるはずです。

具体的な定期点検整備個所

ここでは、帰宅後に毎回行うメインテナンスのほかに、定期的に点検してメインテナンスする個所を解説しましょう。

みなさんご存じのように、船外機には2ストと4ストの2種類があり、これらでは点検・整備すべき個所が若干違ってくるところもありますが、基本的な部分は同じです。以下で説明する点や、購入時に付属している取り扱い説明書をよく読んで、定期点検を実施してください。

①スパークプラグ

スパークプラグはエンジンの重要な構成部品で、その状態はエンジン性能に直接影響を与えますが、点検は簡単です。

スパークプラグは長時間使用すると、電極にカーボンが付着して徐々に劣化していきますので、定期的に外して点検を行う必要があります。電極が消耗していたり、カーボンなどで汚れている場合は交換してください。

交換の際は専用のプラグレンチを使用します。これは付属の工具セットのなかに入っています。

新しいスパークプラグを取り付けるときは、指でいっぱいに締め込んだあと、プラ

【スパークプラグの点検と交換】
スパークプラグは使っていくうちに電極部分にカーボンが溜まり、始動不良などの原因となる。定期的に点検し、汚れや消耗が見られる場合は交換しよう

グレンチを使ってさらに4分の1〜2分の1回転ほど、締め込んでください。

なお、2スト船外機の場合、チョークを使いすぎたり混合比の濃い燃料を使ったりすると、スパークプラグが濡れた状態になって始動不良などのトラブルとなるので、十分に注意してください。

○交換の目安：使用頻度や使用状況によって異なりますが、新品で購入してから約50時間稼働したころに一度点検してください。それからは稼働時間約100時間前後が交換の目安となります。

②燃料フィルター

燃料フィルターは、船外機によって、使い捨てのものと、分解して清掃できるものとの2種類があります。

○交換・清掃の目安：燃料フィルターも定期的に点検し、汚れがひどいようならば交換または清掃してください。

③ギアオイルの交換

ギアオイルも定期的に交換しなければなりません。交換の仕方は、ロワーユニット部側面にある、「OIL」「OIL LEVEL」と刻印を打たれたネジを外して、古いギアオイルを排出してから新しいギアオイルを注入します。

ギアオイルを抜くときは、船外機スタンドなどに船外機を載せて固定し、受け皿などを下に置いて、「OIL」という刻印があるロワーユニット下部の注入孔のネジを外し、次に「OIL LEVEL」などと刻印が打たれたロワーユニット上部のレベル確認孔のネジを外し、オイルをすべて抜きます。

オイルが完全に出きったら、下部の注入孔より専用の船外機ギアオイルを注入します。そして、注入したオイルが上部のレベル確認孔からあふれ出したら、注入しているオイルを抜かずに、そのまま上のレベル確認孔のネジを締めます。上のネジを締めてから、下の注入孔のネジを素早く締めてください。

○交換の目安：新品で購入した際は、初めの慣らし運転が終わったあたりで一度交換しておくとよいでしょう。その後は稼働100時間ごとの交換が目安です。このとき

【燃料フィルターの種類】
燃料フィルターには、内部のエレメント（濾紙）を清掃するタイプ（写真上）と、全体を丸ごと交換するタイプ（写真下）の2種類がある

【ギアオイルのプラグ】
ギアオイルのプラグは上下2つあり、オイルは下から入れる。129ページで説明した水洗プラグと間違えないように十分注意すること

【ギアオイルの注入】
ギアオイルは、レベル確認孔を開けておき、オイル注入孔からオイルを注入する。レベル確認孔からオイルがあふれてきたら、レベル確認孔→オイル注入孔の順にネジを締める

に注意して見るべきことは、排出したオイルが白く濁っていないか、という点です。オイルが白く濁っていた場合は、ギアケースの破損などにより水分が混入している可能性がありますので、その際は修理に出してください。

④ジンクアノード

ジンクアノードの役目は、船外機を電食(海水中で異なる種類の金属が近接しているときに流れる微弱電流による金属の腐食)から守る役目をしています。

まずは、ジンクアノードの新品の状態をよく覚えておき、新品の状態から3分の1以上消耗している場合は交換してください。

ただし、カートップボートのように陸上保管で水に漬かっている時間が短い船外機の場合は、ほとんど減ることはないので、まず、交換の必要はありません。
○交換の目安：長年使用している船外機の場合、減っているようなら交換する、という程度でよいでしょう。

⑤グリスアップ

船外機の摺動部に耐水グリスを注入します。グリスは摺動部の動きをスムースにし、腐食から守るものです。船外機によって注入個所は異なりますが、摺動部各個所にグリスニップル(グリス用の注入口)がありますので、専用のグリスガンを使用し、隙間から古い汚れたグリスが出て、新しいきれいなグリスがあふれてくるまで注入してください。
○グリスアップの目安：おおよそ100時間稼働するごとでよいでしょう。

⑥エンジンオイル(4スト)

混合ガソリンを用いて、潤滑後のオイルもガソリンと一緒に燃焼させる2ストエンジンと異なり、オイルパンに貯めてあるオイルを使ってエンジン各部を潤滑する4スト船外機では、定期的なオイル交換作業が必要となります。

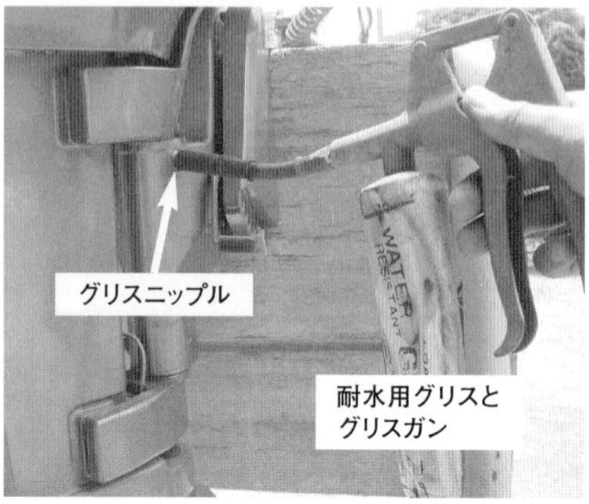

【摺動部のグリスアップ】
チルトなどの摺動部には、グリスガンを使用して、グリスニップルから専用の耐水グリスを給脂する

なお、普段からオイルの量はマメに点検し、しっかりと規定量が入っていることを確認して使用してください。

◯交換の目安：新品で購入してから約20時間稼働させたところで一度交換し、その後は100時間ごとに定期的に交換してください。

⑦インペラ

冷却水を循環させるポンプのなかにあるインペラは、ゴムで出来ているため、消耗品のひとつだと考えておいてください。

これは頻繁に交換するものではありませんが、エンジンを長期間使用していないときなどはインペラが硬くなっていて、久しぶりに使用したときに割れてしまい、冷却水が循環しない、ということもあり得ます。

長期間使用していないときは、念のため点検・整備に出したほうがよいでしょう。

◯交換の目安：使用頻度の高い船外機であれば5年目くらい。年に20回程度の出航回数であれば、7～8年くらいで交換します。また、念のため、およそ3年ごとに点検してもらい、必要であれば交換するようにしてください。

ここまで挙げた点検・交換の目安は、使用後の水洗をしっかり行った場合の数字です。しっかり水洗していない船外機では海水が残り、水分が蒸発して塩の結晶がインペラケース内に蓄積し、それが原因で破損している場合があります。よって、普段の水洗はしっかり行っておきましょう。

なお、浅瀬を航行した際などには、冷却水取り入れ口から砂などを吸い込み、それが原因でインペラを破損してしまうこともありますので注意して下さい。

＊

ここまで、各部品や消耗品の交換などの目安を稼働時間で説明してきました。

大きなプレジャーボートの場合はアワーメーター（エンジンの稼働時間を計測する計器）が付いているので、定期点検の時期がわかりやすくこまめにチェックできますが、小型船外機の場合は、アワーメーターが付いていません。

そこで、自分が1回の航行でエンジンを回す時間と出航回数からメインテナンス時期を計算してください。

例えば、1回の航行でエンジンを回している時間を5時間とすると、月2回のペースで1年間使用すれば、1年で120時間となります。

エンジンは使わないと不調になる

クルマでも草刈り機でもそうですが、エンジンは使用しないと不調になります。カートップボートを含むプレジャーボートのエンジンは数少ない休日にしか使われず、漁業者などが職業で使用するエンジンよりもはるかに使用頻度が低いので、このことが原因で起こる不調が多いのです。

特に冬などのオフシーズン、あるいは、忙しくてなかなか釣りに出かけられないなど、長期間エンジンを使わないときには、最低でも2カ月に1回、10分程度で構わないので、試運転してエンジンを回してください。これをするのとしないのとでは、次回使用するときのエンジンの調子に大きく差が出ます。

もしあなたが自他ともに認める“マメじゃない人”ならば、せめて年に一度は、近くのショップに点検を依頼し、少ない金額でトラブルを回避しておきましょう。

また、長期間ガレージなどに保管している船外機も、普段使わないからと放置しておいて構わないというわけではありません。最低でも3年ごとに、点検、整備をしてください。船外機の寿命は、使用後や不使用時のメインテナンス次第で、長くも短くもなるのです。

艇体のメインテナンス

ボートの種類ごとのメンテ

艇体を長く使うためには、使用後の水洗いを含むメインテナンスが鍵となります。艇体のメインテナンスは、ボートの種類、材質によって異なる部分がありますが、その基本は、船外機同様、帰宅後しっかりと水洗いすること。ボートを洗うことで、意外な傷なども発見しやすくなるのです。広い海上で自分の命を預けるボートですから、きれいに洗い、しっかりとメインテナンスしましょう。

ボートについた海水は、フィールドからカートップして帰宅するまでの間に水分が蒸発して塩がこびりつき、ただ水をかけただけではなかなか取れなくなってしまいます。そこで、カーシャンプーなどを使用し、洗車ブラシなどでしっかりと洗ってください。

このときに、特に注意して洗うべきところは、クラッチ金具やドレーンプラグ、ヒンジ部分などの金属部分です。こうした部分には、乾かしたあとにCRCなどの防錆スプレーを塗布しておくとよいでしょう。

では、以下でボートの種類ごとのメインテナンス方法を解説します。

○FRPボート

FRPそのものは、水洗いも不要なメインテナンスフリーのうれしい素材です。よって、FRP製ボートは、他の素材のボートに比べると、目に見えて腐食などが起きにくいのですが、手入れが悪ければ劣化していくのは当然で、小さなキズをそのままにしておいたりすると、その部分があとで大きな破損に広がっていくこともあります。FRPボートは、使用後の手入れ（キズのチェックと必要に応じた補修）をしっかりしていれば20年は使えますのでマメに手入れしてあげましょう。

水洗いするときには、カーシャンプーなどを使用するときれいに洗えます。また、

【メインテナンスの基本は水洗い】
船外機と同様、艇体もメインテナンスの基本は水洗い。フィールドから帰宅する間に乾いた塩分や汚れを、ブラシやカーシャンプーで洗い流し、同時にキズがないかをチェックしておこう

洗ったあとは雑巾で水分をふき取って陰干しし、乾いたら船底にカーワックスを塗っておくと、艇体の保護にもつながる上、水はじきも良くなって、海上での走行性能も良くなるのでお勧めです。

また、FRP製ボートの場合、浮力体として空気室が設けてあり、それら空気室にはエア抜きのドレーンが付いています。使用後にはドレーンを開けて、内部までしっかりと乾燥させておくことも、ボートを長持ちさせるためのコツです。

なお、ポリプロピレンなど他のプラスチック製ボートも、FRPと同様のメンテを行ってください。

○アルミボート

アルミは海水に弱く、放置するとすぐに腐食してしまい、リベット部分などから漏水します。マリーングレードのアルミであれば肉厚で丈夫なので、そう簡単には腐食しませんが、それでも水洗いを怠ると、表面が白く粉を吹いたようになってきます。

よって、アルミボートでは、特にしっかりとした水洗いが必要です。洗車ブラシなどを使って、細部までよく洗いましょう。

○インフレータブルボート

インフレータブルボートは、他の素材に比べると紫外線劣化が早く、使用後の手入れ次第で寿命に大きな差が出てきます。使用後の手入れを怠ると、畳んだときの折り目にヒビやピンホールなどができてエア漏れを起こし、ひどい場合は1シーズンで使い物にならなくなるケースもあるのです。

帰宅後は、一度ボートを膨らませて各バルブをしっかり閉め、真水をかけてスポンジやタオルなどでボート全体を洗います。その後、雑巾で全体の水分を拭き取って陰干しし、しっかりと乾燥させてから畳んで収納します。生乾きのまま畳んでしまうと、カビや悪臭の原因になります。

なお、膨らませたままカーシャンプーなどを使って全体を洗うと、エア漏れがあればその部分から泡が出て簡単に発見できます。ボートを洗う際には全体を注意深く見て、エア漏れのチェックもしておきましょう。

○折り畳みボート

折り畳みボートは、各ヒンジ部分に塩などが詰まって開閉しにくくなってしまったり、それらの部位から漏水したり、という不具合が多いようです。よって、ボートを洗う際には、こうした不具合の起きやすい場所を念入りに洗ってください。

また、折り畳みボートは組み立て時に多くの金具類を使用しますので、それらもしっかりと水洗いしておく必要があります。

【ドレーンプラグ】
写真は、マリーン・イレブンWFのドレーンプラグ。右側にあるコクピットの排水用ドレーンだけでなく、空気室（二重底部分）の空気抜き用ドレーンも開けて、内部を乾燥させておく

艇体以外のメンテ&チェック

帰宅後は、オールやアンカー、アンカーロープなど、使用した備品類もしっかりと水洗いして乾燥させてから収納します。

オールのプラスチック部分（水を掻くブレードやクラッチに掛けるピボット）が、長年の使用で劣化してもろくなり、水をかいたら割れてしまった、というケースもよくあります。こうした部分は交換用としてパーツ単位で販売しているので、頃合いを見て早めに交換しましょう。特に、陽の当たるところに置いている人は要注意です。

それから、忘れてはならないのがマイカ

ーの手入れです。海水まみれになったボートをカートップするわけですから、当然、クルマも塩水を浴びてしまいます。放置すると塗装が傷んだり、サビが出たりするため、帰宅後にはボートと同様、クルマもしっかり水洗いしてください。このとき、意外と忘れがちなのがクルマの下回り。洗車場などに行くと高圧洗車機があるので、下回りもしっかり洗っておきましょう。

もうひとつ、キャリアの点検も重要です。これを怠ったままカートップし、走行中にキャリアが外れてボートが落下したら、大事故につながります。よって、ネジ部分に緩みがないかなど、定期的にチェックしてください。

【艇体以外のメンテ部分】
オールのブレードやピボットなどのプラスチック部分は、交換用パーツが売られているので、劣化してきたら交換しよう。オールクラッチなどの金属部分には防錆剤などを吹きかけておく

ボートの保管について

ボートは、できるだけ直射日光の当たらない日陰で保管するようにしましょう。長期間直射日光にボートを晒すと、紫外線劣化により艇体が傷んでしまいます。

ゴムボートや折り畳みボート、分割式のボートの場合なら、収納スペースも小さくて済み、物置や軒下などの日陰に格納しておけるでしょう。

一方、一体型のFRPボートやアルミボートの場合はスペースを取ってしまうので、直射日光に晒されるような場所で保管せざるを得ないのであれば、艇体を伏せた状態でシートをかけるか、専用の艇体カバーなどをかけて保管するようにしましょう。カバーを使用するときは、カバーに雨水が溜まらないようにする工夫が必要です。

艇体の補修について

【艇体の破損部分】
写真は、運搬時に引きずったことなどにより、船底のキール部分が破損してしまった例。この程度の破損なら、補修キットで修理可能だ

どんなボートの場合でも、長いあいだ使用していると、いろいろな部分が傷んでくるものです。

特にカートップボートの場合は、人力でボートを扱うため、船底を擦ったりぶつけたりして削れてしまう個所が出てきます。これもボートの種類ごとに補修方法が異なります。

○FRPボート

FRP製ボートの場合は、比較的簡単に補修できます。ちょっとしたキズやヒビ程度であれば、ホームセンターで扱っているFRP用のパテなどを使用してふさげばOKです。

長期間使用したボートには、運搬時に

【FRPボートの補修】
FRP専用の補修キットを使えば、簡単な補修は自分でできる。破損部分をそのままにしておくと、艇体のガラス繊維内部に水分が浸入し、さらなる劣化の原因となるので、早めに対処しよう

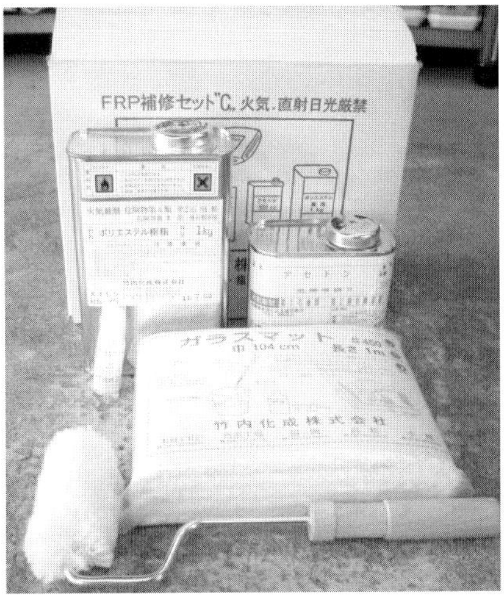

【FRP補修キット】
FRP補修キットには、ガラス繊維、2液混合タイプの樹脂、脱泡ローラーなどがセットになっている。簡単な補修方法の説明書も入っているので、DIYも比較的簡単

引きずったりした結果、船底後部のキール部分が削れて、内部のガラス繊維が見えているケースをよく見かけます。

こうした場合は、削れている部分をよく乾燥させた上で、専用のFRP補修キットなどの補修用品を使って自分で直すこともできます。このFRP補修キットは、よほど大きな破損でない限り、万が一艇体を岩などにぶつけて穴が開いてしまった場合などにも使えます。

大きく破損してしまった場合は、メーカーに出して修理してもらうか、クルマの板金工場などFRP修理ができるところへ持ち込んで修理してもらってください。

板金工場に修理を依頼する場合は、クルマのバンパーなどのFRPと艇体とでは、使用するFRPの材質が若干異なっているので、その旨を伝えて、専用素材を使用してもらいましょう。

◯アルミボート

アルミボートの補修は、素人には難しいので、ぶつけて穴が開いたり破損したりした場合は、アルミ溶接ができる専門の工場へ持ち込むしかありません。リベット部からのちょっとした漏水程度であれば、シーリング剤などで埋めて補修しましょう。

◯インフレータブルボート

インフレータブルボートの場合は、ピンホール程度の補修なら、メーカーから出ている補修剤(パンク修理キットのようなもの)で自分でも簡単に直せます。

もし、大きく裂けてしまった場合などはメーカーに修理を依頼してください。

◯折り畳みボート

折り畳みボートでは、ヒンジ部分からの漏水などが多くなります。こうした不具合を直す場合は、ホームセンターなどで入手できる補修用のパテやシーリング剤などを使用してください。

【インフレータブルボートの補修】
インフレータブルボートの場合、ピンホール程度の小さな補修なら、専用の補修キットで修理可能。大きな裂け目などができた場合は、メーカーに修理を依頼しよう

海上での基本的な航法

免許・船検不要艇に思うこと

わが国では、カートップボートクラスの小さなボートでも、船外機付きボートで海に出るには、ほぼすべての場合海技免状（免許）が必要だったことは、みなさんもご存じでしょう。

免許を取得する際には、当然、海上での法律やルールを学びます。しかし、そこで学ぶのは、外洋を航行する大型船で用いるルールを小型船舶用に要約したものなので、非常に複雑な上、カートップクラスのボートでは実際に必要としないことも含まれているわけです。

カートップクラスの小さなボートにまで規制をかけて、免許だ、船検だなどという国は日本だけで、世界的に見ると、小型船舶とされるボートは、進水時に安全装備検査を受けるくらいで、乗り手も安全講習を受ければ免許不要で操縦できるという国がほとんどなのです（もちろん、相応の責任がともないますが）。

こういった実態に則さない免許制度への問題提起などは、これまでもさまざまな機会に訴えてはいるのですが、そうはいっても、日本にいる以上、この国のルールに従ってボート遊びをしなければなりません。

ところが、こうした声が届いたためか、2003年6月に少々の規制緩和があり、免許・船検不要ボートという枠（長さ3メートル未満のボートに、出力2馬力以下の船外機をセット）ができたことで、ボート遊びの入り口が大きく開けました。もうすでに、この免許・船検不要ボートを使用している方も多いと思います。

しかし、実際には、この免許・船検不要ボートをみなさんはどう見ているのでしょう。

私たちのようなボート販売者側から見ると、この規制緩和は非常に中途半端なもので、しかも少々危険に感じるものになっています。

この規制緩和によって免許・船検不要の枠を広げ、マリンレジャーをもっと身近なものにしていこうという意図はわかりますし、私たちも大賛成です。

しかし現状では、今まで免許だ、検査だ、法律だとさまざまな規制をかけていたものの一部を、突然、まったく管理しなくなった、極論をいえば、海のルールをまるっきり理解できない子どもでも、船外機付きのボートに乗って海上へ出て行けるという状況になっているのです。

以前の免許・船検不要ボートは、ボートのサイズもエンジンの出力も非常に小さく、手漕ぎボートと同様、たいして遠くに行けないもので、これといって海上の法律を知らなくても特に問題ない、岸近くでのボート遊びが楽しめるという程度のものでした。

しかし、現時点での免許・船検不要枠内に収まる、2馬力の船外機を搭載した約11フィートのボートだと、天候さえ良ければ、結構沖まで出て行けてしまうのです。

現状では、販売者側が免許・船検不要ボートのユーザーさんへ向けて、海上でのルールを教えながら販売するという形になっていますが、ボートは釣具屋さんでも買えますし、船外機はホームセンターで売っている場合もあるのです。そのようなところで購入して、果たして海上でのルールなどを、きちんとした専門知識を持つスタッフに教えてもらえるのでしょうか？

この場を借りて言わせてもらえば、規制

緩和といって完全に規制を解除してしまうのではなく、あくまでも緩和として、海上での基礎的なルールを簡単に学ぶ安全講習を受ける義務や、命を守るライフジャケットなどの搭載を確認する程度の初回安全装備点検くらいは義務付けたほうが、今後の事故防止につながるのではないかと思うのですが、みなさんはどう思いますか？

他船に衝突しないためのルール

さて、本題の海上での法律について触れていきましょう。

海上ではいくつもの法律を基に、さまざまなルールが成り立っています。そのなかでももっとも基本となる「海上衝突予防法」から解説していきましょう。

港のなかを含め、海上では多くの船舶が航行しています。それら他船との衝突事故を防ぐためのルールが海上衝突予防法です。

走る場所が決められている陸のクルマと違い、水上に車線などありませんので、一部の航路を除いては、どこをどう走っても基本的には構いません。しかし、港の出入り口付近や海上で他船と行き交う際の基本的なルールがあるのです。

まず、海上では、クルマと違って右側通行になることを覚えてください。といっても、

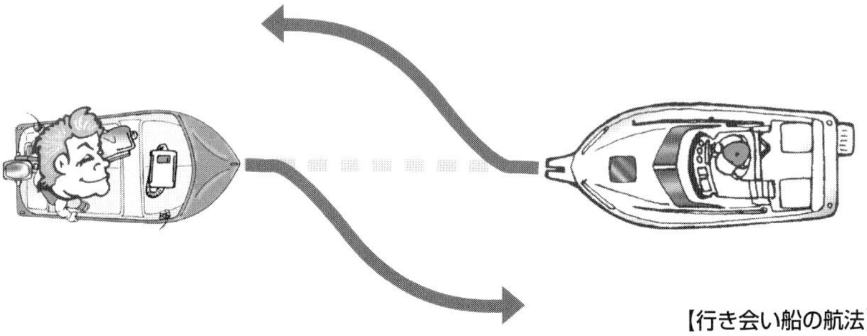

【行き会い船の航法】
正面から他船が向かってきた場合は、お互いに相手の右側へ針路を変更する

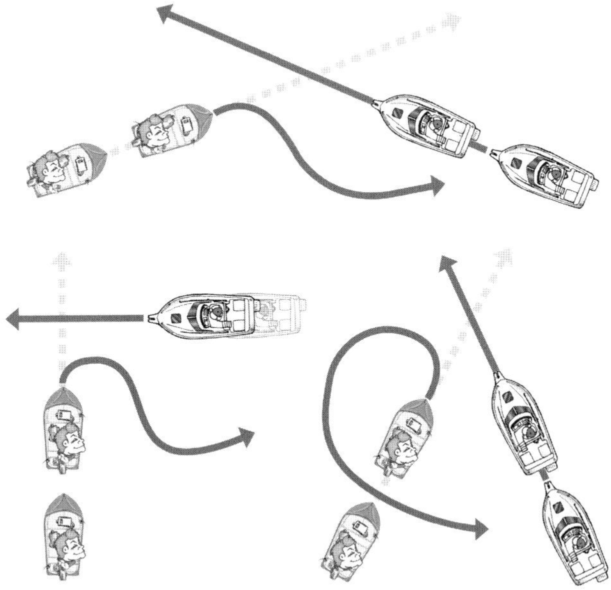

【横切り船の航法】
他船と進路が交差する場合は、相手を右に見る船が、相手の進路を避ける

海上には車線がないので、道の右側を走るというわけではありません。正面から来た船と行き違うときは、衝突を避けるためにお互いが右側へかわすということです（行き会い船の航法。イラスト参照）。

なお、港のなかや航路が定められている場所も右側通行であるということも覚えておいてください。

しかし、海上では常に正面からだけ他船が来るわけではありません。自船に対していろいろな角度から他船と行き交うケースが想定されます。その際のルールとして、2隻の船が針路を保ったまま進むと衝突する恐れがある場合は、相手船を右手に見る船が相手の進路を避ける、というものがあります（横切り船の航法。イラスト参照）。これがもっとも基本的な、衝突を予防する操船ルールなのです。この動作は、相手船にわかるように、できるだけ早期に、明確に行うことが重要です。

針路変更が難しい場合は、速力を落として相手船を先に行かせることも必要です。

港の出入り口付近のルールとしては、右側通行に基づき、防波堤の突端などを回って出入りする場合は、障害物を右手に見て走る船はできるだけそれに近づいて走り、左手に見て走る船は、それらからできるだけ大きく離れて走る、というものがあります（右小回り・左大回りのルール。イラスト参照）。これは見通しの悪い岬などを回り込む場合も同様です。

出入港時は、基本的に出船優先となりますので、自船が入港しようとしたときに出港する船がいたら、入港しようとする自船の針路を変えて出港する船に進路を譲り、出港する船が港を出てから入港するようにしましょう。

このように、相手船をかわすだけでもさまざまなルールがありますが、要は、衝突しないように早めに自船の針路を変えることが重要なのです。他船が必ずしも法を守っているとは限りませんし、我が物顔で航行する大型船もいたりするのです。

よって、優先権を振りかざすことなく、自分の針路と他船の動きを常に意識し、衝突しないように早期に針路変更しましょう。

ここまでが、海上で衝突を避けるためのもっとも基本的なルールです。免許のあるなしにかかわらず、フネに乗るならこれくらいは最低でも知っておきたいものです。

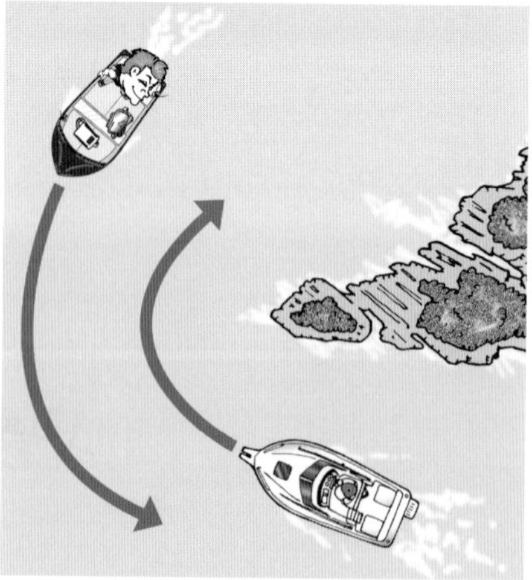

【右小回り・左大回り】
防波堤や岬など、見通しの利かない場所を回り込む場合は、右手に障害物を見る船が小回りし、逆に左手に障害物を見る船が大回りする

夜間航行について

ボートの大きさにかかわらず、夜間に海上を航行するのは、視界が悪く危険をともないます。よって、夜間航行はできるだけ控えたほうがよいのですが、その海域を熟知したベテランともなれば、やはり、夜釣りなども楽しみたくなるもの。

そこで、夜間航行時の装備についても解説しておきましょう。

基本的に、航海灯の装備がないボートは、夜間航行することはできません。また、夜間航行をする際には、航海灯の装備がきちんとできているか船検を受け、夜間航

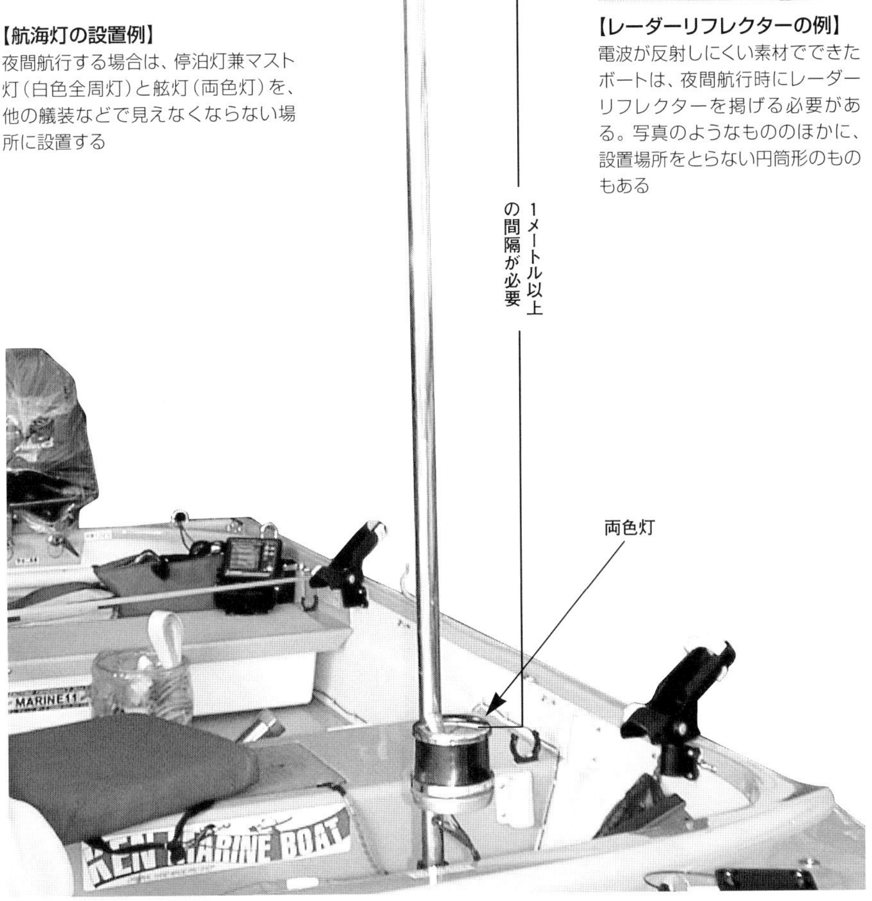

【航海灯の設置例】
夜間航行する場合は、停泊灯兼マスト灯（白色全周灯）と舷灯（両色灯）を、他の艤装などで見えなくならない場所に設置する

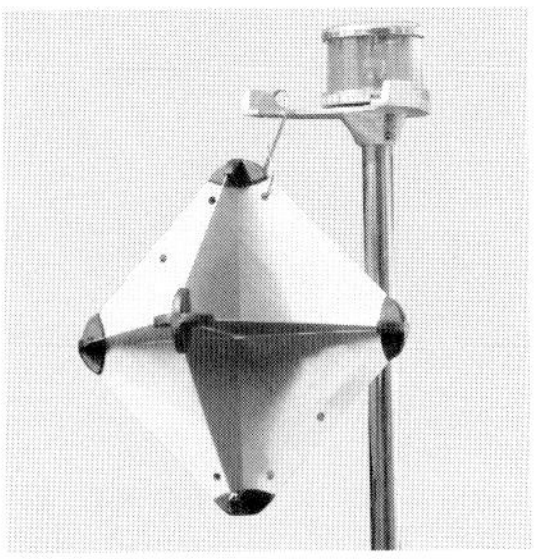

【レーダーリフレクターの例】
電波が反射しにくい素材でできたボートは、夜間航行時にレーダーリフレクターを掲げる必要がある。写真のようなもののほかに、設置場所をとらない円筒形のものもある

行の許可を得なければなりません。

航海灯の装備をしていないボートが航行できる時間帯は、“日出から日没まで”と定められています。よって法的には、日の出直前の明るくなってきたときや、日没直後のまだ明るい時間帯であっても、航海灯の装備がなければ航行を禁止しているのです。

さて、カートップクラスのボートで夜間航行するためには、停泊灯兼マスト灯（白色全周灯）と舷灯（両色灯）を各1個ずつ、次ページの写真のとおり、周囲からはっきりと見えるように、ほかに艤装したものの陰にならないように装備します。

白色全周灯と両色灯には、それぞれにスイッチを設けて、航行中はマスト灯と両色灯を点灯させ、停泊中は両色灯のスイッチを切り、停泊灯のみを点灯させます。この灯火表示によって、他船に対して自船の行動を認識させるわけです。

また、インフレータブルボート、FRP製ボート、ポリプロピレン製ボートはレーダーに映りにくいため、夜間航行の装備をする際には、写真のような航海用レーダーリフレクター（レーダー反射器）の装備も義務づけられています。この反射器を掲げることで、レーダーに映りやすくするのです(船検の規定では、鋼鉄製ボートとアルミ製ボートは、レーダーリフレクター不要とされています)。

夜間航行する漁船やタンカーなどでは、レーダーだけを頼りに自動操舵で航行する船も多く、レーダーに映らないような小さなボートはとても危険です。よって、航海灯と合わせて、レーダーリフレクターの装備が義務づけられているのです。

夜間航行するには、最低限、こうした要件を満たしておく必要がありますので、免許・船検不要ボートは、安全上、夜間航行を避けて、明るい時間帯だけの航行としてください。

また、夜間航行の装備をしているボートでも、日の出前の早朝出航や日没直後の航行程度にとどめてください。夜間航行は、その海域を隅々まで熟知し、目隠しでも航行できるくらいのベテランになってからにしたほうが賢明でしょう。

陸とは異なる海の標識

海上では、基本的にどこをどう通っても構いませんし、車線や信号がないので自由で開放的な走りが楽しめ、クルマでは味わえない爽快感に包まれます。この点が陸上交通と大きく異なります。

しかし海上でも、航路が定められた海域や港の出入り口付近では、そこに設置されている標識に従って航行する必要があります。つまり、海上にも交通ルールがあって、それにともなった標識があり、そのルールや標識に従って航行しなければなりません。

ところが、一概に“標識”といっても、海上標識は陸上の道路標識と形も意味合いも大きく異なっており、しっかり覚えておかないと非常にわかりにくいものです。

陸上の標識は、たくさんの種類がありますが、わかりやすい絵や数字を使っていて、意味する内容のイメージが捉えやすくなっています。

一方、海上の標識は、大型船から小型船まで、遠く離れた位置からも確認できるように、本体の色や形、またライトの色でそれらを判別するようになっていて、世界共通ではあるものの、一見しただけではイメージが伝わってきません。反面、種類は道路標識ほど多くないので、以下に挙げる重要なものだけでもしっかり覚えておきたいところです。

また、道路標識は通行する路線に標識が作られていて、それを読みながら進みますが、海上では自分が向かう先にある標識を読み取って、その水域の状況を把握する必要があります。

さらに、道路標識と海上標識では、表示の仕方、意味の取り方が大きく違います。道路標識は、「この路線はこんな道路なので、こう走ってください」と、通行区分と通行する際の制限を示したものがおもで、この制限に従って走ることになります。

一方、海上標識は、水面下の障害物や浅瀬などの状況を表すものがおもで、これらの意味から通航区分を読み取ります。

海上標識は、おもに沿岸を航行する際に危険な場所を知らせるために設置されていますので、カートップボートで航行する海域でも多く見られます。その意味合いやルールは、ボート免許取得者であれば、免許取得時に勉強し、試験にも出題されているので、知っていて当然なのですが、意外と忘れている方も多いでしょうから、ここでおさらいの意味も込めて再確認してください。

また、近年設定された免許・船検不要ボートに乗るカートッパーは、これらのルールを学ぶ場がないので、ここでしっかり覚えてください。

おもな灯浮標の種類と意味

海底や堤防などに固定された標識を「立標」、海上に設置されたブイ状の標識を「浮標」、立標に灯火が加わったものを「灯標」、浮標に灯火が加わったものを「灯浮標」といいます。

以下では、灯浮標を基準として、それらが示す意味を解説していきましょう(〔　〕内の色は、灯浮標の色を示します)。

◯左舷／右舷灯浮標

航路が定められた場所を航行する場合や、港へ入港する際の目印になるのが、右舷灯浮標と左舷灯浮標です。これらは左右が一対になった状態で、航路に沿って一列に並んでいます。

港へ入港する際には、左舷灯浮標〔緑〕を左に、右舷灯浮標〔赤〕を右に見て進みます。当然、出港するときは逆になります。なお、右舷灯浮標は、入港時、この灯浮標より右側に危険な浅瀬や沈没船などの障害物があることを示しています。左舷灯浮標はこの反対の意味です。

これらは、基本的には大型貨物船などが出入港するような港の入り口付近に設置されており、小さな漁港などの入り口に設置されていることはあまりありません。

ただし、漁港によっては、港の入り口の堤防に、入港する際の目印として、赤い灯台(灯火・赤)と白い灯台(灯火・緑)が設置されているところがあります。この灯台も、右舷／左舷灯浮標と同様の意味合いで通航区分を示しているものです。

◯方位灯浮標

左舷／右舷灯浮標と同じように、障害物や浅瀬を知らせる灯浮標として、東・

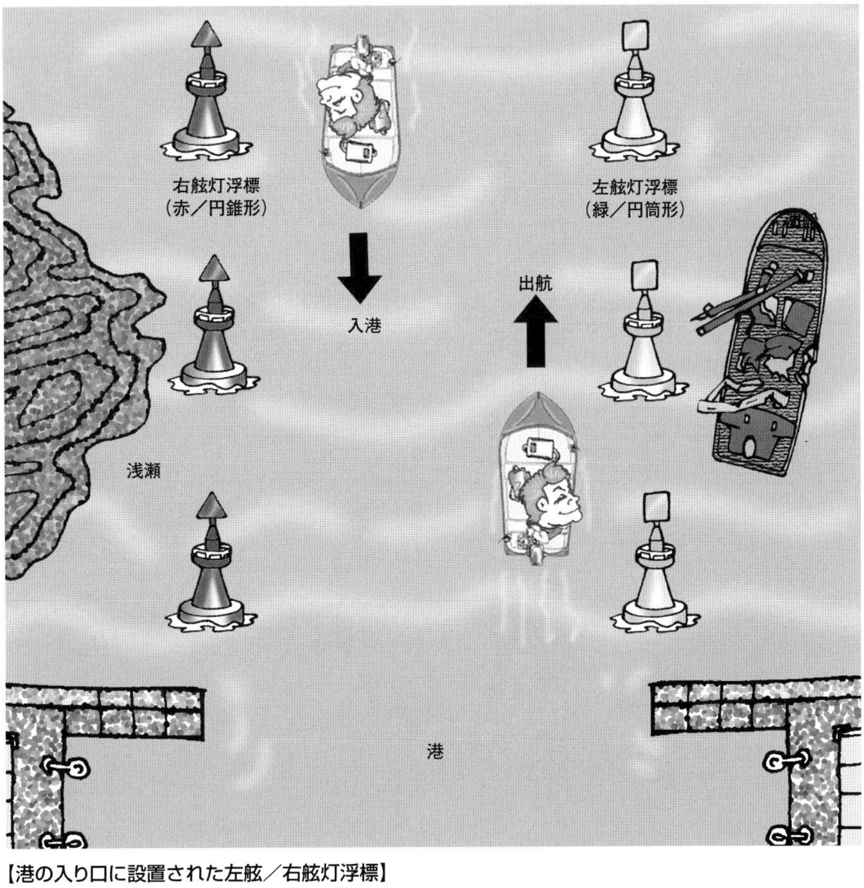

【港の入り口に設置された左舷／右舷灯浮標】
港へ入港する場合、右側に右舷灯浮標〔赤／形象物・円錐形〕が、左側に左舷灯浮標〔緑／形象物・円筒形〕が、それぞれ対になって設置されており、これらの外側に浅瀬などの危険水域があることを示している。「出港時は自艇の舷灯と灯標が同じ色同士向き合う」と覚える

西・南・北の「方位灯浮標」があります。

東方位灯浮標〔黒黄黒〕はその灯浮標の東側に可航水域があり、反対の西側に危険な水域があることを示しています。同じように西方位〔黄黒黄〕・南方位〔黄黒〕・北方位灯浮標〔黒黄〕も、示す方位に可航水域、その反対側に危険な水域があるという意味合いです。なお、方位灯浮標は、色と灯浮標先端の形象物の違いで見分け方を覚えて置いてください。右ページ右下の写真の浮標は、先端の形象物の形と本体の色から「西方位灯浮標」で、この灯浮標の西側に可航水域があり、東側に障害物があることを示しています。

なお、ここで注意したいのは、方位灯浮標は名称が示す方角に可航水域がありますが、左舷／右舷灯浮標は、自艇の進む向き（出港時か入港時か）によって、可航水域の方向が相対的に変わるという点です。非常にわかりにくいところですが、間違えないように注意してください。

◯安全水域灯浮標〔赤白〕

この浮標の周辺が安全な水域であることを示す灯浮標で、航路の中央や港湾の入り口に設置されています。

◯特殊灯浮標〔黄色〕

おもに、工事区域や海苔網などがある漁業海域と、可航水域との境界に設置してある灯浮標です。

工事区域では作業船が多く航行しており、この海域を航行する際は、それらの船舶に注意が必要です。ですから、このような工事に従事する船舶の往来が多い海域で釣りをするのは避けたほうがよいでしょう。

また、沿岸の浅い海域では、海苔網やカキ棚などの漁業施設が設置された海域があります。こうした海域を区分するために、境目の目印として特殊灯浮標を設置している海域もあります。ときには、大型の定置網の先端の目標物として使用されている場合もあります。

この灯浮標で仕切られた海域内には漁業者が多く、特に魚網が多く入っています。海が荒れだすと、それら魚網の目印となっている浮き物の認識が困難になり、海苔網に乗り揚げてしまったり、目印になって

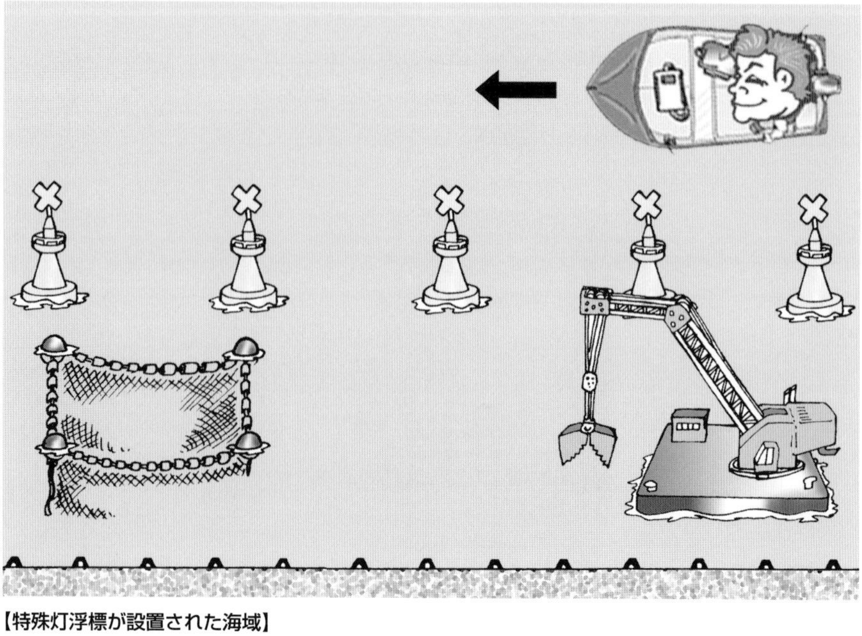

【特殊灯浮標が設置された海域】

特殊灯浮標〔黄色／形象物・×形〕は、工事区域や漁具設置区域と、可航水域との境目に設置される。この灯浮標の内側は注意を要することを示しているので、この灯浮標の周囲を航行する場合は十分に注意しよう

いる浮き物を固定するロープをプロペラに絡めてしまったりと、とても危険です。

また、場所によっては、特殊灯浮標によって漁業者以外の釣りを禁止している海域を示していることもあるので、地元のルールに従ってください。

とにかく、この特殊灯浮標周辺には、注意しなければいけないものがあるということなので、周囲を航行するときは十分に気をつけましょう。

【灯浮標の種類】

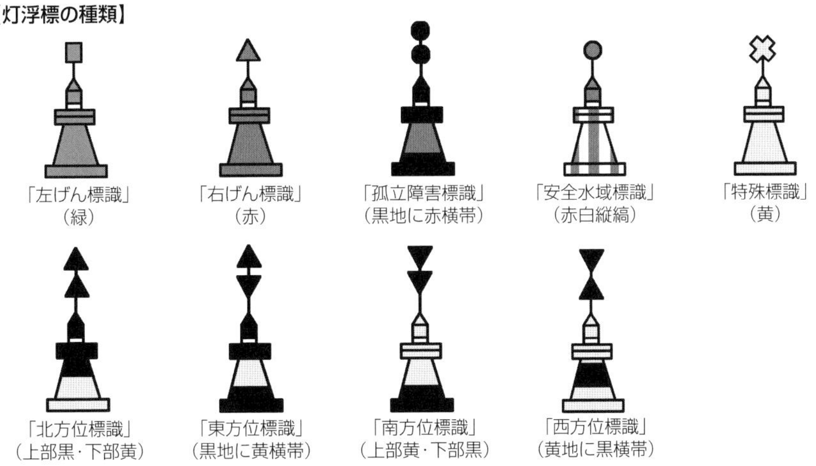

灯浮標のその他の注意点

余談ですが、灯浮標周辺には小魚が多く集まり、それを食べに来るフィッシュイーターが集まっています。よって、シーバスや夏のルアーフィッシングの代表魚であるシイラをねらうには、絶好のポイントとなるので要チェックですね。

しかし、これら灯浮標にロープを結んで係留するのは違法です。係留して釣りをしたり、ちょっと休憩といって灯浮標にボートを舫って昼寝したりすることは決してしないでください。

なお、ここで解説した灯浮標は、ごく基本的なものばかりですので、最低限、これらの意味と見分け方は覚えておきましょう。

また、釣りをする海域をよく知るために海図を参照し、そこに記載されている灯浮標の記号も覚えておくと、釣りに行くときの目安となり、危険な個所を事前に把握しておくことができるので、安全に釣りを楽しむための準備のひとつになるでしょう。

【特殊灯浮標の例】
工事エリアや漁具設置場所などに設置される特殊灯浮標。写真では、この灯浮標の左側に漁具が設置されている。ちなみに、写真のとおりブイ周りは格好の釣りポイントとなるが、ブイに係船するなどの行為は絶対にしてはならない

【方位灯浮標の例（西方位灯浮標）】
方位灯浮標は、その名称の示す側に可航水域があることを示している。写真の西方位灯浮標の場合、このブイの西側を通航でき、東側には危険水域があることを示している。左舷／右舷灯浮標は、灯浮標の名称と可航水域との関係が、自艇の進行方向によって相対的に変わるので注意しよう

重要な海の手がかり
海図

海図で知る水面下の様子

陸上をクルマで走る場合は、基本的に路面を見ていれば大丈夫ですが、海ではそうはいきません。

前項でも述べたように、陸上では道路上に走る場所が決められていて、路面の状態は目で見てわかります。しかし海上では、海面だけを見ていればいいというものではありません。海上には当然道路がない上に、水面の状況はわかっても、水面下の状況は目で見てもそうわかるものではないのです。

前項で解説した危険な水域を知らせる灯浮標は、あくまでも大型船が航行する海域に設置されているものなので、カートップクラスの小さなボートが行き来するような、岸寄りの比較的浅い海域には設置されていません。

カートップボートは、海岸の砂浜などからボートを出すケースが多くなるので、沿岸海域の地形は特によく知っておく必要があります。なぜなら、潮の干満（水位の上昇下降）によって水深が大きく変わり、海面の状況や海岸線の状態まで変わってしまうからです。出艇時には満潮で水位が高く、クルマを置いた場所から波打ち際まで近くてボートを下ろしやすかった海岸が、釣りが終わって帰ってきてみたら潮位が下がり、波打ち際が数百メートルも沖側になっていたり、出航時には障害物がなにもなかった海岸が、干潮時に水位が

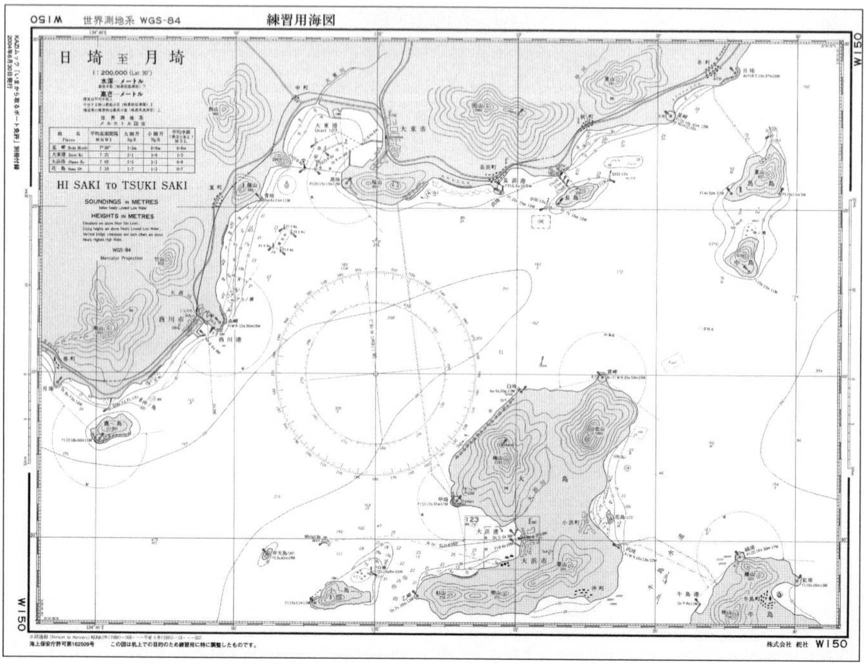

【海図の一例】
この図は、ボート免許の講習などで使用される、練習用海図「W150　日埼 至 月埼」の一部。練習用海図は、海図の基本を学ぶために必要な要素を盛り込んだ図で、実際の地形を表しているものではない
海上保安庁許可第162512号

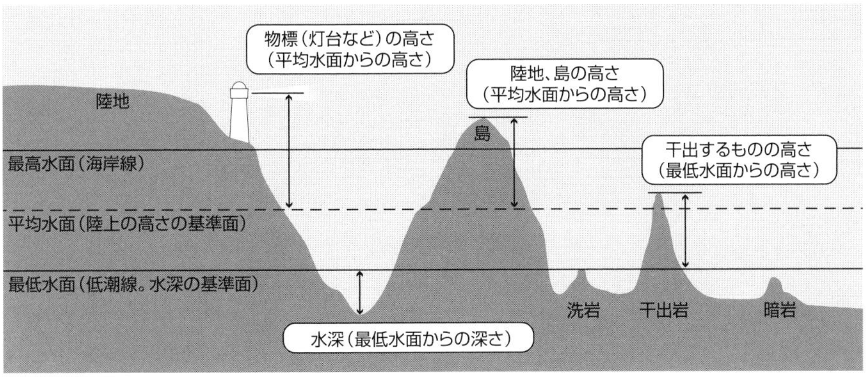

【水深、海岸線の基準】
この図は、水深や海岸線、陸地や灯台などの高さを決める際の基準を模式化したもの。水深を決める面と、陸地や物標の高さを決める面、海岸線となる面がそれぞれ異なっている

下がると、あちこちに岩が水面に顔を出して危険な状態になっていた、というケースもよくあります。

そこで当店でボートを販売する際には、ユーザーのみなさんに、

「魚探は魚を探す以前に、危険な浅瀬など水深や地形を知るために重要なアイテムで、安全上必要ですから必ず装備してください」

と勧めています。ただし、魚探はあくまでもボートの真下だけを映し出すものなので、これだけでは行き当たりばったりの情報しか手に入りません。

そこで、安全にマイボートで釣りをするためには、行こうとする海域の情報を事前に海図で確認し、それを参考に魚探やGPSと照らし合わせて現場の海域の状況を知る必要があります。特に、新しい出艇場所を探すときなどは、海図で十分に海岸線の情報を確認しておく必要があります。

またそうした際に、釣具店で売っている釣りマップなどとも照らし合わせて、海岸に出られる陸上のルートも確認するとよいでしょう。

なお、海図には水面下の地形や底質（海底の地質が泥か砂かなど）も表されているので、アンカーを下ろす場所の状況を知ることもできます。水面下の状況がわかるということは、釣りをするポイント探しの重要な手がかりにもなり、海図を見ていると釣りに行くのが楽しみになってくるものです。

とはいえ、海図を見るには、その見方や記載されている記号の意味などがわからなければ、海岸線の形と水深がわかるくらいで、危険な浅瀬も、釣りのポイントもまったくわかりません。しかも、海では潮の干満によって水深が変わるので、それも考慮に入れて見なければならないのです。

海図と一緒に活用する資料

海図には「航海用海図」「海の基本図」「特殊図」の3種類があります。このなかで、一般的にプレジャーボートが使う海図が「航海用海図」です。

航海用海図はその名のとおり、船舶が航海するときに使用するもので、海岸線、低潮線、水深、底質、航路標識（灯台、灯浮標など）、陸上の目標物（塔、煙突、橋など）、コンパス図などが記載されています。

航海用海図の水深は、船舶の安全のために、大潮の干潮時でも海面がこれ以

以上下がらない“最低水面”からの深さで表示されます。「海岸線」とは、大潮の満潮時に海面がもっとも上がった“最高水面”での陸と海の境界線で、「低潮線」とは、海面がもっとも下がった最低水面での陸と海の境界線です（前ページのイラスト参照）。このことから、海岸線と低潮線が離れている海岸は、もっとも潮位が下がる大潮の干潮時には、波打ち際までの距離が大きく離れてしまう、ということがわかります。

同じように、潮の干満によって海上で変化するものとして注意したいのが、「干出岩」「洗岩」「暗岩」と呼ばれる岩です。

潮位が下がったときに顔を出す「干出岩」と異なり、水面の少し下にある「暗岩」は、一見するとその存在に気づかないことがあるのです。多少波があるときや潮の動きがあるところでは、暗岩の上の水面はほかの水面と違ってさざ波が立つので気づくこともありますが、ベタ凪の海で暗岩の存在に気づかず、うっかりその上を通過してしまって座礁したり、船外機のプロペラを当てて破損してしまったりという事故も起こります。「干出岩」と「暗岩」の中間に当たるのが「洗岩」で、これは水面ぎりぎりにある岩の頂上を波が洗っています。

このように、海では潮の干満に伴う潮位によって、水面や海岸の状況が常に変化しているということなのです。

よって、海図を見て出艇場所を決めたり、釣りのポイントや危険な海域を知るためには、海図だけでなく、潮の干満とそのときの潮位を知るためのタイドグラフ（潮位表）が必要となるのです。

そして実際に海上に出てからは、現在の潮位と、実際の水深を知るための魚探や現在位置を知るためのGPSとを照らし合わせて、自分が今いる位置がどのような場所なのかを把握するのです。

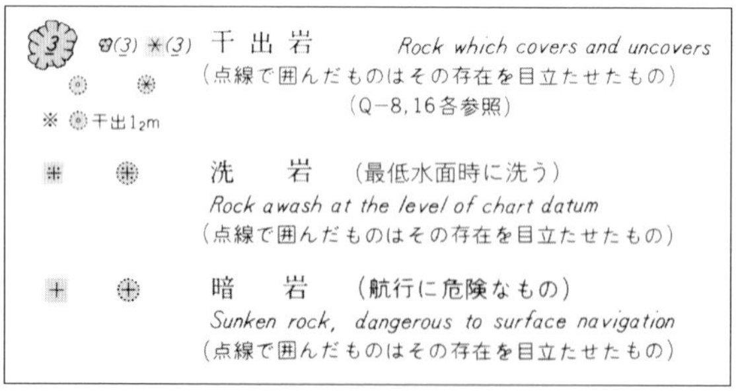

【干出岩／洗岩／暗岩の海図図式】
干出岩／洗岩／暗岩はそれぞれ、海図上では左のような図で示される。いずれもボーティングにとって危険な存在なので、自分が航行するエリアにこれらがないか、確認してみよう

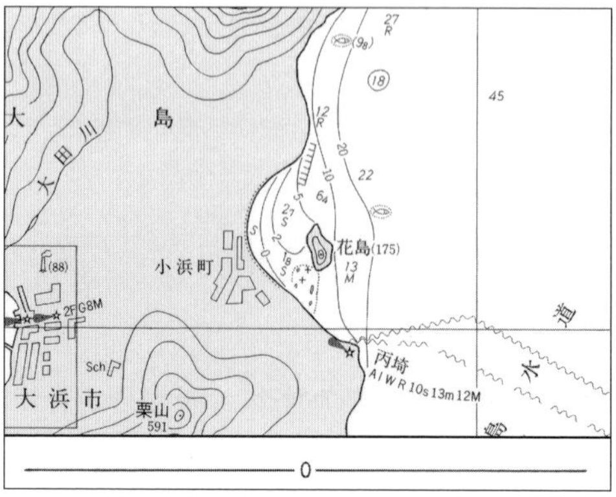

【低潮線の海図図式】
海岸線と低潮線が大きく離れているところでは、この図のように、水深0メートルを表す線が記載される。こうしたところは干満の差が激しいので、出艇場所とする場合は十分な注意が必要だ

【フィッシングマップの活用】
釣具店などで販売されているフィッシングマップは、釣り場周辺の陸上の様子も記載されているので、カートッパーにはなにかと便利だ

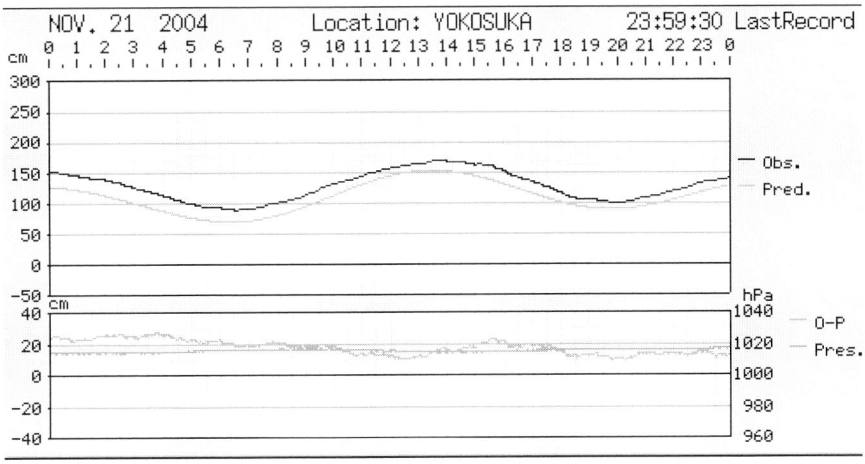

【タイドグラフの活用】
これは海上保安庁海洋情報部のホームページに掲載されているリアルタイム験潮データ。このようなグラフになっている潮見表を入手して活用しよう

ですから、本来、海図はボートに持っていくべきものなのです。しかし、海図は1枚が非常に大きなものなので、小さくて狭いカートップボート上で広げて見るのは現実的ではありません。そこで、自分が目指すポイント周辺の海域が見られるように小さく折り畳んで、防水ケースなどに入れて持っていくとよいでしょう。

潮位表は時間と潮位の数値だけのものよりは、グラフになっているもののほうがひと目でわかるのでお勧めです。潮位表は、釣具店であればどこでも置いてあるので、そのなかからグラフになったものを選んでください。

なお、海図以外にも、水深や地形、釣りのポイントが詳細に書かれているムック本が地方ごとに出版されています。関東では、『海のボート釣りナビゲーション』（辰巳出版 刊）などがあります。これは海図とは異なりますが、釣りのポイントとなる海域の地形と主な対象魚をイラストでわかりやすく解説してあり、海上でポイントを探すためのヤマダテの仕方や、目安になる目標物も詳しく書かれていて非常に便利です。

同様に、釣具店などで売っている『海釣りドライブマップ』（つり人社 刊）などの海釣りマップもあると便利です。これらは岸から釣りをするための地図で、海岸沿いの釣りのポイントや海岸に出るための道路地図が詳細に書かれているので、ボートの下ろし場所を探すのに最適です。

水深、等深線、底質で、海底の様子を知る

海図を眺めていると、いろいろな記号が目につきます。一番多く書かれているのは、数字とアルファベットではないでしょうか？

数字は水深を表す数値です。この数値は最低水面を基準とした水深の数値なので、潮位によって変化します。

同じ水深を結んだ等深線は、その間隔によって海底の落ち込み具合がわかります。等深線の間隔が広い場所ではなだらかな落ち込み、等深線の間隔が狭くなっているところは急激な落ち込みです。

そして、数字の周辺に記載されたアルファベットが、砂地か、岩場かといった、海底の底質を表しています（154ページ表参照）。

これらの、水深、等深線、底質を見れば、出艇地周辺の様子を事前に検討したり、沖に出たときに釣りをするポイントを探す際の大きな目安になるのです。

海岸線付近を見た場合、海岸線と低潮線が近く、等深線がつまっているところは、波打ち際がどん深《ぶか》になっていることを示しています。逆に、海岸線と低潮線が離れ、かつ、等深線がまばらなところは、遠浅でなだらかな海岸だということがわかります。

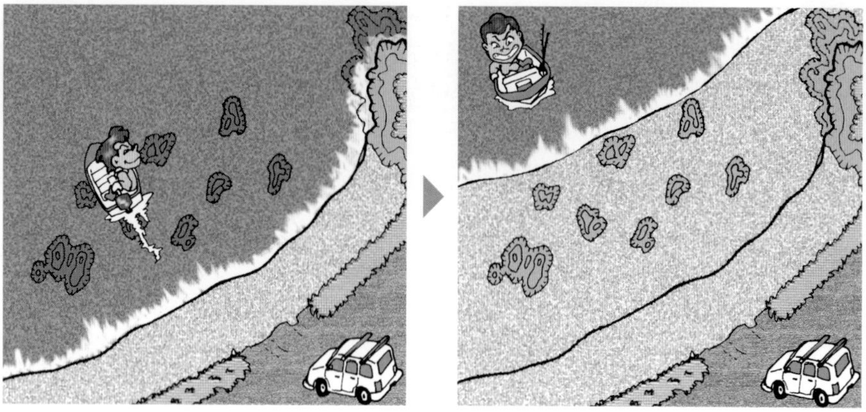

【干満の差が激しい海岸線】
出航時は満潮で、波打ち際の近くまでクルマを寄せられて楽だったのに（左）、干潮時に戻って来たら、干出岩などにはばまれて砂浜まで近づけずに苦労する（右）、ということもある。こうしたことがないように、出航場所の干満の差や干出岩などの有無を、海図で事前に調べておこう

海図で読み取る主なポイントや釣りもの

海図を見ると、水深と等深線と底質から、ポイントと釣りものの目安を読み取ることができます。

等深線の間隔が広く、なだらかな落ち込みとなっている海岸線付近で、底質が砂地（S）や泥地（M）、また砂交じりの泥地（SM）なら、シロギス、メゴチ、マゴチ、ヒラメ、カレイなどがいると考えられます。

そのまま沖へ向かって、深いところに岩（R）が混じり、高根などがあれば、その周りにはアジや青ものなどが回遊している可能性が高くなります。同じような岩礁帯では、カワハギも集まるかもしれません。

深場にある高根や、等深線の間隔が狭まっていて急激な落ち込みになる硬い底質の場所は、マダイやオニカサゴなどがいるのでは、と予想できます。

このほかにも、沿岸付近の海藻が多い場所なら、アオリイカやケンサキイカなど、イカ類を釣るポイントとして有望です。

このように、海図を見ていると海底の様子がわかり、釣りをするための大きな目安になります。

また、底質がわかれば、アンカーを打つ際の目安にもなります。装備の項で解説したように、砂泥地であれば、その底質に適したダンフォース型アンカーを使用し、アジやマダイねらいで岩礁帯に行くなら、岩場用のバーフッカーがお勧めです。

このほかにも、海図からわかる釣りポイントとしては、人工的に作られた魚礁もあります。これは、魚を集めるための障害物を人為的に沈めて作ったもので、海図に表記されているものもあるのです。

同じく人為的に沈められたものに、海底ケーブルがあります。ごくまれに、この海底ケーブルにアンカーを引っ掛けて抜けなくなった、などという話も耳にしますので、これも気に留めておいてください。

このほかの注意して見るべき図式としては、潮流に伴った潮目波が起こりやすい海域に示された記号です。このような場所では、潮が大きく動く時間帯に発生する潮流や、海流に伴って発生する流れが、海底の激しい起伏にぶつかり、危険な潮目波が立ちやすくなっています。できれば、このような海域は航行しないほうが賢明でしょう。やむを得ず通らなければならないときは、潮止まりの時間に通過するようにしてください。

ヤマダテに使う陸上部分の海図図式

次に、陸上の海図図式を見てみましょう。

海図には海の様子だけでなく、煙突や灯台など、海から見た場合に目印となる陸上の建物なども記載されています。

陸上の目印が海上で役に立つの？ と思う方も多いでしょうが、これらを利用して自艇の位置を確認することができるのです。

例えば、たくさん魚が釣れたときに、陸上の建造物と海図を照らし合わせて、そのポイントを把握することができます。こうした方法を「ヤマダテ」といいます（もちろん、海図に記載されていない建物などを目印にしても構わないのですが……）。

ヤマダテをする場合は、できるだけ90度に近い2方向を見て、それぞれ、海岸線近くの目印と、その奥にある目印の2点を結んだ線を引きます。この2本の線が交わるところが自船の位置となるのです。

これは、比較的海岸近くの海域で利用できるポイントの記憶法ですが、海岸から離れた沖へ出てしまって海岸線近くの建物が判別しにくい場合は、なるべく大きな2つの目印を見つけ、コンパスでそれらの方角を記録しておけば、同じく、2本の方位線が交わる場所が自艇の位置となります。

もっとも、最近ではGPSを装備したカートッパーが多いようなので、いいポイントを見つけたら、GPSにマークしておけば手っ取り早いですね。

このように、海図を見ていると、それだけで頭のなかで釣りに行った気分になれるほど、いろいろな情報が記載されているのです。

釣行計画を立てる際には、釣りもののことだけでなく、安全に航行するための情報収集に、ぜひ海図を役立ててください。

なお、海図の購入方法は、当店のようなショップに注文するか、下記の問い合わせ先に相談／申し込みをしてください。

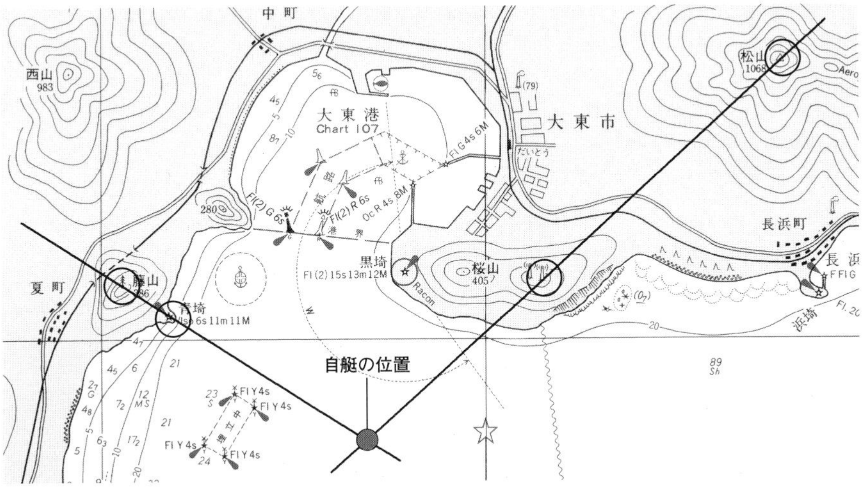

【ヤマダテの例】
陸上の顕著な目標物2つが重なる線（重視線）を数本引くと、その線の交点が自艇の位置になる。顕著な目標物が1つしか見つからない場合は、その目標物に対するコンパス方位に合わせた線を引けば、同じように自艇の位置が確定できる

●海図に関する質問、問い合わせ	「海上保安庁海洋情報部 海の相談室」	TEL：03-3541-4296
●おもな海図販売所	「日本水路協会 海図サービスセンター」	TEL：03-5708-7070

海図図式（一部を抜粋）

●危険物など

※ Wk
船体の一部を露出した沈船
Wreck showing any portion of hull or superstructure
（大縮尺図ではその概略の形を示す）

Mast / ※ Mast Wk
マストだけを露出した沈船
Wreck of which the masts only are visible
（大縮尺図ではその概略の形を示す）

Wk
危険全没沈船（沈船上の水深30m以浅）
Sunken wreck, dangerous to surface navigation
（大縮尺図ではその概略の形を示す）

fB　険 悪 物　*Foul bottom*

サンドウェーブ　*Sandwaves*

※　急潮・波紋　*Overfalls, Tide-rips*

※　激　潮　*Tidal race*

渦　流　*Eddies*

(37)　68
魚　礁　*Fish haven*
（最小水深がわかっているもの *with least depth where know*

魚　礁　*Fish haven*
（概位、水深不明なもの　PA, *Unsurveyed fish haven*）

※ 魚礁　魚　礁　*Fish haven*

※ （電力 *Power*）
海底線（電力）　*Submarine cable (power)*

海底線区域　*Submarine cable area*

※　廃棄海底線　*Abandoned submarine cable*

※　海底輸送管　*Submarine pipe line*

海底輸送管区域　*Submarine pipe line area*

1.5kn / ※ 1½kt
海流一般（流速を付記する）
Current, general, with rate

2.3kn
上げ潮流（流速を付記する）
Flood stream (current), with rate
（大潮期の最強流速を「ノット」で小数第1位まで示す）

2.3kn
下げ潮流（流速を付記する）
Ebb stream (current), with rate
（大潮期の最強流速を「ノット」で小数第1位まで示す）

●陸上物標

煙　突　*Chimney*

火炎煙突　*Flare stack*

給水塔、配水塔
Water tower, Stand-pipe

※　油タンク　*Oil tank*

針葉樹　*Conifer*

常緑樹（針葉樹を除く）
Evergreen (except coniferous)

○符を付けたものは位置を測定したもの

●浮標

北方位標識　*North Cardinal*

南方位標識　*South Cardinal*

東方位標識　*East Cardinal*

西方位標識　*West Cardinal*

孤立障害標識　*Isolated danger*

安全水域標識　*Safe water*

左舷標識　*Port-hand*

右舷標識　*Starboard-hand*

特殊標識　*Special purpose*

●底質

S	砂	*Sand*
M	泥	*Mud*
G	礫	*Gravel*
St	石	*Stones*
R	岩	*Rock*
Sh	貝 殻	*Shells*
Wd	海 草	*Sea-weed, Grass*

おわりに

本書を最後まで読んでいただき、ありがとうございます。

この本は、私たちケン・マリーン・ボートのスタッフ自身が積み重ねてきた経験や、当店のユーザーの方々からうかがった経験談を元に、これからカートップボートを始めようと思っている人、すでにカートップボートを楽しんでいる人たちに向けて、安全で楽しく充実したカートップボーティングを送っていただきたく筆をとったものですが、いかがだったでしょうか？

もし、この本を読んだあとで、「カートップボーティングって楽しそう！」「自分もこの艤装を試してみよう！」などと思っていただけたら、私たち、そして多くのユーザーの方々にとって、とてもうれしいことです。

周囲を海に囲まれた我が国日本において、本来、マリンレジャーとはもっともっと身近で親しみやすいものでなければならないと思うのですが、漁業権の問題や海岸線の整備などにより、気軽にマイボートを下ろせるに場所が非常に少ないのが現実です。一方で、レジャーボートユーザー自身のマナーの悪さによって、今まで利用できていた場所が少しずつ閉鎖へと追い込まれている現状もあります。

私たちボート販売に携わっている者としては、事故なく安全にカートップボーティングを楽しんでいただきたいというのはもちろんのこと、決して身勝手な行動でフィールド周辺の住民や環境に迷惑がかかるような行動はしないよう心がけていただきたいと願っています。

このカートップボートという分野は、これからどんどんユーザーが増えていくことでしょう。だからこそ、今すでにカートップボーティングを楽しんでいる人々の将来のため、またこれからカートップボーティングを始める新しい人々のためにも、漁業者を含むフィールド周辺の方々とよい関係を作り、少しでも多くカートップボートが活躍できる場所を守っていければと思っています。そのためには、みなさん一人ひとりの心がけがなによりも重要なのです。

すでに実践しているメーカー／販売店もありますが、今後、私たち販売者側は、決して売りっぱなしにするのではなく、カートップボートでの釣り大会の際などにあわせて、安全対策やマナー向上についても呼びかけていく機会を設けなければと思っています。

また当店では、これからさらに精進して、いろいろな知識やアイデア、情報などをみなさんに紹介していければと考えています。

カートップボーティングの世界は、本書で紹介したものがすべてではありません。そのスタイルはカートッパーの数だけあり、「これ！」といった決まったものはありません。私たち、そしてみなさんが思っている以上に、限りない可能性を持っているのです。

どれくらい先になるかわかりませんが、さらに詳しく、もっともっとためになる情報を、みなさんにご紹介できる機会が来ることを楽しみにしています。そのときには、一大カートップボートブームが到来していることを願って……。

最後に、月刊『ボート倶楽部』での連載から本書発行まで大変なご苦労をおかけしました、発行元の舵社のみなさんに深くお礼を申し上げます。

また、各方面で活躍中のカートッパーのみなさんとお会いできる機会を大切にして、私たちも一人のカートッパーとして一緒に楽しんでいければと思っておりますので、今後ともケン・マリーン・ボートをよろしくお願い申し上げます。

ケン・マリーン・ボート　佐藤正樹

書籍案内

ここでは、舵社が発行している人気の書籍を紹介しています。

他にも様々なテーマの本を用意しております。
詳しくは弊社ホームページをご覧下さい。

http://www.kazi.co.jp

魚探反応 丸わかり図鑑

竹内真治 著

■四六判／216頁
（フルカラー）
■定価1,680円
（税込）

『ボート倶楽部』誌にて「実践！魚探道場」を展開する筆者、竹内氏が、6年におよぶ連載のなかから秀逸な魚探反応だけをピックアップし、さらに新たに撮り下ろした反応も多数加えて1冊のポケット判の図鑑にまとめた。各魚の反応の特徴を、魚探画面の画像をもとにシンプルに解説。

ボートフィッシングバイブル

齋藤海仁 著

■B5判／192頁
■定価1,680円
（税込）

モーターボートを「釣りの道具」という視点でとらえたボートフィッシングの完全マニュアル。釣るための艤装やボートコントロール・テクニックを詳しく解説するとともに、"仕掛け"を軸にさまざまな釣り方、ターゲットの攻略法を伝授するなど、普遍的で質の高い内容が盛り込まれている。

必釣の極意

小野信昭 著

■B5判／88頁
（オールカラー）
■定価1,995円
（税込）

魚の生態からタックルの選び方、ボートコントロール、魚探&GPSの操作などを徹底解説。さらに、シロギス、マゴチ、カワハギ、アオリイカ、マダイ、オニカサゴ、マルイカといった定番のターゲットの実釣映像をDVDに収録し、船上でのアクションについても動画でわかりやすく解説している。

ボート釣り 旬の魚の狙い方

須藤恭介 著

■A5判／256頁
■定価1,680円
（税込）

2006年6月号から『スモールボート』誌で連載された、須藤氏の解説による「旬の魚を狙え」。2008年12月号まで、2年半のあいだに29種類の魚の釣り方が解説された。そのすべてをまとめた1冊。それぞれの魚の特徴からポイント、釣期、エサ、タックル、仕掛けにいたるまで、イラストをまじえ分かりやすく紹介されている。

ボート釣り 大百科

桜多吾作 著

■A4判／116頁
■定価1,575円
（税込）

『ボート倶楽部』誌にて連載された「ボート&フィッシュ」の内容を大幅に加筆し、マイボートフィッシングに関するノウハウを漫画で一冊にまとめたボート釣り入門書の決定版。エサ釣り&ルアーフィッシング、浅場の釣りから深場の釣りまで、さまざまな最新テクニックを一挙公開している。

釣って食して 楽しさ10倍

石川皓章 著

■B5判／184頁
（オールカラー）
■定価1,995円
（税込）

四季折々のターゲット22種の釣り方から、約50品におよぶ釣果料理レシピまでを1冊にまとめた、ボートフィッシング・ハウツーの決定版。全10種の「体形別 魚のさばき方」、175種を収録した「釣りで出合う魚図鑑」など、新たな内容も盛りだくさん。ボートアングラーに必携の一冊となっている。

超簡単 トローリング

服部宏次 著

■A5判／172頁
■定価1,890円
（税込）

和歌山県でハイクオリティーゲームを追求するフィッシングライター兼編集者の服部宏次氏が、「トローリングは超簡単！」という見地から、実践に基づいて解説したトローリングのハウツー本。タックル、ルアー、ボート装備などの基礎から始まって、魚の探し方や魚種別の釣り方を徹底的に指南する。

新・四季のボート釣り

竹内真治 著

■A5判／184頁
■定価1,575円
（税込）

各雑誌で活躍中のボートフィッシングライター竹内真治氏が、小型ボートで楽しむ釣りの奥義を惜しみなく披露。海の生態、魚種別の釣り方、ボート&艤装品選びといったテーマで、ビギナーのみならず、ボートフィッシングを究めたいベテランまでが満足するノウハウが満載されている。

電装系大研究
小川 淳 著

■B5判／168頁
■定価1,890円
（税込）

陸上での生活と違って、海上では電気に関する知識なしに、安全＆快適なクルージングを楽しむことは難しい。バッテリーや配線トラブルによって、海上でエンジンを始動できなくなれば一大事となるからだ。電装系についてのさまざまな知識を必要とされる、ボートオーナー必読の一冊。

ナビゲーション大研究
小川 淳 著

■B5判／112頁
（オールカラー）
■定価2,100円
（税込）

今やプレジャーボートの必須アイテムとなったGPSプロッター。コンパクトな仕様やコストパフォーマンスの向上によって、急速に利用者が増えつつある航海用レーダー。本書では、これらの航海計器を活用したナビゲーションの基本について、写真やイラストを使ってわかりやすく解説している。

魚探大研究
須磨はじめ、竹内真治、小野信昭、今井岳美 著

■A4判／120頁
（オールカラー）
■定価1,470円
（税込）

ボートを使って釣りを楽しんでいるアングラーを対象に、魚探の仕組みや使い方を細かく解説した一冊。初心者向けに魚探の仕組みや画面の見方の基本を説明する一方で、すでに魚探を使っている人にも役に立つノウハウを満載。トップアングラーによる魚探の実釣記事も加えて、幅広いテーマを解説している。

天気・気象大研究
飯田睦治郎 著

■B5判／232頁
■定価1,890円
（税込）

気象庁で長年にわたり研究を続けてきた筆者が、実際の天気図やイラストを交えて解説する天気・気象の基礎知識。海や山といったアウトドアのフィールドで活用できるさまざまなノウハウがまとめられている。好評を博してきた『日本の気象』（舵社刊）の続編。

日本の気象
飯田睦治郎 著

■A5判／214頁
■定価1,680円
（税込）

気象というと専門的な分野だけに、素人には不可知なジャンルだと誤解されやすい。しかし、我々は毎日のように、やれ明日は雨だの、風が強いだのと天気を気にかける。そんな気象をわかりやすく解説している本書には、海や山で行動する人が身につけておくべき、さまざまな知識が網羅されている。

海のお天気ハンドブック
馬場正彦 著

■A5判／128頁
■定価1,470円
（税込）

プレジャーボート向け気象情報提供サービスも手掛ける筆者が、海をフィールドに休日を楽しむ人たちに向けて、まったく新しいスタイルのハンドブックを送る。「難しい気象本はもういやだ」という自身の経験を基に、分かりやすいイラストと平易な言葉で、海の気象の基本をわかりやすく解説。

ロープワーク入門講座 DVD付き
国方成一 著

■B5判／88頁
（オールカラー）
■定価1,995円
（税込）

日常生活のさまざまな場面において、ロープを「活かす」ための実践テクニックをカラーイラストでわかりやすく紹介。さらにロープワークの基本的な結び36種類について、一連の手順をDVDに収録し、初心者でも結びの基礎がマスターできるようになっている。ビギナーの入門書として最適な一冊。

図解 早わかりお天気ブック
馬場邦彦 著

■四六判／160頁
（オールカラー）
■定価945円
（税込）

日本の四季の特徴、さまざまな気象現象、お天気のメカニズム、天気予報、異常気象などを、豊富なカラー図解を用いてわかりやすく解説。この一冊で、天気に関する知識と興味が大いに高まるので、ハンドブックとして備えれば、日々の生活やマリンライフに役立てることができるだろう。

やさしい天気図の読み方
馬場邦彦 著

■A5判／112頁
■定価1,470円
（税込）

気象専門家にしてベテラン・ヨットマンでもある著者が、ベストセラー『海の天気図』を全面改訂。日本の海でレジャーを楽しむすべての人のために、海で役に立つ天気図の読み方、使い方を解説している。安全で快適なマリンレジャーを楽しむために欠かせない、気象・海象の知識を習得しよう。

ふね検 試験問題集（中・上級編）

船の文化検定委員会 著

■A5判／168頁
■定価1,470円（税込）

ボート、ヨットなどプレジャーボートはもとより、小舟から大型船、商船、客船、帆船にいたるまで、船に関する歴史や文化、あるいは船を使った遊びなどについて楽しく学び、深く、幅広い知識を修得できる検定試験、船の文化検定「ふね検」。初級合格者を対象とした中・上級者向けの一冊。

ふね検 試験問題集（初級編）

船の文化検定委員会 著

■A5判／160頁
■定価1,200円（税込）

ボート、ヨットなどプレジャーボートはもとより、小舟から大型船、商船、客船、帆船にいたるまで、船に関する歴史や文化、あるいは船を使った遊びなどについて楽しく学び、深く、幅広い知識を修得できる検定試験、船の文化検定「ふね検」。「ふね検」に合格すれば、あなたも船博士になれる!

クルージング・クックブック

水元重友 編著

■B5判／112頁（オールカラー）
■定価2,100円（税込）

一流シェフのテクニックを船上に……。学校法人ミズモト学園理事長の水元重友氏が贈る、クルージングをより楽しく演出するレシピの数々。ホームポート、寄港地、航海中、ゲストを迎えて……と、テーマ別に構成。ヨット、モーターボートで作る、簡単料理から本格料理までのメニュー81品を紹介している。

モーターボート入門講座 DVD付き

舵社編集部 編

■B5判／142頁（オールカラー）
■定価2,940円（税込）

小型ボートを操船するために最低限必要とされる知識を、50のテーマ別に網羅したボートハンドリングの入門書。実践的なハンドリングのノウハウを、カラーイラスト、カラー写真、さらには動画映像をまじえて分りやすく解説している。付録のDVDには、約25分の映像を収録。

東京湾クルージングガイド

小川　淳 著

■A5判／128頁（オールカラー）
■定価1,680円（税込）

『ボート倶楽部』誌にて「ボートトラブル一件落着」を長期連載する筆者、ogaogaこと小川淳氏が、長年のボート遊びの経験を元に、東京湾におけるクルージングのノウハウを1冊に凝縮。詳細な最新電子海図（ENC）を基にした実践的な解説に加え、ポイントとなる物標や灯浮標などは写真で掲載している。

世界のボートビルダー

中島新吾 著

■B5判／152頁
■定価1,680円（税込）

『ボート倶楽部』連載「スタディ・オン・ザ・ボート」などでおなじみの中島新吾氏が、海外のボートビルダーを100社選び、その沿革などを解説した、著者渾身の一冊。著名なビルダーやマニアックなビルダーの歩みをたどることは、プレジャーボートの歴史を学ぶことにほかならない。

シーカヤック自作バイブル

八木牧夫 著

■B5判／112頁
■定価1,890円（税込）

ステッチ&グルー工法によるカヤック製作のノウハウを、材料の選び方から仕上げまで丁寧に教える。必要な工具・材料価格・設計図も付録する。著者はエポキシ造船のバイブル『The Gougeon Brothers On Boat Construction』を完全翻訳したカヤック製作のエキスパートである。

新版 カヤック工房

CHRIS KULCZYCKI 著

■B5判／208頁
■定価2,940円（税込）

人気のカヌー、カヤックについて15フィート9インチのツーリング・カヤック、18フィートの高速カヤック、14フィートの複合プライウッドによる平水用カヤックを取り上げ、デザインから道具の選定、製作過程のさまざまな作業説明と対応処理などを、平易かつ詳細に解説している。

シーカヤックで海を遊ぼう

西沢あつし 著

■B5判／144頁
■定価1,575円（税込）

「シーカヤックをやってみたいけど、どうしたらいいの？」「どんなことから始めたらいい？」といった、ビギナーが抱える疑問をズバリ解決。シーカヤックの世界観から、揃えておきたい装備やウェア、具体的なテクニックまでを、初心者のみならず中級者でも読めるよう幅広く解説している。

ハッピー フィッシングデイズ!
永浜いりあ 著

■B5判／144頁（オールカラー）
■定価1,680円（税込）

年間釣行回数100日以上という女性アングラー、タレントの永浜いりあさんが活躍する釣り番組や雑誌取材での裏話、さまざまな釣魚にまつわるエピソード、プライベート釣行、釣魚料理、お宝タックルにいたるまで、さまざまな事柄や思いをまとめた、初の“フォト&書き下ろしエッセイ集”。

海難 スモールボートの安全対策
スモールボート編集部 編纂

■B5判／144頁
■定価1,470円（税込）

過去に発生したスモールボート関連のさまざまなトラブルを紹介し、実際の事故例をもとに、操縦者や同乗者に必要とされる完全対策について解説している。それぞれの事故の経緯と結果を教訓として読み解き、安全なボート遊びに役立てることができる、ビギナー必読の一冊。

ミニボート入門
吉谷瑞雄 著

■A5判／120頁
■定価1,575円（税込）

初めてミニボートに乗るうえで必要とされる、基本的な知識を体系的に解説。ボート各部の名称と機能の解説、操船の基本的なテクニック、船外機の取り扱い、安全対策、気象や海象の知識など、実践的なノウハウをテーマごとに紹介している。ボート免許を必要としない2馬力ボートオーナー必読の一冊。

海の底の考古学
井上たかひこ 著

■A5判／144頁
■定価1,575円（税込）

沈没したタイタニック号の捜索、海底に沈む古代エジプトのクレオパトラ女王の宮殿、財宝を積んだまま沈んだカリブ海の海賊船など、海底に眠る文化遺産や沈没船にまつわる興味深いエピソード40編を、水中考古学者の井上たかひこ氏がセレクト。知られざる海底の世界へと案内する。

舟と船の物語
森　拓也 著

■A5判／180頁
■定価1,575円（税込）

水族館スタッフ、ダイバー、海洋写真家など、さまざまな形で海と深い関わりをもって生きてきた著者が、世界の海を渡り歩く間に出会った舟、船、フネ。小はアジアの丸木舟から、大は世界の豪華客船まで、さまざまなタイプの船をアトランダムに選び、独自の視点で語ったユニークな本。永 六輔氏推薦。

スピン・ナ・ヤーン
野本謙作 著

■B5判／248頁
■定価1,890円（税込）

セーリング歴50余年。約2万マイルにもおよぶ沿岸クルージングの経験をもつ筆者が語る、シーマンシップの真髄。アンカリング、ナビゲーション、テンダーなど、安全で快適にクルーザーを運用するための“知恵”が満載されている。ショートハンドでのクルージングを楽しむセーラー必読の一冊。

太平洋ひとりぼっち
堀江謙一 著

■四六判／256頁
■定価1,500円（税込）

昭和37年（1962年）5月12日午後8時45分、全長19フィートのヨットで、兵庫県西宮の岸壁から太平洋へ出航した青年がいた。……94日後、青年の乗った〈マーメイド〉号はサンフランシスコのゴールデンゲートの下を通過した。『太平洋ひとりぼっち』は、その青年、堀江謙一が綴った冒険の記録である。

海からのメッセージ
田久保雅己 著

■A5判／256頁
■定価1,575円（税込）

『KAZI』誌において掲載された人気コラム「海からのメッセージ」、「SPYGLASS」、「Leading Edge」、10年分（1996～2005年）をまとめた一冊。海を愛する人の視点に立ち、四方を海に囲まれた日本の海の文化、環境、海洋レジャーの安全、普及を考察した珠玉のエッセイ集。

［お申し込み・お問い合わせは］
舵社 販売部
〒105-0013
東京都港区浜松町1-2-17
ストークベル浜松町
［直通］**TEL.03-3434-4531**
FAX.03-3434-2640
最寄りの書店にない場合は、その書店に申し込むか、次の方法でお願いします。

●システムKAZI会員の方は電話もしくはFAXでお申し込みください（会員番号をお忘れなく）。
●クレジットカード（UC、DC、VISA、JCB、AMEX、日本信販）ご利用の方は電話もしくはFAXでお申し込みください（会員番号／有効期限をお忘れなく）。
●お急ぎの場合は、代金引換（クロネコヤマト）によるお支払いも可能です。お支払いについては、電話、FAXにてご注文ください（代金引換の場合は、別途、送料および手数料がかかります）。
●その他の方は現金書留か郵便振替（東京 00110－9－25521）にてご送金ください。この場合、発送は入金確認後となります。

筆者プロフィール

佐藤正樹（さとうまさき）

カートップボート・プロショップ「ケン・マリーン・ボート」（右上写真）の、接客業務その他を取り仕切る店頭マネージャー（左上写真・左）。
妻であり同社代表のさつき（左上写真・右）、さつきの父でケン・マリーン・ボート創業者の加藤賢一ともども、カートップボートに対する熱い情熱を持ち、仕事以外でも夫婦揃ってマリーン・イレブンWFを駆るなど、房総半島を中心に釣りとカートップボートの神髄を追求する日々を送っている。

ケン・マリーン・ボート

TEL：043-250-1200　FAX：043-250-3990
〒262-0044 千葉県千葉市花見川区長作町166-1
http://www.ken-marine.gr.jp/

カートップボートのAtoZ

2006年10月31日　第1版第1刷発行
2011年 1 月31日　第2版第1刷発行

著者 佐藤正樹

発行者 大田川茂樹
発行 株式会社 舵社

〒105-0013
東京都港区浜松町1-2-17
ストークベル浜松町
TEL: 03-3434-5181　FAX: 03-3434-2640

装丁・デザイン　菅野潤子
印刷　大日本印刷 株式会社

定価はカバーに表示してあります

海上保安庁図誌利用　第180039号